城建档案从业人员岗位培训教材

城建档案工作法规标准选编

岗位培训教材编委会　编

杨洪海　主编

中国建筑工业出版社

图书在版编目（CIP）数据

城建档案工作法规标准选编/岗位培训教材编委会编. —北京：
中国建筑工业出版社，2012.10
城建档案从业人员岗位培训教材
ISBN 978-7-112-14755-7

Ⅰ.①城… Ⅱ.①岗… Ⅲ.①城市建设-档案工作-档案法-汇
编-中国-岗位培训-教材②城市建设-档案工作-标准-汇编-中国-岗
位培训-教材 Ⅳ.①D922.169②G279.2-65

中国版本图书馆 CIP 数据核字（2012）第 239003 号

本书是城建档案从业人员岗位培训教材之一。本书汇编了城建档案从
业人员常用的法律、法规、规章、规范性文件和业务规范标准，可供相关
人员参考。

责任编辑：朱首明　李　明　刘平平
责任设计：李志立
责任校对：张　颖　赵　颖

城建档案从业人员岗位培训教材
城建档案工作法规标准选编
岗位培训教材编委会　编
杨洪海　主编

＊

中国建筑工业出版社出版、发行（北京西郊百万庄）
各地新华书店、建筑书店经销
北京红光制版公司制版
北京建筑工业印刷厂印刷

＊

开本：787×1092毫米　1/16　印张：20¾　字数：518 千字
2012 年 10 月第一版　　2012 年 10 月第一次印刷
定价：**55.00** 元
ISBN 978-7-112-14755-7
（22842）

加强城建档案业务培训　服务城乡规划建设管理

壬辰孟月　萧如棠

叶如棠

原城乡建设环境保护部部长

城建档案从业人员岗位培训教材编委会

4

序 一

　　城乡建设档案（简称"城建档案"）是城市规划建设管理活动的历史记录，是社会管理和公共服务的重要信息资源，是建设行政主管部门依法实施行政许可、市场监管等行政管理的重要依据，是工程建设、运营养护和维修改造等的必要条件，城建档案工作是城乡建设事业的组成部分，是城乡建设重要的基础性工作。加强城建档案管理，对于促进城市科学管理，统筹城乡发展，保障城市生产生活秩序，维护城市安全、应对城市突发事件等具有十分重要的意义。城建档案管理业务性、专业性很强，从业人员要有一定的档案专业知识，要掌握城市规划管理及工程建设相关的基本理论、基础知识和一定的工程管理实践经验，要熟悉现代化管理的技术与方法。因此，组织开展城建档案从业人员（包括城市城建档案管理人员和建设、勘察设计、施工、监理、房地产开发等单位建设档案资料员）岗位培训和继续教育，建设一支高素质城建档案管理专业队伍尤为重要。

　　江苏省住房城乡建设厅结合城建档案工作实际，组织省内具有丰富实践经验的城建档案馆专业人员和从事工程基础知识教学的教师编写了一套城建档案从业人员岗位培训教材。这套教材由《工程文件与工程档案实务》、《工程识图与竣工图编制》、《城建档案管理》等三本课程教材和一本《城建档案工作法规标准选编》组成。教材依据现行城建档案法规和技术标准，结构合理、理论系统、内容丰富，理论联系实际、具有较强的实用性和针对性，教材借鉴吸收了近年城建档案研究成果和技术，兼顾了建设领域新的行业发展，具有一定的前瞻性和引领性。这套教材对适应城乡建设和城建档案工作发展需要，更好地培训城建档案从业人员，将发挥重要作用。各地城建档案管理人员及从业人员应认真学习借鉴，为提升城建档案从业人员能力和水平，完善城建档案管理，促进城乡建设科学发展作出贡献。

郭允冲

住房和城乡建设部副部长

序 二

自人类创造了文字，结绳记事、口口传承的历史被改变，档案也由此产生，并成为记录人类历史的主要途径。与其他类型的档案一样，城建档案是国家信息资源不可或缺的组成部分，是保存城市记忆，展现城市建设成就的重要载体，也是城市的重要生产要素、无形资产和社会财富。

当前和未来一段时期，我国正处于快速城市化推进阶段，城乡建设规模巨大，城乡面貌日新月异，"快速变化和大量建设"成为这个时代的显著特征。在这样的发展阶段，记录城市的发展和变迁显得尤为重要。城建档案正是这个进程的真实记录，通过系统梳理和归纳总结城市建设发展过程，记录和展示人们规划城市、建设城市、管理城市的劳动成果和智慧结晶，不仅可为当代研究者提供丰富翔实的一手基础资料，同时，也可帮助未来从业者以史为鉴。

要做到真正地刻录历史、准确地记录当代，需要相应的城建档案管理专业化知识、技能和手段。为此，江苏在全国率先探索编制了这套城建档案从业人员岗位培训教材。该教材在系统归纳城建档案理论的基础上，结合当前城乡建设工作的实际，从城建档案的管理及相关法规标准的梳理、工程文件与工程档案管理的要求和方法、工程识图与竣工图的编制等方面相对系统地阐述了城建档案的基本理论和基础知识，具有较强的针对性和实用性。希望本套教材的出版，能够推动城建档案行业水平的提升，引导各地城建档案从业人员在实践中不断丰富和发展城建档案体系，为记录这个伟大的时代，记录这个时代城建人的激情努力和理性追求作出应有的贡献。

周岚

江苏省住房和城乡建设厅厅长

目　录

法　律

法　规

一、行政法规

二、地方性法规

规　章

一、住房和城乡建设部规章

二、国家档案局规章

三、江苏省规章

规 范 性 文 件

一、住房和城乡建设部规范性文件

业 务 规 范 标 准

法　律

中华人民共和国档案法

(1987 年 9 月 5 日第六届全国人民代表大会常务委员会第二十二次会议
通过，根据 1996 年 7 月 5 日第八届全国人民代表大会常务委员会第二十次
会议《关于修改〈中华人民共和国档案法〉的决定》修正)

第一章　总　　则

第一条　为了加强对档案法的管理和收集、整理工作，有效地保护和利用档案，为社会主义现代化建设服务，制定本法。

第二条　本法所称的档案，是指过去和现在的国家机构、社会组织以及个人从事政治、军事、经济、科学、技术、文化、宗教等活动直接形成的对国家和社会有保存价值的各种文字、图表、声像等不同形式的历史记录。

第三条　一切国家机关、武装力量、政党、社会团体、企业事业单位和公民都有保护档案的义务。

第四条　各级人民政府应当加强对档案工作的领导，把档案事业的建设列入国民经济和社会发展计划。

第五条　档案工作实行统一领导、分级管理的原则，维护档案完整与安全，便于社会各方面的利用。

第二章　档案机构及其职责

第六条　国家档案行政管理部门主管全国档案事业，对全国的档案事业实行统筹规划，组织协调，统一制度，监督和指导。

县级以上地方各级人民政府的档案行政管理部门主管本行政区域内的档案事业，并对本行政区域内机关、团体、企业事业单位和其他组织的档案工作实行监督和指导。

乡、民族乡、镇人民政府应当指定人员负责保管本机关的档案，并对所属单位的档案工作实行监督和指导。

第七条　机关、团体、企业事业单位和其他组织的档案机构或者档案工作人员，负责保管本单位的档案，并对所属机构的档案工作实行监督和指导。

第八条　中央和县级以上地方各级各类档案馆，是集中管理档案的文化事业机构，负责接收、收集、整理保管和提供利用各分管范围内的档案。

第九条　档案工作人员应当忠于职守，遵守纪律，具备专业知识。

在档案的收集、整理、保护和提供利用等方面成绩显著的单位或者个人，由各级人民政府给予奖励。

第三章　档案的管理

第十条　对国家规定的应当立卷归档的材料，必须按照规定，定期向本单位档案机构或者工作人员移交，集中管理，任何个人不得据为己有。

国家规定不得归档的材料，禁止擅自归档。

第十一条　机关、团体、企业事业单位和其他组织必须按照国家规定，定期向档案馆移交档案。

第十二条　博物馆、图书馆、纪念馆等单位保存的文物、图书资料同时是档案的，可以按照法律和行政法规的规定，由上述单位自行管理。

档案馆与上述单位应当在档案的利用方面互相协作。

第十三条　各级各类档案馆，机关、团体、企业事业单位和其他组织的档案机构，应当建立科学的管理制度，便于对档案的利用；配置必要的设施，确保档案的安全；采用先进技术，实现档案管理的现代化。

第十四条　保密档案的管理和利用，密级的变更和解密，必须按照国家有关保密的法律和行政法规的规定办理。

第十五条　鉴定档案保存价值的原则、保管期限的标准以及销毁档案的程序和办法，由国家档案行政管理部门制定，禁止擅自销毁档案。

第十六条　集体所有的和个人所有的对国家和社会具有保存价值的或者应当保密的档案，档案所有者应当妥善保管。对于保管条件恶劣或者其他原因被认为可能导致档案严重损毁和不安全的，国家档案行政管理部门有权采取代为保管等确保档案完整和安全的措施；必要时，可以收购或者征购。

前款所列档案，档案所有者可以向国家档案馆寄存或者出卖；向国家档案馆以外的任何单位或者个人出卖的，应当按照有关规定由县级以上人民政府档案行政管理部门批准。严禁倒卖牟利，严禁卖给或者赠送给外国人。

向国家捐赠档案的，档案馆应当予以奖励。

第十七条　禁止出卖属于国家所有的档案。

国有企业事业单位资产转让时，转让有关档案的具体办法由国家档案行政管理部门制定。

档案复制件的交换、转让和出卖，按照国家规定办理。

第十八条　属于国家所有的档案和本法第十六条规定的档案以及这些档案的复制件，禁止私自携运出境。

第四章　档案的利用和公布

第十九条　国家档案馆保管的档案一般应当自形成之日起满三十年向社会开放。经济、科学、技术、文化等类档案向社会开放的期限，可以少于三十年，涉及国家安全或者重大利益以及其他到期不宜开放的档案向社会开放的期限，可以多于三十年，具体期限由国家档案行政管理部门制订，报国务院批准施行。

档案馆应当定期公布开放档案的目录，并为档案的利用创造条件，简化手续，提供方便。

中华人民共和国公民和组织持有合法证明，可以利用已经开放的档案。

第二十条 机关、团体、企业事业单位和其他组织以及公民根据经济建设、国防建设、教学科研和其他各项工作的需要，可以按照有关规定，利用档案馆未开放档案以及有关机关、团体、企业事业单位和其他组织保存的档案。

利用未开放档案的办法，由国家档案行政管理部门和有关主管部门规定。

第二十一条 向档案馆移交、捐赠、寄存档案的单位和个人，对其档案享有优先利用权，并可对其档案中不宜向社会开放的部分提出限制利用的意见，档案馆应当维护他们的合法权益。

第二十二条 属于国家所有的档案，由国家授权的档案馆或者有关机关公布；未经档案馆或者有关机关同意，任何组织和个人无权公布。

集体所有的和个人所有的档案，档案的所有者有权公布，但必须遵守国家有关规定，不得损害国家安全和利益，不得侵犯他人的合法权益。

第二十三条 各级各类档案馆应当配备研究人员，加强对档案的研究整理，有计划地组织编辑出版档案材料，在不同范围内发行。

第五章 法 律 责 任

第二十四条 有下列行为之一的，由县级以上人民政府档案管理部门、有关主管部门对直接负责的主管人员或者其他直接责任人员依法给予行政处分；构成犯罪的，依法追究刑事责任：

（一）损毁、丢失属于国家所有的档案的；

（二）擅自提供、抄录、公布、销毁属于国家所有的档案的；

（三）涂改、伪造档案的；

（四）违反本法第十六条、第十七条规定，擅自出卖或者转让档案的；

（五）倒卖档案牟利或者将档案卖给、赠送给外国人；

（六）违反本法第十条、第十一条规定，不按规定归档或者不按期移交档案的；

（七）明知所保存的档案面临危险而不采取措施，造成档案损失的；

（八）档案工作人员玩忽职守，造成档案损失的。

在利用档案馆的档案中，有前款第一项、第二项、第三项违法行为的，由县级以上人民政府档案行政管理部门给予警告，可以并处罚款；造成损失的，责令赔偿损失。

企业事业组织或者个人有第一款第四项、第五项违法行为的，由县级以上人民政府行政管理部门给予警告，可以并处罚款；有违法所得的，没收违法所得；并可以依照本法第十六条的规定征购所出卖或者赠送的档案。

第二十五条 携运禁止出境的档案或者其复制件出境的，由海关予以没收，可以并处罚款；并将没收的档案或者其复制件移交档案行政管理部门；构成犯罪的，依法追究刑事责任。

第六章　附　　则

第二十六条　本法实施办法，由国家档案行政管理部门制定，报国务院批准后施行。

第二十七条　本法自 1988 年 1 月 1 日起施行。

中华人民共和国城乡规划法

(2007 年 10 月 28 日第十届全国人民代表大会常务委员会第三十次会议通过)

第一章　总　　则

第一条　为了加强城乡规划管理，协调城乡空间布局，改善人居环境，促进城乡经济社会全面协调可持续发展，制定本法。

第二条　制定和实施城乡规划，在规划区内进行建设活动，必须遵守本法。

本法所称城乡规划，包括城镇体系规划、城市规划、镇规划、乡规划和村庄规划。城市规划、镇规划分为总体规划和详细规划。详细规划分为控制性详细规划和修建性详细规划。

本法所称规划区，是指城市、镇和村庄的建成区以及因城乡建设和发展需要，必须实行规划控制的区域。规划区的具体范围由有关人民政府在组织编制的城市总体规划、镇总体规划、乡规划和村庄规划中，根据城乡经济社会发展水平和统筹城乡发展的需要划定。

第三条　城市和镇应当依照本法制定城市规划和镇规划。城市、镇规划区内的建设活动应当符合规划要求。

县级以上地方人民政府根据本地农村经济社会发展水平，按照因地制宜、切实可行的原则，确定应当制定乡规划、村庄规划的区域。在确定区域内的乡、村庄，应当依照本法制定规划，规划区内的乡、村庄建设应当符合规划要求。

县级以上地方人民政府鼓励、指导前款规定以外的区域的乡、村庄制定和实施乡规划、村庄规划。

第四条　制定和实施城乡规划，应当遵循城乡统筹、合理布局、节约土地、集约发展和先规划后建设的原则，改善生态环境，促进资源、能源节约和综合利用，保护耕地等自然资源和历史文化遗产，保持地方特色、民族特色和传统风貌，防止污染和其他公害，并符合区域人口发展、国防建设、防灾减灾和公共卫生、公共安全的需要。

在规划区内进行建设活动，应当遵守土地管理、自然资源和环境保护等法律、法规的规定。

县级以上地方人民政府应当根据当地经济社会发展的实际，在城市总体规划、镇总体规划中合理确定城市、镇的发展规模、步骤和建设标准。

第五条　城市总体规划、镇总体规划以及乡规划和村庄规划的编制，应当依据国民经济和社会发展规划，并与土地利用总体规划相衔接。

第六条　各级人民政府应当将城乡规划的编制和管理经费纳入本级财政预算。

第七条　经依法批准的城乡规划，是城乡建设和规划管理的依据，未经法定程序不得修改。

第八条　城乡规划组织编制机关应当及时公布经依法批准的城乡规划。但是，法律、行政法规规定不得公开的内容除外。

第九条　任何单位和个人都应当遵守经依法批准并公布的城乡规划，服从规划管理，并有权就涉及其利害关系的建设活动是否符合规划的要求向城乡规划主管部门查询。

任何单位和个人都有权向城乡规划主管部门或者其他有关部门举报或者控告违反城乡规划的行为。城乡规划主管部门或者其他有关部门对举报或者控告，应当及时受理并组织核查、处理。

第十条　国家鼓励采用先进的科学技术，增强城乡规划的科学性，提高城乡规划实施及监督管理的效能。

第十一条　国务院城乡规划主管部门负责全国的城乡规划管理工作。

县级以上地方人民政府城乡规划主管部门负责本行政区域内的城乡规划管理工作。

第二章　城乡规划的制定

第十二条　国务院城乡规划主管部门会同国务院有关部门组织编制全国城镇体系规划，用于指导省域城镇体系规划、城市总体规划的编制。

全国城镇体系规划由国务院城乡规划主管部门报国务院审批。

第十三条　省、自治区人民政府组织编制省域城镇体系规划，报国务院审批。

省域城镇体系规划的内容应当包括：城镇空间布局和规模控制，重大基础设施的布局，为保护生态环境、资源等需要严格控制的区域。

第十四条　城市人民政府组织编制城市总体规划。

直辖市的城市总体规划由直辖市人民政府报国务院审批。省、自治区人民政府所在地的城市以及国务院确定的城市的总体规划，由省、自治区人民政府审查同意后，报国务院审批。其他城市的总体规划，由城市人民政府报省、自治区人民政府审批。

第十五条　县人民政府组织编制县人民政府所在地镇的总体规划，报上一级人民政府审批。其他镇的总体规划由镇人民政府组织编制，报上一级人民政府审批。

第十六条　省、自治区人民政府组织编制的省域城镇体系规划，城市、县人民政府组织编制的总体规划，在报上一级人民政府审批前，应当先经本级人民代表大会常务委员会审议，常务委员会组成人员的审议意见交由本级人民政府研究处理。

镇人民政府组织编制的镇总体规划，在报上一级人民政府审批前，应当先经镇人民代表大会审议，代表的审议意见交由本级人民政府研究处理。

规划的组织编制机关报送审批省域城镇体系规划、城市总体规划或者镇总体规划，应当将本级人民代表大会常务委员会组成人员或者镇人民代表大会代表的审议意见和根据审议意见修改规划的情况一并报送。

第十七条　城市总体规划、镇总体规划的内容应当包括：城市、镇的发展布局，功能分区，用地布局，综合交通体系，禁止、限制和适宜建设的地域范围，各类专项规划等。

规划区范围、规划区内建设用地规模、基础设施和公共服务设施用地、水源地和水系、基本农田和绿化用地、环境保护、自然与历史文化遗产保护以及防灾减灾等内容，应当作为城市总体规划、镇总体规划的强制性内容。

城市总体规划、镇总体规划的规划期限一般为二十年。城市总体规划还应当对城市更长远的发展作出预测性安排。

第十八条　乡规划、村庄规划应当从农村实际出发，尊重村民意愿，体现地方和农村特色。

乡规划、村庄规划的内容应当包括：规划区范围，住宅、道路、供水、排水、供电、垃圾收集、畜禽养殖场所等农村生产、生活服务设施、公益事业等各项建设的用地布局、建设要求，以及对耕地等自然资源和历史文化遗产保护、防灾减灾等的具体安排。乡规划还应当包括本行政区域内的村庄发展布局。

第十九条　城市人民政府城乡规划主管部门根据城市总体规划的要求，组织编制城市的控制性详细规划，经本级人民政府批准后，报本级人民代表大会常务委员会和上一级人民政府备案。

第二十条　镇人民政府根据镇总体规划的要求，组织编制镇的控制性详细规划，报上一级人民政府审批。县人民政府所在地镇的控制性详细规划，由县人民政府城乡规划主管部门根据镇总体规划的要求组织编制，经县人民政府批准后，报本级人民代表大会常务委员会和上一级人民政府备案。

第二十一条　城市、县人民政府城乡规划主管部门和镇人民政府可以组织编制重要地块的修建性详细规划。修建性详细规划应当符合控制性详细规划。

第二十二条　乡、镇人民政府组织编制乡规划、村庄规划，报上一级人民政府审批。村庄规划在报送审批前，应当经村民会议或者村民代表会议讨论同意。

第二十三条　首都的总体规划、详细规划应当统筹考虑中央国家机关用地布局和空间安排的需要。

第二十四条　城乡规划组织编制机关应当委托具有相应资质等级的单位承担城乡规划的具体编制工作。

从事城乡规划编制工作应当具备下列条件，并经国务院城乡规划主管部门或者省、自治区、直辖市人民政府城乡规划主管部门依法审查合格，取得相应等级的资质证书后，方可在资质等级许可的范围内从事城乡规划编制工作：

（一）有法人资格；

（二）有规定数量的经国务院城乡规划主管部门注册的规划师；

（三）有规定数量的相关专业技术人员；

（四）有相应的技术装备；

（五）有健全的技术、质量、财务管理制度。

规划师执业资格管理办法，由国务院城乡规划主管部门会同国务院人事行政部门制定。编制城乡规划必须遵守国家有关标准。

第二十五条　编制城乡规划，应当具备国家规定的勘察、测绘、气象、地震、水文、环境等基础资料。

县级以上地方人民政府有关主管部门应当根据编制城乡规划的需要，及时提供有关基础资料。

第二十六条　城乡规划报送审批前，组织编制机关应当依法将城乡规划草案予以公告，并采取论证会、听证会或者其他方式征求专家和公众的意见。公告的时间不得少于三十日。组织编制机关应当充分考虑专家和公众的意见，并在报送审批的材料中附具意见采纳情况及理由。

第二十七条　省域城镇体系规划、城市总体规划、镇总体规划批准前，审批机关应当组织专家和有关部门进行审查。

第三章　城乡规划的实施

第二十八条　地方各级人民政府应当根据当地经济社会发展水平，量力而行，尊重群众意愿，有计划、分步骤地组织实施城乡规划。

第二十九条　城市的建设和发展，应当优先安排基础设施以及公共服务设施的建设，妥善处理新区开发与旧区改建的关系，统筹兼顾进城务工人员生活和周边农村经济社会发展、村民生产与生活的需要。

镇的建设和发展，应当结合农村经济社会发展和产业结构调整，优先安排供水、排水、供电、供气、道路、通信、广播电视等基础设施和学校、卫生院、文化站、幼儿园、福利院等公共服务设施的建设，为周边农村提供服务。

乡、村庄的建设和发展，应当因地制宜、节约用地，发挥村民自治组织的作用，引导村民合理进行建设，改善农村生产、生活条件。

第三十条　城市新区的开发和建设，应当合理确定建设规模和时序，充分利用现有市政基础设施和公共服务设施，严格保护自然资源和生态环境，体现地方特色。

在城市总体规划、镇总体规划确定的建设用地范围以外，不得设立各类开发区和城市新区。

第三十一条　旧城区的改建，应当保护历史文化遗产和传统风貌，合理确定拆迁和建设规模，有计划地对危房集中、基础设施落后等地段进行改建。

历史文化名城、名镇、名村的保护以及受保护建筑物的维护和使用，应当遵守有关法律、行政法规和国务院的规定。

第三十二条　城乡建设和发展，应当依法保护和合理利用风景名胜资源，统筹安排风景名胜区及周边乡、镇、村庄的建设。

风景名胜区的规划、建设和管理，应当遵守有关法律、行政法规和国务院的规定。

第三十三条　城市地下空间的开发和利用，应当与经济和技术发展水平相适应，遵循统筹安排、综合开发、合理利用的原则，充分考虑防灾减灾、人民防空和通信等需要，并符合城市规划，履行规划审批手续。

第三十四条　城市、县、镇人民政府应当根据城市总体规划、镇总体规划、土地利用总体规划和年度计划以及国民经济和社会发展规划，制定近期建设规划，报总体规划审批机关备案。

近期建设规划应当以重要基础设施、公共服务设施和中低收入居民住房建设以及生态环境保护为重点内容，明确近期建设的时序、发展方向和空间布局。近期建设规划的规划期限为五年。

第三十五条　城乡规划确定的铁路、公路、港口、机场、道路、绿地、输配电设施及输电线路走廊、通信设施、广播电视设施、管道设施、河道、水库、水源地、自然保护区、防汛通道、消防通道、核电站、垃圾填埋场及焚烧厂、污水处理厂和公共服务设施的用地以及其他需要依法保护的用地，禁止擅自改变用途。

第三十六条 按照国家规定需要有关部门批准或者核准的建设项目，以划拨方式提供国有土地使用权的，建设单位在报送有关部门批准或者核准前，应当向城乡规划主管部门申请核发选址意见书。

前款规定以外的建设项目不需要申请选址意见书。

第三十七条 在城市、镇规划区内以划拨方式提供国有土地使用权的建设项目，经有关部门批准、核准、备案后，建设单位应当向城市、县人民政府城乡规划主管部门提出建设用地规划许可申请，由城市、县人民政府城乡规划主管部门依据控制性详细规划核定建设用地的位置、面积、允许建设的范围，核发建设用地规划许可证。

建设单位在取得建设用地规划许可证后，方可向县级以上地方人民政府土地主管部门申请用地，经县级以上人民政府审批后，由土地主管部门划拨土地。

第三十八条 在城市、镇规划区内以出让方式提供国有土地使用权的，在国有土地使用权出让前，城市、县人民政府城乡规划主管部门应当依据控制性详细规划，提出出让地块的位置、使用性质、开发强度等规划条件，作为国有土地使用权出让合同的组成部分。未确定规划条件的地块，不得出让国有土地使用权。

以出让方式取得国有土地使用权的建设项目，在签订国有土地使用权出让合同后，建设单位应当持建设项目的批准、核准、备案文件和国有土地使用权出让合同，向城市、县人民政府城乡规划主管部门领取建设用地规划许可证。

城市、县人民政府城乡规划主管部门不得在建设用地规划许可证中，擅自改变作为国有土地使用权出让合同组成部分的规划条件。

第三十九条 规划条件未纳入国有土地使用权出让合同的，该国有土地使用权出让合同无效；对未取得建设用地规划许可证的建设单位批准用地的，由县级以上人民政府撤销有关批准文件；占用土地的，应当及时退回；给当事人造成损失的，应当依法给予赔偿。

第四十条 在城市、镇规划区内进行建筑物、构筑物、道路、管线和其他工程建设的，建设单位或者个人应当向城市、县人民政府城乡规划主管部门或者省、自治区、直辖市人民政府确定的镇人民政府申请办理建设工程规划许可证。

申请办理建设工程规划许可证，应当提交使用土地的有关证明文件、建设工程设计方案等材料。需要建设单位编制修建性详细规划的建设项目，还应当提交修建性详细规划。对符合控制性详细规划和规划条件的，由城市、县人民政府城乡规划主管部门或者省、自治区、直辖市人民政府确定的镇人民政府核发建设工程规划许可证。

城市、县人民政府城乡规划主管部门或者省、自治区、直辖市人民政府确定的镇人民政府应当依法将经审定的修建性详细规划、建设工程设计方案的总平面图予以公布。

第四十一条 在乡、村庄规划区内进行乡镇企业、乡村公共设施和公益事业建设的，建设单位或者个人应当向乡、镇人民政府提出申请，由乡、镇人民政府报城市、县人民政府城乡规划主管部门核发乡村建设规划许可证。

在乡、村庄规划区内使用原有宅基地进行农村村民住宅建设的规划管理办法，由省、自治区、直辖市制定。

在乡、村庄规划区内进行乡镇企业、乡村公共设施和公益事业建设以及农村村民住宅建设，不得占用农用地；确需占用农用地的，应当依照《中华人民共和国土地管理法》有关规定办理农用地转用审批手续后，由城市、县人民政府城乡规划主管部门核发乡村建设规划许可证。

建设单位或者个人在取得乡村建设规划许可证后，方可办理用地审批手续。

第四十二条 城乡规划主管部门不得在城乡规划确定的建设用地范围以外作出规划许可。

第四十三条 建设单位应当按照规划条件进行建设；确需变更的，必须向城市、县人民政府城乡规划主管部门提出申请。变更内容不符合控制性详细规划的，城乡规划主管部门不得批准。城市、县人民政府城乡规划主管部门应当及时将依法变更后的规划条件通报同级土地主管部门并公示。

建设单位应当及时将依法变更后的规划条件报有关人民政府土地主管部门备案。

第四十四条 在城市、镇规划区内进行临时建设的，应当经城市、县人民政府城乡规划主管部门批准。临时建设影响近期建设规划或者控制性详细规划的实施以及交通、市容、安全等的，不得批准。

临时建设应当在批准的使用期限内自行拆除。

临时建设和临时用地规划管理的具体办法，由省、自治区、直辖市人民政府制定。

第四十五条 县级以上地方人民政府城乡规划主管部门按照国务院规定对建设工程是否符合规划条件予以核实。未经核实或者经核实不符合规划条件的，建设单位不得组织竣工验收。

建设单位应当在竣工验收后六个月内向城乡规划主管部门报送有关竣工验收资料。

第四章　城乡规划的修改

第四十六条 省域城镇体系规划、城市总体规划、镇总体规划的组织编制机关，应当组织有关部门和专家定期对规划实施情况进行评估，并采取论证会、听证会或者其他方式征求公众意见。组织编制机关应当向本级人民代表大会常务委员会、镇人民代表大会和原审批机关提出评估报告并附具征求意见的情况。

第四十七条 有下列情形之一的，组织编制机关方可按照规定的权限和程序修改省域城镇体系规划、城市总体规划、镇总体规划：

（一）上级人民政府制定的城乡规划发生变更，提出修改规划要求的；

（二）行政区划调整确需修改规划的；

（三）因国务院批准重大建设工程确需修改规划的；

（四）经评估确需修改规划的；

（五）城乡规划的审批机关认为应当修改规划的其他情形。

修改省域城镇体系规划、城市总体规划、镇总体规划前，组织编制机关应当对原规划的实施情况进行总结，并向原审批机关报告；修改涉及城市总体规划、镇总体规划强制性内容的，应当先向原审批机关提出专题报告，经同意后，方可编制修改方案。

修改后的省域城镇体系规划、城市总体规划、镇总体规划，应当依照本法第十三条、第十四条、第十五条和第十六条规定的审批程序报批。

第四十八条 修改控制性详细规划的，组织编制机关应当对修改的必要性进行论证，征求规划地段内利害关系人的意见，并向原审批机关提出专题报告，经原审批机关同意后，方可编制修改方案。修改后的控制性详细规划，应当依照本法第十九条、第二十条规定的审批程序报批。控制性详细规划修改涉及城市总体规划、镇总体规划的强制性内容的，应当先修改总体规划。

修改乡规划、村庄规划的，应当依照本法第二十二条规定的审批程序报批。

第四十九条 城市、县、镇人民政府修改近期建设规划的，应当将修改后的近期建设规划报总体规划审批机关备案。

第五十条 在选址意见书、建设用地规划许可证、建设工程规划许可证或者乡村建设规划许可证发放后，因依法修改城乡规划给被许可人合法权益造成损失的，应当依法给予补偿。经依法审定的修建性详细规划、建设工程设计方案的总平面图不得随意修改；确需修改的，城乡规划主管部门应当采取听证会等形式，听取利害关系人的意见；因修改给利害关系人合法权益造成损失的，应当依法给予补偿。

第五章 监 督 检 查

第五十一条 县级以上人民政府及其城乡规划主管部门应当加强对城乡规划编制、审批、实施、修改的监督检查。

第五十二条 地方各级人民政府应当向本级人民代表大会常务委员会或者乡、镇人民代表大会报告城乡规划的实施情况，并接受监督。

第五十三条 县级以上人民政府城乡规划主管部门对城乡规划的实施情况进行监督检查，有权采取以下措施：

（一）要求有关单位和人员提供与监督事项有关的文件、资料，并进行复制；

（二）要求有关单位和人员就监督事项涉及的问题作出解释和说明，并根据需要进入现场进行勘测；

（三）责令有关单位和人员停止违反有关城乡规划的法律、法规的行为。

城乡规划主管部门的工作人员履行前款规定的监督检查职责，应当出示执法证件。被监督检查的单位和人员应当予以配合，不得妨碍和阻挠依法进行的监督检查活动。

第五十四条 监督检查情况和处理结果应当依法公开，供公众查阅和监督。

第五十五条 城乡规划主管部门在查处违反本法规定的行为时，发现国家机关工作人员依法应当给予行政处分的，应当向其任免机关或者监察机关提出处分建议。

第五十六条 依照本法规定应当给予行政处罚，而有关城乡规划主管部门不给予行政处罚的，上级人民政府城乡规划主管部门有权责令其作出行政处罚决定或者建议有关人民政府责令其给予行政处罚。

第五十七条 城乡规划主管部门违反本法规定作出行政许可的，上级人民政府城乡规划主管部门有权责令其撤销或者直接撤销该行政许可。因撤销行政许可给当事人合法权益造成损失的，应当依法给予赔偿。

第六章　法　律　责　任

第五十八条　对依法应当编制城乡规划而未组织编制，或者未按法定程序编制、审批、修改城乡规划的，由上级人民政府责令改正，通报批评；对有关人民政府负责人和其他直接责任人员依法给予处分。

第五十九条　城乡规划组织编制机关委托不具有相应资质等级的单位编制城乡规划的，由上级人民政府责令改正，通报批评；对有关人民政府负责人和其他直接责任人员依法给予处分。

第六十条　镇人民政府或者县级以上人民政府城乡规划主管部门有下列行为之一的，由本级人民政府、上级人民政府城乡规划主管部门或者监察机关依据职权责令改正，通报批评；对直接负责的主管人员和其他直接责任人员依法给予处分：

（一）未依法组织编制城市的控制性详细规划、县人民政府所在地镇的控制性详细规划的；

（二）超越职权或者对不符合法定条件的申请人核发选址意见书、建设用地规划许可证、建设工程规划许可证、乡村建设规划许可证的；

（三）对符合法定条件的申请人未在法定期限内核发选址意见书、建设用地规划许可证、建设工程规划许可证、乡村建设规划许可证的；

（四）未依法对经审定的修建性详细规划、建设工程设计方案的总平面图予以公布的；

（五）同意修改修建性详细规划、建设工程设计方案的总平面图前未采取听证会等形式听取利害关系人的意见的；

（六）发现未依法取得规划许可或者违反规划许可的规定在规划区内进行建设的行为而不予查处或者接到举报后不依法处理的。

第六十一条　县级以上人民政府有关部门有下列行为之一的，由本级人民政府或者上级人民政府有关部门责令改正，通报批评；对直接负责的主管人员和其他直接责任人员依法给予处分：

（一）对未依法取得选址意见书的建设项目核发建设项目批准文件的；

（二）未依法在国有土地使用权出让合同中确定规划条件或者改变国有土地使用权出让合同中依法确定的规划条件的；

（三）对未依法取得建设用地规划许可证的建设单位划拨国有土地使用权的。

第六十二条　城乡规划编制单位有下列行为之一的，由所在地城市、县人民政府城乡规划主管部门责令限期改正，处合同约定的规划编制费一倍以上二倍以下的罚款；情节严重的，责令停业整顿，由原发证机关降低资质等级或者吊销资质证书；造成损失的，依法承担赔偿责任：

（一）超越资质等级许可的范围承揽城乡规划编制工作的；

（二）违反国家有关标准编制城乡规划的。未依法取得资质证书承揽城乡规划编制工作的，由县级以上地方人民政府城乡规划主管部门责令停止违法行为，依照前款规定处以罚款；造成损失的，依法承担赔偿责任。

以欺骗手段取得资质证书承揽城乡规划编制工作的，由原发证机关吊销资质证书，依照本条第一款规定处以罚款；造成损失的，依法承担赔偿责任。

第六十三条 城乡规划编制单位取得资质证书后，不再符合相应的资质条件的，由原发证机关责令限期改正；逾期不改正的，降低资质等级或者吊销资质证书。

第六十四条 未取得建设工程规划许可证或者未按照建设工程规划许可证的规定进行建设的，由县级以上地方人民政府城乡规划主管部门责令停止建设；尚可采取改正措施消除对规划实施的影响的，限期改正，处建设工程造价百分之五以上百分之十以下的罚款；无法采取改正措施消除影响的，限期拆除，不能拆除的，没收实物或者违法收入，可以并处建设工程造价百分之十以下的罚款。

第六十五条 在乡、村庄规划区内未依法取得乡村建设规划许可证或者未按照乡村建设规划许可证的规定进行建设的，由乡、镇人民政府责令停止建设、限期改正；逾期不改正的，可以拆除。

第六十六条 建设单位或者个人有下列行为之一的，由所在地城市、县人民政府城乡规划主管部门责令限期拆除，可以并处临时建设工程造价一倍以下的罚款：

（一）未经批准进行临时建设的；

（二）未按照批准内容进行临时建设的；

（三）临时建筑物、构筑物超过批准期限不拆除的。

第六十七条 建设单位未在建设工程竣工验收后六个月内向城乡规划主管部门报送有关竣工验收资料的，由所在地城市、县人民政府城乡规划主管部门责令限期补报；逾期不补报的，处一万元以上五万元以下的罚款。

第六十八条 城乡规划主管部门作出责令停止建设或者限期拆除的决定后，当事人不停止建设或者逾期不拆除的，建设工程所在地县级以上地方人民政府可以责成有关部门采取查封施工现场、强制拆除等措施。

第六十九条 违反本法规定，构成犯罪的，依法追究刑事责任。

第七章　附　　则

第七十条 本法自 2008 年 1 月 1 日起施行。《中华人民共和国城市规划法》同时废止。

法　　规

一、行　政　法　规

科学技术档案工作条例

（1980 年 12 月 9 日国务院批准）

第一章　总　　则

第一条　为了建立、健全科学技术档案工作，完整地保存和科学地管理科学技术档案（以下简称科技档案），充分发挥科技档案在社会主义现代化建设中的作用，特制定本条例。

第二条　科技档案是指在自然科学研究、生产技术、基本建设（以下简称科研、生产、基建）等活动中形成的应当归档保存的图纸、图表、文字材料、计算材料、照片、影片、录像带等科技文件材料。

第三条　科技档案工作是生产管理、技术管理、科研管理的重要组成部分，各工业、交通、基建、科研、农林、军事、地质、测绘、水文、气象、教育、卫生等单位（以下简称各单位），都应当把科技档案工作纳入生产管理工作、技术管理工作、科研管理工作之中，加强领导。

第四条　各单位应当按照集中统一管理科技档案的基本原则，建立、健全科技档案工作，达到科技档案完整、准确、系统、安全和有效利用的要求。

第二章　科技文件材料的形成和归档

第五条　各单位应当建立、健全科技文件材料的形成、积累、归档制度，做到每一项科研、生产、基建等活动，都有完整、准确、系统的科技文件材料归档保存。

第六条　各单位应当把科技文件材料的形成、积累、整理和归档纳入科技工作程序和科研、生产、基建等计划中，列入有关部门和有关人员的职责范围。

第七条　各单位在对每一项科研成果、产品试制、基建工程或其他技术项目进行鉴定、验收的时候，要有科技档案部门参加，对应当归档的科技文件材料加以验收。没有完整、准确、系统的科技文件材料的项目，不能验收。

第八条　一个科研课题、一个试制产品、一项工程或其他技术项目，在完成或告一段落以后，必须将所形成的科技文件材料加以系统整理，组成保管单位，填写保管期限，注明密级，由课题负责人、产品试制负责人、工程负责人等审查后，及时归档。

第九条　凡是需要归档的科技文件材料，都应当做到书写材料优良、字迹工整、图样清晰，有利于长久保存。

第十条　科技档案部门有责任检查和协助科技人员做好科技文件材料的形成、积累、整理和归档的工作。

第三章　科技档案的管理

第十一条　科技档案部门对接收来的科技档案，应当进行分类、编目、登记、统计和必要的加工整理。国务院所属各工业、交通、科研、基建等专业主管机关（以下简称专业主管机关），应当拟定本专业系统的科技档案分类大纲。

第十二条　各单位应当建立和健全图纸更改、补充的制度。更改、补充图纸，必须履行审批手续。

第十三条　科技档案部门应当及时地提供科技档案为科研、生产、基建等各项工作服务，并编制必要的检索工具和参考资料。借阅和复制科技档案要有一定的批准手续。

第十四条　各单位应当定期对科技档案的密级进行审查，根据上级的规定，及时调整密级，扩大利用与交流的范围。

第十五条　科技档案部门对科技档案的利用效果，应当进行必要的调查和建立借阅档案的统计制度。

第十六条　国务院所属各专业主管机关，应当编制本专业的科技档案保管期限表。科技档案的保管期限，分为永久、长期、定期三种。

第十七条　各单位应当定期做好科技档案保存价值的鉴定工作。鉴定的方法是直接鉴定档案的内容。鉴定工作要在总工程师或科研负责人的领导下，由科技领导干部、熟悉有关专业的科技人员和科技档案人员共同进行。

第十八条　要销毁的科技档案，必须造具清册，经单位领导审定，报送上级主管机关备案。销毁科技档案，要指定监销人，防止失密。

第十九条　保管科技档案必须有专用库房，库房内应当保持适当的温度和湿度，并有防盗、防火、防晒、防虫、防尘等安全措施。科技档案部门应当定期检查科技档案保管状况。对破损或变质的档案，要及时修补和复制。

第二十条　科技档案部门对重要的科技档案应当复制副本，分别保存，以保证在非常情况下科技档案的安全和提供利用。

第二十一条　引进技术和设备的档案，由引进单位的科技档案部门统一管理。

第二十二条　凡是几个单位分工协作完成的科技项目或工程，由主办单位保存一整套档案，协作单位除保存与自己承担任务有关的档案正本以外，应将复制本送交主办单位保存。

第二十三条　凡单位撤销或变动，以及建筑物、构筑物、设备、仪器等转移使用关系时，其档案要妥善整理，并经领导人批准后向接受单位办理交接手续。

第二十四条　科技档案部门增添设备和用品的费用，分别从企业、事业单位的生产费、科研费或事业费中开支。

第二十五条　新建的企业、事业单位，应当同时建设符合要求的科技档案库房。

第四章　科技档案工作管理体制

第二十六条　国家档案局和各级档案管理机关应当加强对科技档案工作的指导、监督和检查。

第二十七条　科技档案工作必须按专业实行统一管理。国务院所属的各专业主管机关和省、自治区、直辖市人民政府所属的各专业主管机关，应当建立相应的档案机构，加强对所属企业、事业单位科技工作的指导。

第二十八条　国务院所属的各专业主管机关，根据需要建立专业档案馆，收集和保管本专业需要长期和永久保存的科技档案。大中城市应当建立城市基本建设档案馆，收集和保管本城市应当长期和永久保存的基本建设档案。专业档案馆和城市基本建设档案馆是科学技术事业单位。

第二十九条　大中型企业、事业单位要设立直属的科技档案机构；小型企业、事业单位可以设立单独的科技档案室，也可以设立文书和科技档案统一管理的档案室，或者配备专（兼）职人员管理。各单位的科技档案工作，由领导生产、科研的负责人或者总工程师分工领导。

第三十条　专业档案馆或单位的科技档案机构，根据需要可以兼管科技资料工作。

第五章　科技档案干部

第三十一条　国务院所属的各专业主管机关和省、自治区、直辖市人民政府所属的各专业主管机关都应当积极建设一支坚持社会主义道路，具有科技档案专业知识和懂得有关的科学技术，有一定工作能力的科技档案干部队伍。

第三十二条　科技档案干部要努力学习马列主义、毛泽东思想，认真执行国家的方针政策，刻苦钻研业务，不断总结经验，提高管理工作水平，积极为社会主义现代化建设服务。

第三十三条　各单位要给科技档案部门配备足够数量和能胜任工作的干部，还应当配备一定数量的科技干部，以保证工作的需要。

第三十四条　各单位要经常对科技档案干部进行保守国家机密的教育，检查遵守保密制度的情况。

第六章　附　　则

第三十五条　国务院所属的各专业主管机关和省、自治区、直辖市人民政府所属的各专业主管机关，可以根据本条例的精神，结合本系统、本地区科技档案工作情况，制定实施细则。

第三十六条　本条例自发布之日起施行。过去有关规定与本条例有抵触的，以本条例为准。

中华人民共和国档案法实施办法

(1990 年 10 月 24 日国务院批准 1990 年 11 月 19 日国家档案局第 1 号令发布，
1999 年 5 月 5 日国务院批准修订，1999 年 6 月 7 日国家档案局第 5 号令重新发布)

第一章　总　　则

第一条　根据《中华人民共和国档案法》（以下简称《档案法》）的规定，制定本办法。

第二条　《档案法》第二条所称对国家和社会有保存价值的档案，属于国家所有的，由国家档案局会同国家有关部门确定具体范围；属于集体所有、个人所有以及其他不属于国家所有的，由省、自治区、直辖市人民政府档案行政管理部门征得国家档案局同意后确定具体范围。

第三条　各级国家档案馆馆藏的永久保管档案分一、二、三级管理，分级的具体标准和管理办法由国家档案局制定。

第四条　国务院各部门经国家档案局同意，省、自治区、直辖市人民政府各部门经本级人民政府档案行政管理部门同意，可以制定本系统专业档案的具体管理制度和办法。

第五条　县级以上各级人民政府应当加强对档案工作的领导，把档案事业建设列入本级国民经济和社会发展计划，建立、健全档案机构，确定必要的人员编制，统筹安排发展档案事业所需经费。

机关、团体、企业事业单位和其他组织应当加强对本单位档案工作的领导，保障档案工作依法开展。

第六条　下列事迹之一的，由人民政府、档案行政管理部门或者本单位给予奖励：

（一）对档案的收集、整理、提供利用做出显著成绩的；

（二）对档案的保护和现代化管理做出显著成绩的；

（三）对档案学研究做出重要贡献的；

（四）将重要的或者珍贵的档案捐赠给国家的；

（五）同违反档案法律、法规的行为作斗争，表现突出的。

第二章　档案机构及其职责

第七条　国家档案局依照《档案法》第六条第一款的规定，履行下列职责：

（一）根据有关法律、行政法规和国家有关方针政策，研究、制定档案工作规章制度和具体方针政策；

（二）组织协调全国档案事业的发展，制定发展档案事业的综合规划和专项计划，并

组织实施;

（三）对有关法律、法规和国家有关方针政策的实施情况进行监督检查，依法查处档案违法行为;

（四）对中央和国家机关部门、国务院直属企业事业单位以及依照国家有关规定不属于登记范围的全国性社会团体的档案工作，中央级国家档案馆的工作，以及省、自治区、直辖市人民政府档案行政管理部门的工作，实施监督、指导;

（五）组织、指导档案理论与科学技术研究、档案宣传与档案教育、档案工作人员培训;

（六）组织、开展档案工作的国际交流活动。

第八条　县级以上地方各级人民政府档案行政管理部门依照《档案法》第六条第二款的规定，履行下列职责:

（一）贯彻执行有关法律、法规和国家有关方针政策;

（二）制定本行政区域内的档案事业发展计划和档案工作规章制度，并组织实施;

（三）监督、指导本行政区域内的档案工作，依法查处档案违法行为;

（四）组织、指导本行政区域内档案理论与科学技术研究、档案宣传与档案教育、档案工作人员培训。

第九条　机关、团体、企业事业单位和其他组织的档案机构依照《档案法》第七条的规定，履行下列职责:

（一）贯彻执行有关法律、法规和国家有关方针政策，建立、健全本单位的档案工作规章制度;

（二）指导本单位文件、资料的形成、积累和归档工作;

（三）统一管理本单位的档案，并按照规定向有关档案馆移交档案;

（四）监督指导所属机构的档案工作。

第十条　中央和地方各级国家档案馆，是集中保存、管理档案的文化事业机构，依照《档案法》第八条的规定，承担下列工作任务:

（一）收集和接收本馆保管范围内对国家和社会有保存价值的档案;

（二）对所保存的档案严格按照规定整理和保管;

（三）采取各种形式开发档案资源，为社会利用档案资源提供服务。

按照国家有关规定，经批准成立的其他各类档案馆，根据需要，可以承担前款规定的工作任务。

第十一条　全国档案馆的设置原则和布局方案，由国家档案局制定，报国务院批准后实施。

第三章　档案的管理

第十二条　按照国家档案局关于文件材料归档的规定，应当立卷归档的材料由单位的文书或者业务机构收集齐全，并进行整理、立卷、定期交本单位档案机构或者档案工作人员集中管理;任何人都不得据为己有或者拒绝归档。

第十三条　机关、团体、企业事业单位和其他组织，应当按照国家档案局关于档案移交的规定，定期向有关的国家档案馆移交档案。

属于中央级和省级、设区的市级国家档案馆接收范围的档案，立档单位应当自档案形成之日起满 20 年即向有关的国家档案馆移交；属于县级国家档案馆接收范围的档案，立档单位应当自档案形成之日起满 10 年即向有关的县级国家档案馆移交。

经同级档案行政管理部门检查和同意，专业性较强或者需要保密的档案，可以延长向有关档案馆移交的期限；已撤销单位的档案或者由于保管条件恶劣可能导致不安全或者严重损毁的档案，可以提前向有关档案馆移交。

第十四条　既是文物、图书资料又是档案的，档案馆可以与博物馆、图书馆、纪念馆等单位相互交换重复件、复制件或者目录，联合举办展览，共同编辑出版有关史料或者进行史料研究。

第十五条　各级国家档案馆应当对所保管的档案采取下列管理措施：

（一）建立科学的管理制度，逐步实现保管的规范化、标准化；

（二）配置适宜安全保存档案的专门库房，配备防盗、防火、防渍、防有害生物的必要设施；

（三）根据档案的不同等级，采取有效措施，加以保护和管理；

（四）根据需要和可能，配备适应档案现代化管理需要的技术设备。

机关、团体、企业事业单位和其他组织的档案保管，根据需要，参照前款规定办理。

第十六条　《档案法》第十四条所称保密档案密级的变更和解密，依照《中华人民共和国保守国家秘密法》及其实施办法的规定办理。

第十七条　属于集体所有、个人所有以及其他不属于国家所有的对国家和社会具有保存价值的或者应当保密的档案，档案所有者可以向各级国家档案馆寄存、捐赠或者出卖。向各级国家档案馆以外的任何单位或者个人出卖、转让或者赠送的，必须报经县级以上人民政府档案行政管理部门批准；严禁向外国人和外国组织出卖或者赠送。

第十八条　属于国家所有的档案，任何组织和个人都不得出卖。

国有企业事业单位因资产转让需要转让有关档案的，按照国家有关规定办理。

各级各类档案馆以及机关、团体、企业事业单位和其他组织为了收集、交换中国散失在国外的档案、进行国际文化交流，以及适应经济建设、科学研究和科技成果推广等的需要，经国家档案局或者省、自治区、直辖市人民政府档案行政管理部门依据职权审查批准，可以向国内外的单位或者个人赠送、交换、出卖档案的复制件。

第十九条　各级国家档案馆馆藏的一级档案严禁出境。

各级国家档案馆馆藏的二级档案需要出境的，必须经国家档案局审查批准。各级国家档案馆馆藏的三级档案、各级国家档案馆馆藏的一、二、三级档案以外的属于国家所有的档案和属于集体所有、个人所有以及其他不属于国家所有的对国家和社会具有保存价值的或者应当保密的档案及其复制件，各级国家档案馆以及机关、团体、企业事业单位、其他组织和个人需要携带、运输或者邮寄出境的，必须经省、自治区、直辖市人民政府档案行政管理部门审查批准，海关凭批准文件查验放行。

第四章 档案的利用和公布

第二十条 各级国家档案馆保管的档案应当按照《档案法》的有关规定，分期分批地向社会开放，并同时公布开放档案的目录。档案开放的起始时间：

（一）中华人民共和国成立以前的档案，（包括清代和清代以前的档案；民国时期的档案和革命历史档案），自本办法实施之日起向社会开放；

（二）中华人民共和国成立以来形成的档案，自形成之日起满 30 年向社会开放；

（三）经济、科学、技术、文化等类档案，可以随时向社会开放。

前款所列档案中涉及国防、外交、公安、国家安全等国家重大利益的档案，以及其他虽自形成之日起已满 30 年但档案馆认为到期仍不宜开放的档案，经上一级档案行政管理部门批准，可以延期向社会开放。

第二十一条 各级各类档案馆提供社会利用的档案，应当逐步实现以缩微品代替原件。档案缩微品和其他复制形式的档案载有档案收藏单位法定代表人的签名或者印章标记的，具有与档案原件同等的效力。

第二十二条 《档案法》所称档案的利用，是指对档案的阅览、复制和摘录。

中华人民共和国公民和组织，持有介绍信或者工作证、身份证等合法证明，可以利用已开放的档案。

外国人或者外国组织利用中国已开放的档案，须经中国有关主管部门介绍以及保存该档案的档案馆同意。

机关、团体、企业事业单位和其他组织以及中国公民利用档案馆保存的未开放的档案，须经保存该档案的档案馆同意，必要时还须经有关的档案行政管理部门审查同意。

机关、团体、企业事业单位和其他组织的档案机构保存的尚未向档案馆移交的档案，其他机关、团体、企业事业单位和组织以及中国公民需要利用的，须经档案保存单位同意。

各级各类档案馆应当为社会利用档案创造便利条件。提供社会利用的档案，可以按照规定收取费用。收费标准由国家档案局会同国务院价格管理部门制定。

第二十三条 《档案法》第二十二条所称档案的公布，是指通过下列形式首次向社会公开档案的全部或者部分原文，或者档案记载的特定内容：

（一）通过报纸、刊物、图书、声像、电子等出版物发表；

（二）通过电台、电视台播放；

（三）通过公众计算机信息网络传播；

（四）在公开场合宣读、播放；

（五）出版发行档案史料、资料的全文或者摘录汇编；

（六）公开出售、散发或者张贴档案复制件；

（七）展览、公开陈列档案或者其复制件。

第二十四条 公布属于国家所有的档案，按照下列规定办理：

（一）保存在档案馆的，由档案馆公布；必要时，应当征得档案形成单位同意或者报经档案形成单位的上级主管机关同意后公布；

（二）保存在各单位档案机构的，由各该单位公布；必要时，应当报经其上级主管机关同意后公布；

（三）利用属于国家所有的档案的单位和个人，未经档案馆、档案保存单位同意或者前两项所列主管机关的授权或者批准，均无权公布档案。

属于集体所有、个人所有以及其他不属于国家所有的对国家和社会具有保存价值的档案，其所有者向社会公布时，应当遵守国家有关保密的规定，不得损害国家的、社会的、集体的和其他公民的利益。

第二十五条　各级国家档案馆对寄存档案的公布和利用，应当征得档案所有者同意。

第二十六条　利用、公布档案，不得违反国家有关知识产权保护的法律规定。

第五章　罚　　则

第二十七条　有下列行为之一的，由县级以上人民政府档案行政管理部门责令限期改正；情节严重的，对直接负责的主管人员或者其他直接责任人员依法给予行政处分：

（一）将公务活动中形成的应当归档的文件、资料据为己有，拒绝交档案机构、档案工作人员归档的；

（二）拒不按照国家规定向国家档案馆移交档案的；

（三）违反国家规定擅自扩大或者缩小档案接收范围的；

（四）不按照国家规定开放档案的；

（五）明知所保存的档案面临危险而不采取措施，造成档案损失的；

（六）档案工作人员，对档案工作负有领导责任的人员玩忽职守，造成档案损失的。

第二十八条　《档案法》第二十四条第二款、第三款规定的罚款数额，根据有关档案的价值和数量，对单位为 1 万元以上 10 万元以下，对个人为 500 元以上 5000 元以下。

第二十九条　违反《档案法》和本办法，造成档案损失的，由县级以上人民政府档案行政管理部门、有关主管部门根据损失档案的价值，责令赔偿损失。

第六章　附　　则

第三十条　中国人民解放军的档案工作，根据《档案法》和本办法确定的原则管理。

第三十一条　本办法自发布之日起施行。

建设工程质量管理条例

(2000 年 1 月 30 日中华人民共和国国务院令第 279 号)

第一章 总 则

第一条 为了加强对建设质量的管理，保证建设工程质量，保护人民生命和财产安全，根据《中华人民共和国建筑法》，制定本条例。

第二条 凡在中华人民共和国境内从事建设工程的新建、扩建、改建等有关活动及实施对建设工程质量监督管理的，必须遵守本条例。

本条例所称建设工程，是指土木工程、建筑工程、线路管道和设备安装工程及装修工程。

第三条 建设单位、勘察单位、设计单位、施工单位、工程监理单位依法对建设工程质量负责。

第四条 县级以上人民政府建设行政管理部门和其他有关部门应当加强对建设工程质量的监督管理。

第五条 从事建设工程活动，必须严格执行基本建设程序，坚持先勘察、后设计、再施工的原则。

县级以上人民政府及其有关部门不得超越权限审批建设项目或者擅自简化基本建设程序。

第六条 国家鼓励采用先进的科学技术和管理方法，提高建设工程质量。

第二章 建设单位的质量责任和义务

第七条 建设单位应当将工程发包给具有相应资质等级的单位。

建设单位不得将建设工程肢解发包。

第八条 建设单位应当依法对工程建设项目的勘察、设计、施工、监理以及与工程建设有关的重要设备、材料等的采购进行招标。

第九条 建设单位必须向有关的勘察、设计、施工、工程监理等单位提供与建设工程有关的原始资料。

原始资料必须真实、准确、齐全。

第十条 建设工程发包单位不得迫使承包方以低于成本的价格竞标，不得任意压缩合理工期。

建设单位不得明示或者暗示设计单位或者施工单位违反工程建设强制性标准，降低建设工程质量。

第十一条　建设单位应当将施工图设计文件报县级以上人民政府建设行政主管部门或者其他有关部门审查。施工图设计文件审查的具体办法，由国务院建设行政主管部门会同国务院其他有关部门制定。

施工图设计文件未经审查批准的，不得使用。

第十二条　实行监理的建设工程，建设单位应当委托具有相应资质等级的工程监理单位进行监理，也可以委托具有工程监理相应资质等级并与被监理工程的施工承包单位没有隶属关系或者其他利害关系的该工程的设计单位进行监理。

下列建设工程必须实行监理：

（一）国家重点建设工程；

（二）大中型公用事业工程；

（三）成片开发建设的住宅小区工程；

（四）利用外国政府或者国际组织贷款、援助资金的工程；

（五）国家规定必须实行监理的其它工程。

第十三条　建设单位在领取施工许可证或者开工报告前，应当按照国家有关规定办理工程质量监督手续。

第十四条　按照合同约定，由建设单位采购建筑材料、建筑构配件和设备的，建设单位应当保证建筑材料、建筑构配件和设备符合设计文件和合同要求。

建设单位不得明示或者暗示施工单位使用不合格的建筑材料、建筑构配件和设备。

第十五条　涉及建筑主体和承重结构变动的装修工程，建设单位应当在施工前委托原设计单位或者具有相应资质等级的设计单位提出设计方案；没有设计方案的，不得施工。

房屋建筑使用者在装修过程中，不得擅自变动房屋建筑主体和承重结构。

第十六条　建设单位收到建设工程竣工报告后，应当组织设计、施工、工程监理等有关单位进行竣工验收。

建设工程竣工验收应具备下列条件：

（一）完成建设工程设计和合同约定的各项内容；

（二）有完整的技术档案和施工管理资料；

（三）有工程使用的主要建筑材料、建筑构配件和设备的进场试验报告；

（四）有勘察、设计、施工、工程监理等单位分别签署的质量合格文件；

（五）有施工单位签署的工程保修书。

建设工程经验收合格的，方可交付使用。

第十七条　建设单位应当严格按照国家有关档案管理的规定，及时收集、整理建设项目各环节的文件资料，建立、健全建设项目档案，并在建设工程竣工验收后，及时向建设行政主管部门或者其他有关部门移交建设项目档案。

第三章　勘察、设计单位的质量责任和义务

第十八条　从事建设工程勘察、设计的单位应当依法取得相应等级的资质证书，并在其资质等级许可的范围内承揽工程。

禁止勘察、设计单位超越其资质等级许可的范围或者以其他勘察、设计单位的名义承

揽工程。禁止勘察、设计单位允许其他单位或者个人以本单位的名义承揽工程。

勘察、设计单位不得转包或者违法分包所承揽的工程。

第十九条 勘察、设计单位必须按照工程建设强制性标准进行勘察、设计，并对其勘察、设计的质量负责。

注册建筑师、注册结构工程师等注册执业人员应当在设计文件上签字，对设计文件负责。

第二十条 勘察单位提供的地质、测量、水文等勘察成果必须真实、准确。

第二十一条 设计单位应当根据勘察成果文件进行建设工程设计。

设计文件应当符合国家规定的设计深度要求，注明工程合理使用年限。

第二十二条 设计单位在设计文件中选用的建筑材料、建筑构配件和设备，应当注明规格、型号、性能等技术指标，其质量要求必须符合国家规定的标准。

除有特殊要求的建筑材料、专用设备、工艺生产线等外，设计单位不得指定生产厂、供应商。

第二十三条 设计单位应当就审查合格的施工图设计文件向施工单位作出详细说明。

第二十四条 设计单位应当参与建设工程质量事故分析，并对因设计造成的质量事故，提出相应的技术处理方案。

第四章 施工单位的质量责任和义务

第二十五条 施工单位应当依法取得相应等级的资质证书，并在其资质等级许可范围内承揽工程。

禁止施工单位超越本单位资质等级许可的业务范围或者以其他施工单位的名义承揽工程。禁止施工单位允许其他单位或者个人以本单位的名义承揽工程。

施工单位不得转包或者违法分包工程。

第二十六条 施工单位对建设工程的施工质量负责。

施工单位应当建立质量责任制，确定工程项目的项目经理、技术负责人和施工管理负责人。

建设工程实行总承包的，总承包单位应当对全部建设工程质量负责；建设工程勘察、设计、施工、设备采购的一项或者多项实行总承包的，总承包单位应当对其承包的建设工程或者采购的设备的质量负责。

第二十七条 总承包单位依法将建设工程分包给其他单位的，分包单位应当按照分包合同的约定对其分包工程的质量向总承包单位负责，总承包单位与分包单位对分包工程的质量承担连带责任。

第二十八条 施工单位必须按照工程设计图纸和施工技术标准施工，不得擅自修改工程设计，不得偷工减料。

施工单位在施工过程中发现设计文件和图纸有差错的，应当及时提出意见和建议。

第二十九条 施工单位必须按照工程设计要求、施工技术标准和合同约定，对建筑材料、建筑构配件、设备和商品混凝土进行检验，检验应当有书面记录和专人签字；未经检验或者检验不合格的，不得使用。

第三十条　施工单位必须建立、健全施工质量的检验制度，严格工序管理，做好隐蔽工程的质量检查和记录。隐蔽工程在隐蔽前，施工单位应当通知建设单位和建设工程质量监督机构。

第三十一条　施工人员对涉及结构安全的试块、试件以及有关材料，应当在建设单位或者工程监理单位监督下现场取样，并送具有相应资质等级的质量监测单位进行检测。

第三十二条　施工单位对施工中出现质量问题的建设工程或者竣工验收不合格的建设工程，应当负责返修。

第三十三条　施工单位应当建立、健全教育培训制度，加强对职工的教育培训；未经教育培训或者考核不合格的人员，不得上岗作业。

第五章　工程监理单位的质量责任和义务

第三十四条　工程监理单位应当依法取得相应等级的资质证书，并在其资质等级许可的范围内承担工程监理业务。

禁止工程监理单位超越本单位资质等级许可的范围或者以其他工程监理单位的名义承担工程监理业务。禁止工程监理单位允许其他单位或者个人以本单位的名义承担工程监理业务。

工程监理单位不得转让工程监理业务。

第三十五条　工程监理单位与被监理工程的施工承包单位以及建筑材料、建筑构配件和设备供应单位有隶属关系或者其他利害关系的，不得承担该项建设工程的监理业务。

第三十六条　工程监理单位应当依照法律、法规以及有关技术标准、设计文件和建设工程承包合同，代表建设单位对施工质量实施监理，并对施工质量承担监理责任。

第三十七条　工程监理单位应当选派具备相应资格的总监理工程师和监理工程师进驻施工现场。

未经监理工程师签字，建筑材料、建筑构配件和设备不得在工程上使用或者安装，施工单位不得进行下一道工序的施工。未经总监理工程师签字，建设单位不拨付工程款，不进行竣工验收。

第三十八条　监理工程师应当按照工程监理规范的要求，采取旁站、巡视和平行检验等形式，对建设工程实施监理。

第六章　建设工程质量保修

第三十九条　建设工程实行质量保修制度。

建设工程承包单位在向建设单位提交工程竣工验收报告时，应当向建设单位出具质量保修书。质量保修书中应当明确建设工程的保修范围、保修期限和保修责任等。

第四十条　在正常使用条件下，建设工程的最低保修期限为：

（一）基础设施工程、房屋建筑的地基基础工程和主体结构工程，为设计文件规定的该工程的合理使用年限；

（二）屋面防水工程、有防水要求的卫生间、房间和外墙面的防渗漏，为 5 年；

（三）供热与供冷系统，为2个采暖期、供冷期；

（四）电气管线、给排水管道、设备安装和装修工程，为2年。

其他项目的保修期限由发包方与承包方约定。

建设工程的保修期，自竣工验收合格之日起计算。

第四十一条 建设工程在保修范围和保修期限内发生质量问题的，施工单位应当履行保修义务，并对造成的损失承担赔偿责任。

第四十二条 建设工程在超过合理使用年限后需要继续使用的，产权所有人应当委托具有相应资质等级的勘察、设计单位鉴定，并根据鉴定结果采取加固、维修等措施，重新界定使用期。

第七章 监 督 管 理

第四十三条 国家实行建设工程质量监督管理制度。

国务院建设行政主管部门对全国的建设工程质量实施统一监督管理。国务院铁路、交通、水利等有关部门按照国务院规定的职责分工，负责对全国的有关专业建设工程质量的监督管理。

县级以上地方人民政府建设行政主管部门对本行政区域内的建设工程质量实施监督管理。县级以上地方人民政府交通、水利等有关部门在各自的职责范围内，负责对本行政区域内的专业建设工程质量的监督管理。

第四十四条 国务院建设行政主管部门和国务院铁路、交通、水利等有关部门应当加强对有关建设工程质量的法律、法规和强制性标准执行情况的监督检查。

第四十五条 国务院发展计划部门按照国务院规定的职责，组织稽察特派员，对国家出资的重大建设项目实施监督检查。

国务院经济贸易主管部门按照国务院规定的职责，对国家重大技术改造项目实施监督检查。

第四十六条 建设工程质量监督管理，可以由建设行政主管部门或者其他有关部门委托的建设工程质量监督机构具体实施。

从事房屋建筑工程和市政基础设施工程质量监督的机构，必须按照国家有关规定经国务院建设行政主管部门或者省、自治区、直辖市人民政府建设行政主管部门考核；从事专业建设工程质量监督的机构，必须按照国家有关规定经国务院有关部门或者省、自治区、直辖市人民政府有关部门考核。经考核合格后，方可实施质量监督。

第四十七条 县级以上地方人民政府建设行政主管部门和其他有关部门应当加强对有关建设工程质量的法律、法规和强制性标准执行情况的监督检查。

第四十八条 县级以上人民政府建设行政主管部门和其他有关部门履行监督检查职责时，有权采取下列措施：

（一）要求被检查的单位提供有关工程质量的文件和资料；

（二）进入被检查单位的施工现场进行检查；

（三）发现有影响工程质量的问题时，责令改正。

第四十九条 建设单位应当自建设工程竣工验收合格之日起15日内，将建设工程竣工验收报告和规划、公安消防、环保等部门出具的认可文件或者准许使用文件报建设行政主管部门或者其他有关部门备案。

建设行政主管部门或者其他有关部门发现建设单位在竣工验收过程中有违反国家有关建设工程质量管理规定行为的，责令停止使用，重新组织竣工验收。

第五十条　有关单位和个人对县级以上人民政府建设行政主管部门和其他有关部门进行的监督检查应当支持与配合，不得拒绝或者阻碍建设工程质量监督检查人员依法执行职务。

第五十一条　供水、供电、供气、公安消防等部门或者单位不得明示或者暗示建设单位、施工单位购买其指定的生产供应单位的建筑材料、建筑构配件和设备。

第五十二条　建设工程发生质量事故，有关单位应当在 24 小时内向当地建设行政主管部门和其他有关部门报告。对重大质量事故，事故发生地的建设行政主管部门和其他有关部门应当按照事故类别和等级向当地人民政府和上级建设行政主管部门和其他有关部门报告。

特别重大质量事故的调查程序按照国务院有关规定办理。

第五十三条　任何单位和个人对建设工程的质量事故、质量缺陷都有权检举、控告、投诉。

第八章　罚　　则

第五十四条　违反本条例规定，建设单位将建设工程发包给不具有相应资质等级的勘察、设计、施工单位或者委托给不具有相应资质等级的工程监理单位的，责令改正，处 50 万元以上 100 万元以下的罚款。

第五十五条　违反本条例规定，建设单位将建设工程肢解发包的，责令改正，处工程合同价款 0.5％以上 1％以下的罚款；对全部或者部分使用国有资金的项目，并可以暂停项目执行或者暂停资金拨付。

第五十六条　违反本条例规定，建设单位有下列行为之一的，责令改正，处 20 万元以上 50 万元以下的罚款：

（一）迫使承包方以低于成本的价格竞标的；

（二）任意压缩合理工期的；

（三）明示或者暗示设计单位或者施工单位违反工程建设强制性标准，降低工程质量的；

（四）施工图设计文件未经审查或者审查不合格，擅自施工的；

（五）建设项目必须实行工程监理而未实行工程监理的；

（六）未按照国家规定办理工程质量监督手续的；

（七）明示或者暗示施工单位使用不合格的建筑材料、建筑构配件和设备的；

（八）未按照国家规定将竣工验收报告、有关认可文件或者准许使用文件报送备案的。

第五十七条　违反本条例规定，建设单位未取得施工许可证或者开工报告未经批准，擅自施工的，责令停止施工，限期改正，处工程合同价款 1％以上 2％以下的罚款。

第五十八条　违反本条例规定，建设单位有下列行为之一的，责令改正，处工程合同价款 2%以上 4%以下的罚款；造成损失的，依法承担赔偿责任：

（一）未组织竣工验收，擅自交付使用的；

（二）验收不合格，擅自交付使用的；

（三）对不合格的建设工程按照合格工程验收的。

第五十九条　违反本条例规定，建设工程竣工验收后，建设单位未向建设行政主管部门或者其他有关部门移交建设项目档案的，责令改正，处 1 万元以上 10 万元以下的罚款。

第六十条　违反本条例规定，勘察、设计、施工、工程监理单位超越本单位资质等级承揽工程的，责令停止违法行为，对勘察、设计单位或者工程监理单位处合同约定的勘察费、设计费或者监理酬金 1 倍以上 2 倍以下的罚款；对施工单位处工程合同价款 2%以上 4%以下的罚款，可以责令停业整顿，降低资质等级；情节严重的，吊销资质证书；有违法所得的，予以没收。

未取得资质证书承揽工程的，予以取缔，依照前款规定处以罚款；有违法所得的，予以没收。

以欺骗手段取得资质证书承揽工程的，吊销资质证书，依照本条第一款规定处以罚款；有违法所得的，予以没收。

第六十一条　违反本条例规定，勘察、设计、施工、工程监理单位允许其他单位或者个人以本单位名义承揽工程的，责令改正，没收违法所得，对勘察、设计单位和工程监理单位处合同约定的勘察费、设计费和监理酬金 1 倍以上 2 倍以下的罚款；对施工单位处工程合同价款 2%以上 4%以下的罚款；可以责令停业整顿，降低资质等级；情节严重的，吊销资质证书。

第六十二条　违反本条例规定，承包单位将承包的工程转包或者违法分包的，责令改正，没收违法所得，对勘察、设计单位处合同约定的勘察费、设计费 25%以上 50%以下的罚款；对施工单位处工程合同价款 0.5%以上 1%以下的罚款；可以责令停业整顿，降低资质等级；情节严重的，吊销资质证书。

工程监理单位转让工程监理业务的，责令改正，没收违法所得，处合同约定的监理酬金 25%以上 50%以下的罚款；可以责令停业整顿，降低资质等级；情节严重的，吊销资质证书。

第六十三条　违反本条例规定，有下列行为之一的，责令改正，处 10 万元以上 30 万元以下的罚款：

（一）勘察单位未按照工程建设强制性标准进行勘察的；

（二）设计单位未根据勘察成果文件进行工程设计的；

（三）设计单位指定建筑材料、建筑构配件的生产厂、供应商的；

（四）设计单位未按照工程建设强制性标准进行设计的。

有前款所列行为，造成重大工程质量事故的，责令停业整顿，降低资质等级；情节严重的，吊销资质证书；造成损失的，依法承担赔偿责任。

第六十四条　违反本条例规定，施工单位在施工中偷工减料的，使用不合格的建筑材料、建筑构配件和设备的，或者有不按照工程设计图纸或者施工技术标准施工的其他行为的，责令改正，处工程合同价款 2%以上 4%以下的罚款；造成建设工程质量不符合规定的质量标准的，负责返工、修理，并赔偿因此造成的损失；情节严重的，责令停业整顿，降低资质等级或者吊销资质证书。

第六十五条　违反本条例规定，施工单位未对建筑材料、建筑构配件、设备和商品混凝土进行检验，或者未对涉及结构安全的试块、试件以及有关材料取样检测的，责令改正，处 10 万元以上 20 万元以下的罚款；情节严重的，责令停业整顿，降低资质等级或者吊销资质证书；造成损失的，依法承担赔偿责任。

第六十六条　违反本条例规定，施工单位不履行保修义务或者拖延履行保修义务的，责令改正，处 10 万元以上 20 万元以下的罚款，并对在保修期内因质量缺陷造成的损失承担赔偿责任。

第六十七条　工程监理单位有下列行为之一的，责令改正，处 50 万元以上 100 万元以下的罚款，降低资质等级或者吊销资质证书；有违法所得的，予以没收；造成损失的，承担连带赔偿责任：

（一）与建设单位或者施工单位串通，弄虚作假、降低工程质量的；

（二）将不合格的建设工程、建筑材料、建筑构配件和设备按照合格签字的。

第六十八条　违反本条例规定，工程监理单位与被监理工程的施工承包单位以及建筑材料、建筑构配件和设备供应单位有隶属关系或者其他利害关系承担该项建设工程的监理业务的，责令改正，处 5 万元以上 10 万元以下的罚款，降低资质等级或者吊销资质证书；有违法所得的，予以没收。

第六十九条　违反本条例规定，涉及建筑主体或者承重结构变动的装修工程，没有设计方案擅自施工的，责令改正，处 50 万元以上 100 万元以下的罚款；房屋建筑使用者在装修过程中擅自变动房屋建筑主体和承重结构的，责令改正，处 5 万元以上 10 万元以下的罚款。

有前款所列行为，造成损失的，依法承担赔偿责任。

第七十条　发生重大工程质量事故隐瞒不报、谎报或者拖延报告期限的，对直接负责的主管人员和其他责任人员依法给予行政处分。

第七十一条　违反本条例规定，供水、供电、供气、公安消防等部门或者单位明示或者暗示建设单位或者施工单位购买其指定的生产供应单位的建筑材料、建筑构配件和设备的，责令改正。

第七十二条　违反本条例规定，注册建筑师、注册结构工程师、监理工程师等注册执业人员因过错造成质量事故的，责令停止执业 1 年，造成重大质量事故的，吊销执业资格证书，5 年以内不予注册；情节特别恶劣的，终身不予注册。

第七十三条　违反本条例规定，给予单位罚款处罚的，对单位直接负责的主管人员和其他直接责任人员处单位罚款数额 5% 以上 10% 以下的罚款。

第七十四条　建设单位、设计单位、施工单位、工程监理单位违反国家规定，降低工程质量标准，造成重大安全事故，构成犯罪的，对直接责任人员依法追究刑事责任。

第七十五条　本条例规定的责令停业整顿，降低资质等级和吊销资质证书的行政处罚，由颁发资质证书的机关决定；其他行政处罚，由建设行政主管部门或者其他有关部门依照法定职权决定。

依照本条例规定被吊销资质证书的，由工商行政管理部门吊销其营业执照。

第七十六条　国家机关工作人员在建设工程质量监督管理工作中玩忽职守、滥用职权、徇私舞弊，构成犯罪的，依法追究刑事责任；尚不构成犯罪的，依法给予行政处分。

第七十七条　建设、勘察、设计、施工、工程监理单位的工作人员因调动工作、退休等原因离开该单位后，被发现在该单位工作期间违反国家有关建设工程质量管理规定，造成重大工程质量事故的，仍应当依法追究法律责任。

第九章　附　　则

第七十八条　本条例所称肢解发包，是指建设单位将应当由一个承包单位完成的建设工程分解成若干部分发包给不同的承包单位的行为。

本条例所称违法分包，是指下列行为：

（一）总承包单位将建设工程分包给不具备相应资质条件的单位的；

（二）建设工程总承包合同中未有约定，又未经建设单位认可，承包单位将其承包的部分建设工程交由其他单位完成的；

（三）施工总承包单位将建设工程主体结构的施工分包给其他单位的；

（四）分包单位将其承包的建设工程再分包的。

本条例所称转包，是指承包单位承包建设工程后，不履行合同约定的责任和义务，将其包的全部建设工程转给他人或者将其承包的全部建设工程肢解以后以分包的名义分别转给其他单位承包的行为。

第七十九条　本条例规定的罚款和没收的违法所得，必须全部上缴国库。

第八十条　抢险救灾及其他临时性房屋建筑和农民自建低层住宅的建设活动，不适用本条例。

第八十一条　军事建设工程的管理，按照中央军事委员会的有关规定执行。

第八十二条　本条例自 2000 年 1 月 30 日起施行。

二、地 方 性 法 规

江苏省档案管理条例

(1998 年 8 月 28 日江苏省第九届人民代表大会常务委员会第四次会议通过)

第一章　总　　则

第一条　为了加强对档案的管理和收集、整理工作，有效地保护和利用档案，为社会主义现代化建设服务，根据《中华人民共和国档案法》和国家有关法律、法规，结合本省实际，制定本条例。

第二条　本条例所称的档案，是指反映本省行政区域内过去和现在的国家机构、社会团体、企业事业单位和其他组织以及个人从事政治、军事、经济、科学、技术、文化、宗教等活动直接形成的，对国家和社会有保存价值的各种文字、图表、声像等不同形式的历史记录。

第三条　档案工作实行统一领导、分级管理的原则，维护档案的完整、准确与安全，便于社会各方面的利用。

第四条　县级以上地方各级人民政府应当加强对档案工作的领导，将档案事业列入本地区国民经济和社会发展计划；建立健全档案机制，确定必要的人员编制；加强档案基础设施建设，档案事业发展所需经费列入财政预算，保障档案事业与经济和社会事业发展相协调。

第五条　机关、团体、企业事业单位和其他组织（以下简称单位）以及公民，都有保护档案的义务。对在档案工作中做出显著成绩的或者向国家捐赠重要、珍贵档案的单位和个人，各级人民政府、档案管理部门和有关部门，应当给予表彰或者奖励。

第二章　档案机构及其职责

第六条　省档案管理部门主管全省档案事业，对全省档案工作实行统筹规划，组织协调，监督指导；市、县（市、区）档案管理部门主管本行政区域内的档案工作，应依法进行监督和指导。县级以上档案管理部门行使行政管理职能，主要职责是：

（一）贯彻执行国家有关法律、法规和方针、政策，组织档案执法检查，查处档案违法行为；

（二）制定本行政区域内的档案事业发展计划和档案工作的规章制度，推行并实施档

案工作标准、规范;

（三）负责档案工作业务监督和指导,组织档案价值的鉴定;

（四）组织并指导档案理论与科学技术研究、档案专业教育、档案宣传以及档案干部的培训工作;

（五）法律、法规规定的其他工作。

第七条 县级以上地方各级人民政府的其他主管部门,应当按照职责分工,加强对本系统、本专业的档案工作以及所属档案馆（室）进行监督和指导,提供必要的条件,建立健全规章制度,保障档案工作的开展。

第八条 乡（镇）人民政府应当指定人员负责保管本机关的档案,并对所属单位和村民委员会的档案工作实行监督和指导。

第九条 县级以上地方各级各类档案馆是集中管理档案的文化事业机构,业务上接受同级档案管理部门的监督和指导,负责接收、收集、整理、保管和提供利用各自分管范围内的档案:

（一）综合档案馆收集和管理本级国家机关、政党、社会团体和其他组织及其所属机构形成的档案,本级分管范围内各历史时期的档案和有关资料;

（二）专门档案馆收集和管理某一专门领域或者某种特殊载体形态档案;

（三）部门档案收集和管理本部门及其直属单位形成的档案;

（四）企业事业档案馆收集和管理本单位及其所属机构形成的档案。

第十条 各级各类档案馆由同级档案管理部门依据国务院有关规定统筹规划,按照以下审批权限设置:

（一）各级综合档案馆,由同级人民政府批准;

（二）专门领域设置的专门档案馆和专业主管部门设置的部门档案馆,经同级档案管理部门审核,由同级人民政府批准;

（三）大型企业、重点高等院校设置的档案馆,报同级档案管理部门备案。

第十一条 各单位档案机构或者档案工作人员,负责收集、整理、保管和提供利用本单位的档案,按照规定向有关档案馆移交档案,并负责对所属机构的档案工作实行监督和指导。

临时机构应当明确专人负责收集、整理、保管和提高利用本机构的档案,接受同级档案管理部门的监督和指导。

第十二条 档案工作人员应当忠于职守,遵守纪律,保守秘密;应当具备档案专业和相关专业知识,接受专业知识的继续教育和培训。

第三章 档案的管理

第十三条 档案所有权根据单位的所有制性质确定。

国有企业资产与产权变动的,其档案所有权按照国家有关规定确定。

中外合资、合作企业的档案,合资合作期间归双方共同所有;中外合资、合作企业终止、解散后,企业的档案交原中方合资、合作者保存,或者由当地国家综合档案馆保存。

第十四条 工程项目的建设单位,应当妥善管理在建设过程中形成的档案。

城市规划区域内工程项目的建设单位，应当向所在地城市建设档案机构登记并接受其档案检查和验收，按照有关规定及时向城市建设档案机构报送工程建设档案。

重点工程项目的建设单位，应当将项目的基本概况向同级档案管理部门备案，依法接受其监督、检查和指导；工程竣工时，档案管理部门和有关主管部门参加档案验收。建设单位应当按照国家规定，向主管部门或者档案机构报送档案。

第十五条　重大科学技术研究项目建档工作，应当与项目立项、计划进度、成果验收鉴定和评审同步，各类档案按照国家有关规定保存。同级档案管理部门和科技档案机构应当对科技档案工作进行监督、检查和指导。档案不完整或者不准确的，不得验收鉴定。

第十六条　按照国家规定应当立卷归档的材料，必须由形成者收集齐全，并整理立卷，定期向本单位档案机构或者档案工作人员移交，集中管理，任何个人不得据为己有。

国家规定不得归档的材料，禁止擅自归档。

第十七条　各单位应当按照国家有关规定，定期向档案馆移交档案，因特殊情况不能按期移交的，经同级档案管理部门及专门档案的主管部门同意，可以适当延期移交：

（一）列入省级国家综合档案馆接收范围的档案，自形成之日起满二十年移交；

（二）列入市、县（市、区）级国家综合档案馆接收范围的档案，自形成之日起满十年移交；

（三）列入专门档案馆（室）接收范围的档案，按照国家有关接收年限的规定移交；

（四）部门档案保存的永久档案，在本馆保存满三十年后，移交同级国家综合档案馆；

（五）单位保管条件不善的，可以提前移交有关档案馆。

撤销、合并、转制、破产单位的档案，按照国家规定的归属与流向及时进行清理、移交。

第十八条　各级各类档案馆（室）应当建立健全档案的接收、收集、整理、保管、保密、保护、鉴定、销毁、统计、利用等制度。

第十九条　各级综合档案馆应当广泛收集和征集本行政区域内的档案资料。各单位应当按照有关规定的要求，向档案馆报送各种地方政策、法规汇编、年鉴、志书，大事记等反映地方特色的出版物。

第二十条　档案馆库建筑要符合《档案馆建筑设计规范》，有抗震、防盗、防火、防水、防潮、防强光、防高温、防尘、防有害气体和有害生物等防护设施，确保档案安全。

各单位应当配置档案库房和必要的档案防护设施。特殊载体应当采取特殊保护措施。

第二十一条　各级各类档案馆（室）应当使用符合国家标准的档案用品和装具；根据需要和可能配备缩微、电子计算机、监控、温湿度自动控制等先进设备和通讯设施，逐步实现档案管理规范化和现代化。

第二十二条　各级各类档案馆（室）对保密档案的管理和利用，密级的变更和解密，依照《中华人民共和国保守国家秘密法》的规定处理。

第二十三条　各级各类档案馆（室）应当定期对档案价值进行鉴定，如有争议不能确定时，可由上一级档案管理部门组织有关部门，专家鉴定。经鉴定无保存价值的档案，应当按照有关规定组织销毁。严禁擅自销毁档案。

第四章　档案的公布和利用

第二十四条　各级国家档案馆应当对到期开放的档案逐卷、逐件地进行审查，定期公布开发档案目录，根据国家有关规定，向社会开放档案：

（一）档案一般应当自形成之日起满三十年向社会开放；

（二）经济、科学、技术、文化等类档案，可以随时向社会开放。

前款所列档案中涉及国防、外交、国家安全等国家重大利益的，以及其他到期不宜开放的档案，向社会开放时间可以延长到档案形成之日起满五十年，满五十年开放仍有可能对国家重大利益造成损害的，可以继续延期开放。

第二十五条　属于国家所有的档案，由国家授权的档案馆或者有关机关公布。集体或者个人所有的档案，档案所有者有权公布。但必须遵守国家有关规定。任何单位或者个人所公布的档案不得损害国家安全和利益，不得侵犯他人的合法权益。

对寄存在档案馆的档案，未经档案所有者的同意，档案馆不得提供他人利用和公布。

第二十六条　档案的公布可以采用下列途径：

（一）出版物刊登档案原文；

（二）宣传媒体公布档案原文；

（三）展览、陈列档案原件或者复制件；

（四）出版发行档案史料汇编；

（五）在公用信息网络上传播档案原文。

第二十七条　中华人民共和国公民和组织凡持合法有效证件或者证明的，可以利用档案馆已开放的档案；利用为未开放的档案，应当按照国家有关规定履行审批手续；利用重要或者珍贵档案，档案馆 应当将档案的复制件提供查阅。

第五章　法　律　责　任

第二十八条　有下列行为之一的，由县级以上档案管理部门、有关主管部门责令其改正；逾期不改的，对单位直接负责的主管人员和其他责任人员依法给予行政处分；构成犯罪的，依法追究刑事责任：

（一）档案工作没有实行统一管理，未按有关规定建立档案的；

（二）违反本条例第十六条、第十七条规定，不按规定归档或者不按期移交档案的；

（三）档案库房缺乏保护设施，危及档案完整与安全以及明知档案面临危险而不采取措施，造成档案损失的；

（四）档案工作人员玩忽职守、泄露秘密，造成档案损失的。

前款第三项所列行为违反治安、消防等规定的，由公安机关依法予以处罚。

第二十九条　有下列行为之一的，由县级以上档案管理部门给予警告，可以对单位处以三千元以上三万元以下罚款；对个人处以三百元以上一千元以下罚款；有违法所得的，没收违法所得；构成犯罪的，依法追究刑事责任：

（一）损毁、丢失和擅自提供、抄录、公布、销毁属于国家所有档案的；

（二）涂改、伪造档案的；

（三）倒卖档案牟利或者将档案卖给、赠送给外国人的；

（四）违反《中华人民共和国档案法》第十六条、第十七条规定，擅自出卖或者转让档案的。

第三十条　档案行政执法人员滥用职权、徇私舞弊的，由档案管理部门和有关主管部门给予行政处分；构成犯罪的，依法追究刑事责任。

第三十一条　违反本条例造成档案损失的，档案管理部门应当责令其赔偿。赔偿标准，由档案管理部门组织的专家鉴定后确定。

第三十二条　当事人对行政处罚决定不服的，可以在接到行政处罚决定书之日起十五日内向作出处罚决定机关的同级人民政府或者上一级主管部门申请复议，对复议决定不服的，可以在接到复议决定书之日起 15 日内向人民法院提起诉讼；当事人也可以在接到行政处罚决定之日起三个月内，直接向人民法院提起诉讼。当事人逾期不申请复议，也不提起诉讼，又不履行行政处罚决定的，由作出行政处罚决定的机关申请人民法院强制执行。

第六章　附　　则

第三十三条　本条例所称综合档案馆是指按行政区域或者历史时期设置的，收集和管理所辖范围内多种门类档案的档案馆。

本条例所称专门档案馆是指收集和管理某一专门领域或者某种特殊载体形态档案的城建、科技等档案机构。

本条例所称部门档案馆是指地方某些专业主管部门所属的，收集管理本部门档案的气象、测绘等档案机构。

第三十四条　本条例自 1998 年 11 月 1 日起施行。

江苏省村镇规划建设管理条例

(1994 年 6 月 25 日江苏省第八届人民代表大会常务委员会第八次会议通过，根据 1997 年 7 月 31 日江苏省第八届人民代表大会常务委员会第二十九次会议《关于修改〈江苏省村镇规划建设管理条例〉的决定》第一次修正，根据 2004 年 6 月 17 日江苏省第十届人民代表大会常务委员会第十次会议《关于修改〈江苏省村镇规划建设管理条例〉的决定》第二次修正)

第一章　总　　则

第一条　为了适应我省农村经济和社会发展的需要，加强村镇规划建设管理，改善村镇生产、生活环境，促进农村社会主义现代化建设和小城镇建设，根据国家有关法律、法规，结合本省实际，制定本条例。

第二条　本条例适用于全省行政区域内村镇的规划、建设和管理等活动。本条例所称村镇，包括建制镇、集镇、独立工矿区和村庄。

城市规划区内村镇的规划管理，《城市规划法》另有规定的，从其规定。

第三条　村镇规划建设管理，应当坚持全面规划、合理布局、节约用地、因地制宜、量力而行、逐步建设的原则，实现经济效益、社会效益和环境效益的统一。

第四条　县级以上人民政府建设行政主管部门和乡（镇）人民政府负责本行政区域内的村镇规划建设管理工作。

第二章　村镇规划的制定

第五条　村镇规划的编制，应当以县域规划和县域土地利用总体规划为依据，并与基本农田保护区等专业规划相协调。

村镇规划的编制应遵循下列原则：

（一）根据国民经济和社会发展计划，结合当地自然环境、资源条件以及社会经济发展的历史和现状，统筹兼顾，综合部署村镇的各项建设；

（二）处理好近期建设与远景发展、改造与新建的关系，使村镇的性质和建设的规模、速度和标准，同经济发展和农民生活水平相适应；

（三）合理用地，节约用地，保护耕地和林地；

（四）合理安排住宅、乡镇企业、公共设施和公益事业的布局，缩并零散的自然村落，逐步建成相对集中、设施配套的现代化村落，引导乡镇工业向工业区集中，并适当留有发展余地；

（五）保护和改善生活环境与生态环境，防治污染和其他公害，加强绿化和村容镇貌、环境卫生建设。

第六条　村镇规划包括乡（镇）域规划，建制镇、集镇总体规划和详细规划，村庄建设规划。

乡（镇）域规划的主要内容包括：乡（镇）行政区域内村镇布点，村镇的位置、性质、规模和发展方向，村镇规划建设用地范围，村镇基础设施以及其他各项生产和生活服务设施的配置。

建制镇、集镇总体规划的主要内容包括：建制镇、集镇的性质和发展方向，人口和建设用地发展规模，住宅、乡镇企业、公共设施和公益事业等各项建设的用地布局和功能分区，有关的技术经济指标。对建设项目或者重点地段的具体安排和规划设计编制详细规划。

村庄建设规划应当以乡（镇）域规划为依据，其主要内容包括：人口和建设用地发展规模，建设用地范围，住宅、公共设施和公益事业等各项建设用地的布局，有关技术经济指标。

第七条　村镇规划由乡（镇）人民政府统一组织编制，经乡（镇）人民代表大会审查同意，由乡（镇）人民政府报县级人民政府批准。有关村庄建设规划，还应当先由村民会议讨论同意。

村镇规划经批准后，由乡（镇）人民政府公布。如确需修改或者变更的，必须按本条第一款规定的程序报原批准机关批准。

第三章　村镇规划的实施

第八条　在村镇范围内进行的各项建设必须服从规划管理。

第九条　任何单位和个人不得阻挠和拖延规划的实施。因实施规划给村（居）民或者单位造成损失的，用地单位必须按照有关规定给予相应补偿。

第十条　所有村镇工程建设项目必须安排在村镇规划建设用地范围内，严禁在基本农田保护区内兴建厂房、住宅以及从事工业开发区等建设。但经省级以上行政机关批准的交通、水利、能源、通讯等国家基础设施工程建设除外。

第十一条　村民建住宅，应当先向村民委员会提出建房申请。使用原有宅基地、村内空闲地和其他非耕地的，经村民会议或者村民代表会议讨论同意后，向乡（镇）人民政府申请核发村镇规划选址意见书；需要使用耕地的，向县级人民政府建设行政主管部门申请核发村镇规划选址意见书，并按照土地管理法律、法规的规定办理土地使用手续。

城镇非农业户口居民在村镇范围内需要使用集体所有的土地建住宅的，应当经其所在单位或者居民委员会同意后，依照本条第一款规定的审批程序办理。

回原籍落户的职工、退伍军人和离休、退休干部以及回乡定居华侨、港澳台同胞，在村镇范围内需要使用集体所有的土地建住宅的，依照本条第一款规定的审批程序办理。

第十二条　新建、扩建各类企业，建设单位必须持县级以上人民政府批准的设计任务或者其他批准文件，向县级人民政府建设行政主管部门申请选址定点，经审查同意并出具村镇规划选址意见书后，方可向县级人民政府土地管理部门申请用地。

第十三条　村镇公共设施、公益事业建设，必须经乡（镇）人民政府审核、县级人民政府建设行政主管部门审查同意并出具村镇规划选址意见书后，建设单位方可向县级人民政府土地管理部门申请用地。

第十四条　国有企业单位和行政机关的派出机构在村镇范围内，需征用集体土地进行建设的，必须持建设项目的有关批准文件，向县级人民政府建设行政主管部门申请选址定点，经审查同意并出具村镇规划选址意见书后，建设单位方可向县级人民政府土地管理部门申请用地。

第十五条　凡在村镇范围内进行各类建设的单位和个人，在开工前，应当持建设项目批准文件、村镇规划选址意见书、建设用地批准证件、建设工程图纸向县级人民政府建设行政主管部门提出开工申请。县级人民政府建设行政主管部门对设计、施工条件予以审查批准后，核发村镇工程建设许可证。

村（居）民个人建住宅，向乡（镇）人民政府申请核发村镇工程建设许可证。

第十六条　取得村镇工程建设许可证的单位和个人，在正式开工前，应当通知县级人民政府建设行政主管部门现场放样、验线。县级人民政府建设行政主管部门应当在接到建设单位或者个人通知后五个工作日内现场放样、验线，不按时进行现场放样、验线的，建设单位或者个人可以正常开工。

村（居）民个人建住宅的，乡（镇）人民政府应当在核发村镇工程建设许可证后五个工作日内现场放样、验线，不按时进行现场放样、验线的，村（居）民个人可以正常开工。

第十七条　乡（镇）人民政府村镇建设管理部门，负责村镇的规划建设管理的日常工作。应当对规划的实施进行检查。被检查者应当如实提供情况和资料，不得隐瞒和阻挠。检查者应当为被检查者保守技术秘密和业务秘密。

第四章　村镇的建设与管理

第十八条　村镇的各种房屋建筑（单层个人住宅除外）和各类基础设施等建设工程，必须由取得相应的设计资格证书的单位或者个人进行设计，或者选用通用设计、标准设计。严禁无证设计和无设计施工。

第十九条　施工企业和个体工匠应当按照设计图纸施工。任何单位和个人不得擅自修改设计图纸；确需修改的，须经原设计单位或者个人同意并出具变更设计通知单。涉及重大设计变更的，须经原批准机关批准。

第二十条　县级人民政府建设行政主管部门应当对村镇建设工程的施工质量进行监督检查。工程质量不合格的建设项目不得交付使用。

第二十一条　县级人民政府建设行政主管部门和乡（镇）人民政府村镇建设管理部门，应当建立、健全村镇建设档案管理制度。对建设中形成的规划、设计、施工等具有保存价值的各种资料，应当及时整理归档。新建工程竣工后，建设单位和个人必须在竣工验收后3个月内向乡（镇）人民政府村镇建设管理部门报送工程资料。

第二十二条　村镇建设综合开发必须服从村镇规划，配套进行各类基础设施和生活服务设施的建设。

第二十三条　村镇房屋实行产权登记制度。县级以上人民政府建设行政主管部门应当加强村镇房屋产权产籍管理，依法保护房屋所有人的房屋所有权。房屋产权证件由县级人民政府颁发。

第二十四条　乡（镇）人民政府应当加强村镇房屋拆迁管理，保护公民、法人或其他组织的合法权益。

村镇房屋的拆迁，应当根据规划，有计划地进行。在规划确定要搬迁的村庄内，不得进行房屋翻建、扩建、改建等活动。

第二十五条　在建制镇、集镇范围内进行各类建设的单位和个人，应当缴纳基础设施配套费。但农民在集体土地上建住宅的，应当免收基础设施配套费，中小学校和幼儿园教室、民政福利事业设施、市政公用设施应当减免基础设施配套费。

基础设施配套费专项用于村镇基础设施的建设，不得挪作他用。

第二十六条　建制镇、集镇城市维护税的使用，由县级人民政府建设行政主管部门编制使用计划，报县级人民政府批准后实施，用于市政公用设施的维护和建设，并接受财政、审计部门的监督。

第二十七条　未经乡（镇）人民政府批准，任何单位和个人不得擅自在村镇的街道、广场、市场和车站、码头等公共场所修建临时建筑物、构筑物和其他设施。

第二十八条　乡（镇）人民政府应当采取措施，维护村容镇貌和环境卫生；保护村镇饮用水源，有条件的地方，可以集中供水，使水质逐步达到国家规定的生活饮用水卫生标准。

第二十九条　负责村镇建设的各级管理人员必须依法行政，秉公执法，提高素质，搞好服务。

第五章　法　律　责　任

第三十条　违反本条例规定，未按规划审批程序批准而取得建设用地批准文件，占用土地的，批准文件无效，占用的土地由当地乡级以上人民政府责令退回，对批准单位和用地单位的直接责任人给予行政处分。

第三十一条　违反本条例规定，未按规划审批程序批准或者违反规划的规定进行建设，严重影响村镇规划的，由县级人民政府建设行政主管部门责令停止建设，限期拆除或者没收违法建筑物、构筑物和其他设施；影响村镇规划，尚可采取改正措施的，由县级人民政府建设行政主管部门责令限期改正，处以罚款。对单位的罚款幅度为土建工程造价的百分之三以上百分之十以下，对个人的罚款幅度为土建工程造价的百分之一以上百分之五以下。

村（居）民未经批准或者违反规划的规定建住宅的，由乡（镇）人民政府依照前款的规定处罚。

第三十二条　违反本条例规定，有下列行为之一的，由县级人民政府建设行政主管部门责令停止设计、施工，限期改正，没收非法所得，并对直接责任人员处以设计、施工收入的百分之一以上百分之十以下的罚款：

（一）未取得设计资格证书承担设计任务（单层个人住宅除外）或者未按设计资格规定的范围承担设计任务的；

（二）未按设计图纸施工或者擅自修改设计图纸的。

第三十三条 取得设计资格（质）证书的勘察设计单位违反本条例规定，为无证单位或者个人提供资格（质）证书的，由工程所在地县级人民政府建设行政主管部门没收持证单位的全部非法所得。

情节严重的，除按前款规定进行处罚外，由原发证机关吊销设计资格（质）证书。

第三十四条 违反本条例第二十八条规定的，由乡（镇）人民政府责令限期拆除，并处以工程造价的百分之二以上百分之八以下的罚款。

第三十五条 违反本条例规定，构成违反治安管理行为的，依照治安管理处罚条例的规定处罚；构成犯罪的，依法追究刑事责任。

第三十六条 县级人民政府建设行政主管部门和乡（镇）人民政府在办理村镇规划选址意见书和村镇工程建设许可证时，不得收取任何费用。

村镇建设管理人员玩忽职守、滥用职权、徇私舞弊的，由所在单位或者上级主管部门给予行政处分，构成犯罪的，依法追究刑事责任。

第三十七条 当事人对行政处罚决定不服的，可以依法申请行政复议或者提起行政诉讼。

此外，还对部分条款作了文字、技术修改，并根据本决定对有关条款的顺序作相应调整。

第六章 附 则

第三十八条 未设镇建制的国有农（林）场场部及其基层居民点的规划建设管理，分别由国有农（林）场主管部门参照本条例执行，并服从所在地县级人民政府建设行政主管部门的管理。

第三十九条 本条例自公布之日起施行。

江苏省工程建设管理条例

（1996 年 6 月 14 日江苏省第八届人民代表大会常务委员会第二十一次会议通过，
根据 2002 年 6 月 22 日江苏省第九届人民代表大会常务委员会第三十次会议
《关于修改〈江苏省工程建设管理条例〉的决定》第一次修正，根据 2003 年
4 月 21 日江苏省第十届人民代表大会常务委员会第二次会议《关于修改〈江苏省
工程建设管理条例〉的决定》第二次修正，根据 2004 年 8 月 20 日江苏省第十届
人民代表大会常务委员会第十一次会议《关于修改〈江苏省工程建设管理条例〉
的决定》第三次修正）

第一章　总　　则

第一条　为适应社会主义市场经济发展的需要，加强对工程建设活动的管理，维护工程建设秩序，确保工程质量与安全，提高投资效益，依法制定本条例。

第二条　在本省行政区域内从事工程建设活动，必须遵守本条例。

前款所称工程建设活动，是指各类新建、改建、扩建、迁建和恢复建设的房屋建筑、土木工程、设备安装、管线敷设、建筑装饰装修等工程项目立项后实施阶段的建设活动。

第三条　省人民政府建设行政主管部门是本行政区域内工程建设活动的综合管理部门。其主要职责是：

（一）贯彻执行有关工程建设方面的法律、法规、规章和政策，研究制定综合管理措施；

（二）负责发放施工许可证；

（三）负责工程建设招标投标管理、工程项目承发包合同监督，综合管理工程质量和安全工作；

（四）负责或者会同有关部门负责工程建设标准定额和工程造价管理工作；

（五）负责或者会同有关部门负责工程项目初步设计和竣工验收的管理工作；

（六）负责审查工程项目承包人以及中介服务机构的资格（资质）等级，发放相应资格（资质）证书；

（七）协调工程建设中的重大问题，依法查处违法行为。

设区的市、县（市）人民政府建设行政主管部门是本行政区域内工程建设活动的综合管理部门，其具体职责由同级人民政府确定。

第四条　县级以上水利、交通、电力、邮电等部门按照各自的职责，负责本系统工程项目的具体组织实施和行业管理工作，并接受建设行政主管部门的综合管理和监督。

县级以上计划、经济、财政、银行、审计、工商行政管理、土地管理、环境保护、劳动等部门，按照国家和同级人民政府规定的职责，协同建设行政主管部门做好工程建设活

动的有关管理工作。

第五条 工程建设活动实行分级管理。地方各级人民政府建设行政主管部门应当依法履行职责，加强对工程建设活动的监督管理，维护公民、法人和其他组织的合法权益，不得利用职权非法干预工程建设活动。

第二章 工程建设程序

第六条 工程项目勘察设计文件应当由具有相应资格（资质）的工程勘察设计单位编制。建设单位或者个人应当按照国家规定，办理施工图设计文件审查手续。

第七条 工程项目施工必须按照国家有关规定取得施工许可证。

第八条 建设单位或者个人收到建设工程竣工报告后，应当组织设计、施工、工程监理等有关单位进行竣工验收，并按照有关规定报建设行政主管部门或者其他有关部门备案。

第九条 建设单位或者个人应当在工程项目竣工验收后六个月内，向工程项目所在地的设区的市、县（市）城市建设档案馆（室），报送竣工图及其他工程建设档案资料。

第十条 地方各级人民政府建设行政主管部门和其他有关部门办理审批或者其他有关手续，应当明确具体期限；需要由公民、法人或者其他组织补充有关文件或者资料的，应当一次性提出要求。

第三章 工程发包与承包

第十一条 工程项目的勘察、设计、施工（含建筑装饰装修）、监理、材料设备供应等任务和工程总承包，必须按照国家和省有关规定进行招标投标。

国家对招标投标有某些特殊专业性规定的，从其规定，并同时接受建设行政主管部门的统一归口管理和监督。

第十二条 发包人招标发包必须具有编制招标文件和组织招标的能力。不具备能力的，必须委托招标代理人组织招标发包。

第十三条 承包人承包工程项目，必须持有工商行政管理部门核发的营业执照，并具有与承包的工程项目相适应的资格（资质）。

省外承包人进入本省承包工程项目，应当由建设行政主管部门核验资格（资质）。

国（境）外工程设计机构在本省行政区域内承接工程设计除方案设计外，应当与国内设计单位进行合作设计，并遵守国家及本省工程建设的标准、规范和规程。

第十四条 从事工程咨询、招标代理、建设监理、工程造价咨询中介服务活动的机构，必须是法人或者依法成立的其他经济组织，并具有与所从事的中介服务活动相适应的资格（资质）。

省外从事招标代理、建设监理、工程造价咨询中介服务活动的机构，进入本省承接业务，应当由建设行政主管部门核验资格（资质）。

第十五条 工程建设推行建设监理制度。

监理单位应当按照国家有关规定和监理合同的约定，对工程项目的质量、造价、工期等进行控制，并对因监理过错造成的工程质量事故或其他经济损失承担相应责任。

第十六条　签订工程项目承发包合同和工程建设中介服务委托合同，应当遵循公正合法、诚实信用、平等互利、协商一致的原则，使用国家推荐的示范文本或者其他书面形式，任何单位和个人不得非法干预。

县级以上人民政府工商行政管理部门和建设行政主管部门，依照法定的职责，负责前款所称合同的监督。

第十七条　工程项目概预算应当以规定的标准定额、计价方法为依据，根据市场供求变化和施工条件等因素确定。

第十八条　建设单位或者个人应当在工程竣工验收合格后，按照合同的约定与承包人办理工程竣工结算，合同对结算期限没有约定的，应当在验收合格之日起六个月内办理完毕。

第十九条　审计部门应当按照规定，加强对工程项目的竣工审计。

第四章　工　程　质　量

第二十条　工程勘察、设计、施工、建筑构配件生产、主要工艺设备和专业关键设备及复杂的设备加工，应当严格执行有关标准、规范和技术规程。

第二十一条　用于工程建设的建筑材料、构配件和设备，必须符合设计要求和产品质量标准。

第二十二条　承包人应当对所承包的工程项目的质量负责。实行总承包的工程项目，其质量由总承包人负责。

工程项目竣工验收后，负责施工的承包人应当按照国家规定的范围和期限，对工程进行保修。保修费用由责任人承担。

第二十三条　各级人民政府建设行政主管部门应当加强对工程质量的监督检查。

第二十四条　勘察设计、施工等单位必须确保工程质量，对工程建设过程中及交付使用后发生的质量事故，依法承担相应责任。

第五章　工　程　安　全

第二十五条　工程项目的勘察、设计、施工，应当遵守国家和本省有关预防火灾以及抗御地震、洪涝、飓风等自然灾害和次生灾害的规定。

第二十六条　凡涉及工程主体和承重结构变动的工业与民用建筑的加层、装饰装修、改变使用功能等改造活动，应当在施工前委托原设计单位或者具有相应资质等级的设计单位提出设计方案；没有设计方案的，不得施工。加层、拆改主体结构和改变使用功能的，应当依法办理审批手续。

第二十七条　建设单位或者个人和承包人应当采取措施，控制因施工造成的噪声等对环境的污染和危害，保护施工现场范围内的公共设施及毗邻建筑物和构筑物的安全。

对违反前款规定的，相关单位和个人有权监督、举报。

第二十八条　有下列情形之一的，建设单位或者个人应当依法到有关部门办理批准手续；可能影响到周围地区的单位和居民的，还应当事先通知该地区的单位和居民：

（一）临时占用批准范围以外场地的；

（二）损坏道路、管线、电力、通信等公共设施的；

（三）临时停水、停电、停热力、停煤气、中断道路交通的；

（四）进行爆破作业的；

（五）法律、法规规定的其他情形。

第二十九条 承包人应当加强安全教育，建立、健全安全生产保证体系和责任制度。建设单位或者个人不得对承包人提出不符合施工安全的要求。

对在施工中危及人身安全的违章作业，施工人员有权拒绝，并有权检举和控告。

第六章 法 律 责 任

第三十条 建设单位或者个人违反本条例第九条规定，未报送工程建设档案资料的，由县级以上人民政府建设行政主管部门责令限期改正，并处以一万元以上十万元以下的罚款。

第三十一条 违反本条例规定，造成重大工程质量和人员伤亡事故的，应当赔偿损失，并依法追究领导者和主要责任人员的行政责任；实行执业资格管理的，可以对承担主要责任的执业人员，由执业资格管理机关降低资格等级或者取消执业资格；构成犯罪的，由司法机关依法追究刑事责任。

第三十二条 违反本条例规定，属于公安、工商行政管理等范围的，分别由公安、工商行政管理等部门依照有关法律、法规的规定予以处罚。

第三十三条 县级以上人民政府建设行政主管部门在查处有关行政违法案件时，必须有二名以上执法人员，并出示执法证件；实施行政处罚时，必须使用财政部门统一制发的罚款、没收财物单据。

罚没收入必须全部上缴国库。

第三十四条 各级人民政府建设行政主管部门和其他有关部门的工作人员，玩忽职守、拒绝或者不及时履行法定职责、超越或者滥用职权、泄露秘密、徇私舞弊、行贿受贿索贿、包庇违纪违法行为、侵犯公民和企业合法权益的，由其所在单位或者上级主管部门给予行政处分；构成犯罪的，由司法机关依法追究刑事责任。

第三十五条 违反本条例规定，造成工程质量、安全事故及其他人身、财产损害的，应当依法承担民事责任。

在工程建设活动中发生的民事纠纷，当事人应当协商解决。协商不成的，应当按照双方签订的仲裁协议向仲裁机构申请仲裁。无仲裁协议或者仲裁协议无效的，可以依法向人民法院起诉。

第七章 附 则

第三十六条 省人民政府可以根据本条例制定单项管理办法。

第三十七条 本条例自公布之日起施行。

规　　章

一、住房和城乡建设部规章

房屋建筑工程和市政基础设施
工程竣工验收暂行规定

[建建（2000）142号]

第一条 为规范房屋建筑工程和市政基础设施工程的竣工验收，保证工程质量，根据《中华人民共和国建筑法》和《建设工程质量管理条例》，制订本规定。

第二条 凡在中华人民共和国境内新建、扩建、改建的各类房屋建筑工程和市政基础设施工程的竣工验收（以下简称工程竣工验收），应当遵守本规定。

第三条 国务院建设行政主管部门负责全国工程竣工验收的监督管理工作。

县级以上地方人民政府建设行政主管部门负责本行政区域内工程竣工验收的监督管理工作。

第四条 工程竣工验收工作，由建设单位负责组织实施。

县级以上地方人民政府建设行政主管部门应当委托工程质量监督机构对工程竣工验收实施监督。

第五条 工程符合下列要求方可进行竣工验收：

（一）完成工程设计和合同约定的各项内容。

（二）施工单位在工程完工后对工程质量进行了检查，确认工程质量符合有关法律、法规和工程建设强制性标准，符合设计文件及合同要求，并提出工程竣工报告。工程竣工报告应经项目经理和施工单位有关负责人审核签字。

（三）对于委托监理的工程项目，监理单位对工程进行了质量评估，具有完整的监理资料，并提出工程质量评估报告。工程质量评估报告应经总监理工程师和监理单位有关负责人审核签字。

（四）勘察、设计单位对勘察、设计文件及施工过程中由设计单位签署的设计变更通知书进行了检查，并提出质量检查报告。质量检查报告应经该项目勘察、设计负责人和勘察、设计单位有关负责人审核签字。

（五）有完整的技术档案和施工管理资料。

（六）有工程使用的主要建筑材料、建筑构配件和设备的进场试验报告。

（七）建设单位已按合同约定支付工程款。

（八）有施工单位签署的工程质量保修书。

（九）城乡规划行政主管部门对工程是否符合规划设计要求进行检查，并出具认可文件。

（十）有公安消防、环保等部门出具的认可文件或者准许使用文件。

（十一）建设行政主管部门及其委托的工程质量监督机构等有关部门责令整改的问题全部整改完毕。

第六条　工程竣工验收应当按以下程序进行：

（一）工程完工后，施工单位向建设单位提交工程竣工报告，申请工程竣工验收。实行监理的工程，工程竣工报告须经总监理工程师签署意见。

（二）建设单位收到工程竣工报告后，对符合竣工验收要求的工程，组织勘察、设计、施工、监理等单位和其他有关方面的专家组成验收组，制定验收方案。

（三）建设单位应当在工程竣工验收7个工作日前将验收的时间、地点及验收组名单书面通知负责监督该工程的工程质量监督机构。

（四）建设单位组织工程竣工验收。

1. 建设、勘察、设计、施工、监理单位分别汇报工程合同履约情况和在工程建设各个环节执行法律、法规和工程建设强制性标准的情况；

2. 审阅建设、勘察、设计、施工、监理单位的工程档案资料；

3. 实地查验工程质量；

4. 对工程勘察、设计、施工、设备安装质量和各管理环节等方面作出全面评价，形成经验收组人员签署的工程竣工验收意见。

参与工程竣工验收的建设、勘察、设计、施工、监理等各方不能形成一致意见时，应当协商提出解决的方法，待意见一致后，重新组织工程竣工验收。

第七条　工程竣工验收合格后，建设单位应当及时提出工程竣工验收报告。工程竣工验收报告主要包括工程概况，建设单位执行基本建设程序情况，对工程勘察、设计、施工、监理等方面的评价，工程竣工验收时间、程序、内容和组织形式，工程竣工验收意见等内容。

工程竣工验收报告还应附有下列文件：

（一）施工许可证。

（二）施工图设计文件审查意见。

（三）本规定第五条（二）、（三）、（四）、（九）、（十）项规定的文件。

（四）验收组人员签署的工程竣工验收意见。

（五）市政基础设施工程应附有质量检测和功能性试验资料。

（六）施工单位签署的工程质量保修书。

（七）法规、规章规定的其他有关文件。

第八条　负责监督该工程的工程质量监督机构应当对工程竣工验收的组织形式、验收程序、执行验收标准等情况进行现场监督，发现有违反建设工程质量管理规定行为的，责令改正，并将对工程竣工验收的监督情况作为工程质量监督报告的重要内容。

第九条　建设单位应当自工程竣工验收合格之日起15日内，依照《房屋建筑工程和市政基础设施工程竣工验收备案管理暂行办法》的规定，向工程所在地的县级以上地方人民政府建设行政主管部门备案。

第十条　抢险救灾工程、临时性房屋建筑工程和农民自建低层住宅工程，不适用本规定。

　　第十一条　军事建设工程的管理，按照中央军事委员会的有关规定执行。

　　第十二条　省、自治区、直辖市人民政府建设行政主管部门可以根据本规定制定实施细则。

　　第十三条　本规定由国务院建设行政主管部门负责解释。

　　第十四条　本规定自发布之日起施行。

建设部

二〇〇〇年六月三十日

城市建设档案管理规定

(1997 年 12 月 23 日建设部令第 61 号发布，根据 2001 年 7 月 4 日
建设部令第 90 号修正)

第一条　为了加强城市建设档案（以下简称城建档案）管理，充分发挥城建档案在城市规划、建设、管理中的作用，根据《中华人民共和国档案法》、《中华人民共和国城市规划法》、《建设工程质量管理条例》、《科学技术档案工作条例》，指定本规定。

第二条　本规定适用于城市内（包括城市各类开发区）的城建档案的管理。

本规定所称城建档案，是指在城市规划、建设及其管理活动中直接形成的对国家和社会具有保存价值的文字、图纸、图表、声像等各种载体的文件材料。

第三条　国务院建设行政主管部门负责全国城建档案管理工作，业务上受国家档案部门的监督、指导。

县级以上地方人民政府建设行政主管部门负责本行政区域内的城建档案管理工作，业务上受同级档案部门的监督、指导。

城市的建设行政主管部门应当设置城建档案工作管理机构或者配备城建档案管理人员，负责全市城建档案工作。城市的建设行政主管部门也可以委托城建档案馆负责城建档案工作的日常管理工作。

第四条　城建档案馆的建设资金按照国家或地方的有关规定，采取多种渠道解决。城建档案馆的设计应当符合档案馆建筑设计规范要求。城建档案的管理应当逐步采用新技术，实现管理现代化。

第五条　城建档案馆重点管理下列档案资料：

（一）各类城市建设工程档案：

1. 工业、民用建筑工程；

2. 市政基础设施工程；

3. 公用基础设施工程；

4. 交通基础设施工程；

5. 园林建设、风景名胜建设工程；

6. 市容环境卫生设施建设工程；

7. 城市防洪、抗震、人防工程；

8. 军事工程档案资料中，除军事禁区和军事管理区以外的穿越。市区的地下管线走向和有关隐蔽工程的位置图。

（二）建设系统各专业管理部门（包括城市规划、勘测、设计、施工、监理、园林、风景名胜、环卫、市政、公用、房地产管理、人防等部门）形成的业务管理和业务技术档案。

（三）有关城市规划、建设及其管理的方针、政策、法规、计划方面的文件、科学研究成果和城市历史、自然、经济等方面的基础资料。

第六条　建设单位应当在工程竣工验收后三个月内，向城建档案馆报送一套符合规定的建设工程档案。凡建设工程档案不齐全的，应当限期补充。

停建、缓建工程的档案，暂由建设单位保管。

撤销单位的建设工程档案，应当向上级主管机关或者城建档案馆移交。

第七条　对改建、扩建和重要部位维修的工程，建设单位应当组织设计、施工单位据实修改、补充和完善原建设工程档案。凡结构和平面布置等改变的，应当重新编制建设工程档案，并在工程竣工后三个月内向城建档案馆报送。

第八条　列入城建档案馆档案接收范围的工程，建设单位在组织竣工验收前，应当提请城建档案管理机构对工程档案进行预验收。预验收合格后，由城建档案管理机构出具工程档案认可文件。

第九条　建设单位在取得工程档案认可文件后，方可组织工程竣工验收。建设行政主管部门在办理竣工验收备案时，应当查验工程档案认可文件。

第十条　建设系统各专业管理部门形成的业务管理和业务技术档案，凡具有永久保存价值的，在本单位保管使用一至五年后，按本规定全部向城建档案馆移交。有长期保存价值的档案，由城建档案馆根据城市建设的需要选择接收。

城市地下管线普查和补测补绘形成的地下管线档案应当在普查、测绘结束后三个月内接收进馆。地下管线专业管理单位每年应当向城建档案馆报送更改、报废、漏测部分的管线现状图和资料。

房地产权属档案的管理，由国务院建设行政主管部门另行规定。

第十一条　城建档案馆对接收的档案应当及时登记、整理，编制检索工具。做好档案的保管、保护工作，对破损或者变质的档案应当及时抢救。特别重要的城建档案应当采取有效措施，确保其安全无损。

城建档案馆应当积极开发档案信息资源，并按照国家的有关规定，向社会提供服务。

第十二条　建设行政主管部门对在城建档案工作中做出显著成绩的单位和个人，应当给予表彰和奖励。

第十三条　违反本规定有下列行为之一的，由建设行政主管部门对直接负责的主管人员或者其他直接负责人员依法给予行政处分；构成犯罪的，由司法机关依法追究刑事责任：

（一）无故延期或者不按照规定归档、报送的；

（二）涂改、伪造档案的；

（三）档案工作人员玩忽职守，造成档案损失的。

第十四条　建设工程竣工验收后，建设单位未按照本规定移交建设工程档案的，依照《建设工程质量管理条例》的规定处罚。

第十五条　省、自治区、直辖市人民政府建设行政主管部门可以根据本规定制定实施细则。

第十六条　本规定由国务院建设行政主管部门负责解释。

第十七条　本规定自 1998 年 1 月 1 日起施行。以前发布的有关规定与本规定不符的，按本规定执行。

城市房地产权属档案管理办法

（2001 年 8 月 29 日建设部令第 101 号）

第一章　总　　则

第一条　为了加强城市房地产权属档案管理，保障房地产权利人的合法权益，有效保护和利用城市房地产权属档案，根据《中华人民共和国城市房地产管理法》、《中华人民共和国档案法》、《中华人民共和国档案法实施办法》等法律法规，制定本办法。

第二条　本办法适用于城市规划区国有土地范围内房地产权属档案的管理。

第三条　房地产权属档案是城市房地产行政主管部门在房地产权属登记、调查、测绘、权属转移、变更等房地产权属管理工作中直接形成的有保存价值的文字、图表、声像等不同形式的历史记录，是城市房地产权属登记管理工作的真实记录和重要依据，是城市建设档案的组成部分。

第四条　国务院建设行政主管部门负责全国城市房地产权属档案管理工作。

省、自治区人民政府建设行政主管部门负责本行政区域内的房地产权属档案的管理工作。

直辖市、市、县人民政府房地产行政主管部门负责本行政区域内的房地产权属档案的管理工作。

房地产权属档案管理业务上受同级城市建设档案管理部门的监督和指导。

第五条　市（县）人民政府房地产行政主管部门应当根据房地产权属档案管理工作的需要，建立房地产权属档案管理机构，配备专职档案管理人员，健全工作制度，配备必要的安全保护设施，确保房地产权属档案的完整、准确、安全和有效利用。

第六条　从事房地产权属档案管理的工作人员经过业务培训后，方可上岗。

第二章　房地产权属档案的收集、整理和归档

第七条　房地产权属登记管理部门应当建立健全房地产权属文件材料的收集、整理、归档制度。

第八条　下列文件材料属于房地产权属档案的归档范围：

一、房地产权利人、房地产权属登记确权、房地产权属转移及变更、设定他项权利等有关的证明和文件。

（一）房地产权利人（自然人或法人）的身份（资格）证明、法人代理人的身份证明、授权委托书等；

（二）建设工程规划许可证、建设用地规划许可证、土地使用权证书或者土地来源证

明、房屋拆迁批件及补偿安置协议书、联建或者统建合同、翻改扩建及固定资产投资批准文件、房屋竣工验收有关材料等；

（三）房地产买卖合同书、房产继承书、房产赠与书、房产析产协议书、房产交换协议书、房地产调拨凭证、有关房产转移的上级批件，有关房产的判决、裁定、仲裁文书及公证文书等；

（四）设定房地产他项权利的有关合同、文件等。

二、房屋及其所占用的土地使用权权属界定位置图；房地产分幅平面图、分丘平面图、分层分户平面图等。

三、房地产产权登记工作中形成的各种文件材料，包括房产登记申请书、收件收据存根、权属变更登记表、房地产状况登记表、房地产勘测调查表、墙界表、房屋面积计算表、房地产登记审批表、房屋灭籍申请表、房地产税费收据存根等。

四、反映和记载房地产权属状况的信息资源，包括统计报表、摄影片、房屋权属代管文件，历史形成的各种房地产权证、契证、帐、册、表、卡等。

第九条 每件（宗）房地产权属登记工作完成后，权属登记人员应当及时将整理好的权属文件材料，经权属登记负责人审查后，送交房地产权属档案管理机构立卷归档。任何单位和个人都不得将房地产权属文件材料据为己有或者拒不归档。国家规定不得归档的材料，禁止归档。

第十条 归档的有关房地产权属的材料，应当是原件；原件已存城市建设档案馆或者经房地产管理部门批准认定的，可以是复印、复制件。复印、复制件应当由经办人与原件校对、签章，并注明校对日期及原件的存放处。

第十一条 归档的房地产权属材料，应当做到书写材料合乎标准、字迹工整、内容规范、图形清晰、数据准确、符合档案保护的要求。

第十二条 房地产权属档案管理机构应当按照档案管理的规定对归档的各种房地产权属档案材料进行验收，不符合要求的，不予归档。

第三章 房地产权属档案的管理

第十三条 房地产权属档案管理机构对归档的房地产权属文件材料应当及时进行登记、整理、分类编目、划分密级、编制检索工具。

第十四条 房地产权属档案应当以丘为单元建档。丘号的编定按照国家《房产测量规范》标准执行。

第十五条 房地产权属档案应当以房地产权利人（即权属单元）为宗立卷。卷内文件排列，应当按照房地产权属变化、产权文件形成时间及权属文件主次关系为序。

第十六条 房地产权属档案管理机构应当掌握房地产权属变化情况，及时补充有关权属档案材料，保持房地产权属档案与房地产权属现状的一致。

第十七条 房地产权属档案管理人员应当严格执行权属档案管理的有关规定，不得擅自修改房地产权属档案。确需变更和修改的，应当经房地产权属登记机关批准，按照规定程序进行。

第十八条 房地产权属档案应当妥善保存，定期检查和鉴定。对破损或者变质的档案，应当及时修复；档案毁损或者丢失，应当采取补救措施。未经批准，任何人不得以任何借口擅自销毁房地产权属档案。

第十九条 保管房地产权属档案应当配备符合设计规范的专用库房，并按照国家《档案库房技术管理暂行规定》实施管理。

第二十条 房地产权属档案管理应当逐步采用新技术、新设备，实现管理现代化。

第二十一条 房地产权属档案管理机构应当与城市建设档案管理机构密切联系，加强信息沟通，逐步实现档案信息共享。

第二十二条 房地产权属档案管理机构的隶属关系及档案管理人员发生变动，应当及时办理房地产权属档案的交接手续。

第二十三条 房屋自然灭失或者依法被拆除后，房地产权属档案管理机构应当自档案整理归档完毕之日起 15 日内书面通知城市建设档案馆。

第四章 房地产权属档案的利用

第二十四条 房地产权属档案管理机构应当充分利用现有的房地产权属档案，及时为房地产权属登记、房地产交易、房地产纠纷仲裁、物业管理、房屋拆迁、住房制度改革、城市规划、城市建设等各项工作提供服务。

第二十五条 房地产权属档案管理机构应当严格执行国家档案管理的保密规定，防止房地产权属档案的散失、泄密；定期对房地产权属档案的密级进行审查，根据有关规定，及时调整密级。

第二十六条 查阅、抄录和复制房地产权属档案材料应当履行审批手续，并登记备案。

涉及军事机密和其他保密的房地产权属档案，以及向境外团体和个人提供的房地产权属档案应当按照国家安全、保密等有关规定保管和利用。

第二十七条 向社会提供利用房地产权属档案，可以按照国家有关规定，实行有偿服务。

第五章 法 律 责 任

第二十八条 有下列行为之一的，由县级以上人民政府房地产行政主管部门对直接负责的主管人员或者其他直接责任人员依法给予行政处分；构成犯罪的，依法追究刑事责任：

（一）损毁、丢失房地产权属档案的；

（二）擅自提供、抄录、公布、销毁房地产权属档案的；

（三）涂改、伪造房地产权属档案的；

（四）擅自出卖或者转让房地产权属档案的；

（五）违反本办法第九条规定，不按照规定归档的；

（六）档案管理工作人员玩忽职守，造成房地产权属档案损失的。

第二十九条 违反《中华人民共和国档案法》、《中华人民共和国档案法实施办法》以及本办法的规定，造成房地产权属档案损失的，由县级以上人民政府房地产行政主管部门根据损失档案的价值，责令赔偿损失。

第三十条 有下列行为之一的，按照有关法律法规的规定处罚：

（一）在利用房地产权属档案的过程中，损毁、丢失、涂改、伪造房地产权属档案或者擅自提供、抄录、公布、销毁房地产权属档案的；

（二）企事业组织或者个人擅自出卖或者转让房地产权属档案的。

第六章 附 则

第三十一条 房地产权属档案管理机构的设置、编制、经费，房地产权属档案管理工作人员的职称、奖惩办法等参照国家档案管理的有关规定执行。

第三十二条 城市规划区集体土地范围内和城市规划区外土地上的房地产权属档案管理可以参照本办法执行。

第三十三条 各省、自治区人民政府建设行政主管部门、直辖市房地产行政主管部门可以根据本办法制定实施细则。

第三十四条 本办法由国务院建设行政主管部门负责解释。

第三十五条 本办法自二〇〇一年十二月一日起施行。

城市地下空间开发利用管理规定

(1997 年 10 月 27 日建设部令第 58 号发布，根据
2001 年 11 月 20 日建设部令第 108 号修正)

第一章　总　　则

第一条　为了加强对城市地下空间开发利用的管理，合理开发城市地下空间资源，适应城市现代化和城市可持续发展建设的需要，依据《中华人民共和国城市规划法》及有关法律、法规，制定本规定。

第二条　编制城市地下空间规划，对城市规划区范围内的地下空间进行开发利用，必须遵守本规定。本规定所称的城市地下空间，是指城市规划区内地表以下的空间。

第三条　城市地下空间的开发利用应贯彻统一规划、综合开发、合理利用、依法管理的原则，坚持社会效益、经济效益和环境效益相结合，考虑防灾和人民防空等需要。

第四条　国务院建设行政主管部门负责全国城市地下空间的开发利用管理工作。

省、自治区人民政府建设行政主管部门负责本行政区域内城市地下空间的开发利用管理工作。

直辖市、市、县人民政府建设行政主管部门和城市规划行政主管部门按照职责分工，负责本行政区域内城市地下空间的开发利用管理工作。

第二章　城市地下空间的规划

第五条　城市地下空间规划是城市规划的重要组成部分。各级人民政府在组织编制城市总体规划时，应根据城市发展的需要，编制城市地下空间开发利用规划。

各级人民政府在编制城市详细规划时，应当依据城市地下空间开发利用规划对城市地下空间开发利用作出具体规定。

第六条　城市地下空间开发利用规划的主要内容包括：地下空间现状及发展预测，地下空间开发战略，开发层次、内容、期限，规模与布局，以及地下空间开发实施步骤等。

第七条　城市地下空间的规划编制应注意保护和改善城市的生态环境，科学预测城市发展的需要，坚持因地制宜，远近兼顾，全面规划，分步实施，使城市地下空间的开发利用同国家和地方的经济技术发展水平相适应。城市地下空间规划应实行竖向分层立体综合开发，横向相关空间互相连通，地面建筑与地下工程协调配合。

第八条　编制城市地下空间规划必备的城市勘察、测量、水文、地质等资料应当符合国家有关规定。承担编制任务的单位，应当符合国家规定的资质要求。

第九条　城市地下空间规划作为城市规划的组成部分，依据《城市规划法》的规定进

行审批和调整。

城市地下空间建设规划由城市人民政府城市规划行政主管部门负责审查后，报城市人民政府批准。

城市地下空间规划需要变更的，须经原批准机关审批。

第三章 城市地下空间的工程建设

第十条 城市地下空间的工程建设必须符合城市地下空间规划，服从规划管理。

第十一条 附着地面建筑进行地下工程建设，应随地面建筑一并向城市规划行政主管部门申请办理选址意见书、建设用地规划许可证、建设工程规划许可证。

第十二条 独立开发的地下交通、商业、仓储、能源、通讯、管线、人防工程等设施，应持有关批准文件、技术资料，依据《城市规划法》的有关规定，向城市规划行政主管部门申请办理选址意见书、建设用地规划许可证、建设工程规划许可证。

第十三条 建设单位或者个人在取得建设工程规划许可证和其他有关批准文件后，方可向建设行政主管部门申请办理建设工程施工许可证。

第十四条 地下工程建设应符合国家有关规定、标准和规范。

第十五条 地下工程的勘察设计，应由具备相应资质的勘察设计单位承担。

第十六条 地下工程设计应满足地下空间对环境、安全和设施运行、维护等方面的使用要求，使用功能与出入口设计应与地面建设相协调。

第十七条 地下工程的设计文件应当按照国家有关规定进行设计审查。

第十八条 地下工程的施工应由具备相应资质的施工单位承担，确保工程质量。

第十九条 地下工程必须按照设计图纸进行施工。施工单位认为有必要改变设计方案的，应由原设计单位进行修改，建设单位应重新办理审批手续。

第二十条 地下工程的施工，应尽量避免因施工干扰城市正常的交通和生活秩序，不得破坏现有建筑物，对临时损坏的地表地貌应及时恢复。

第二十一条 地下工程施工应当推行工程监理制度。

第二十二条 地下工程的专用设备、器材的定型、生产应当执行国家统一标准。

第二十三条 地下工程竣工后，建设单位应当组织设计、施工、工程监理等有关单位进行竣工验收，经验收合格的方可交付使用。

建设单位应当自竣工验收合格之日起 15 日内，将建设工程竣工验收报告和规划、公安消防、环保等部门出具的认可文件或者准许使用文件报建设行政主管部门或者其他有关部门备案，并及时向建设行政主管部门或者其他有关部门移交建设项目档案。

第四章 城市地下空间的工程管理

第二十四条 城市地下工程由开发利用的建设单位或者使用单位进行管理，并接受建设行政主管部门的监督检查。

第二十五条 地下工程应本着"谁投资、谁所有、谁受益、谁维护"的原则，允许建设单位对其投资开发建设的地下工程自营或者依法进行转让、租赁。

第二十六条　建设单位或者使用单位应加强地下空间开发利用工程的使用管理，做好工程的维护管理和设施维修、更新，并建立健全维护管理制度和工程维修档案，确保工程、设备处于良好状态。

第二十七条　建设单位或者使用单位应当建立健全地下工程的使用安全责任制度，采取可行的措施，防范发生火灾、水灾、爆炸及危害人身健康的各种污染。

第二十八条　建设单位或者使用单位在使用或者装饰装修中不得擅自改变地下工程的结构设计，需改变原结构设计的，应当由具备相应资质的设计单位设计，并按照规定重新办理审批手续。

第二十九条　平战结合的地下工程，平时由建设或者使用单位进行管理，并应保证战时能迅速提供有关部门和单位使用。

第五章　罚　　则

第三十条　进行城市地下空间的开发建设，违反城市地下空间的规划及法定实施管理程序规定的，由县级以上人民政府城市规划行政主管部门依法处罚。

第三十一条　有下列行为之一的，县级以上人民政府建设行政主管部门根据有关法律、法规处罚。

（一）未领取建设工程施工许可证擅自开工，进行地下工程建设的；

（二）设计文件未按照规定进行设计审查，擅自施工的；

（三）不按照工程设计图纸进行施工的；

（四）在使用或者装饰装修中擅自改变地下工程结构设计的；

（五）地下工程的专用设备、器材的定型、生产未执行国家统一标准的。

第三十二条　在城市地下空间的开发利用管理工作中，建设行政主管部门和城市规划行政主管部门工作人员玩忽职守、滥用职权、徇私舞弊，依法给予行政处分；构成犯罪的，依法追究刑事责任。

第六章　附　　则

第三十三条　省、自治区人民政府建设行政主管部门、直辖市人民政府建设行政主管部门和城市规划行政主管部门可根据本规定制定实施办法。

第三十四条　本规定由国务院建设行政主管部门负责解释。

第三十五条　本规定自 1997 年 12 月 1 日起施行。

市政基础设施工程施工技术文件管理规定

城建〔2002〕221号

第一章 总 则

第一条 为了加强市政基础设施工程施工技术文件的规范化管理，使其真实反映工程实体质量和管理水平，根据《中华人民共和国建筑法》、《建设工程质量管理条例》、《城市建设档案管理规定》和国家有关规范、标准，制定本规定。

第二条 本规定所称市政基础设施工程，是指城市范围内道路、桥架、广场、隧道、公共交通、排水、供水、供气、供热、污水处理、垃圾处理处置等工程。

第三条 本规定适用于新建、改建、扩建的市政基础设施工程。凡参加上述工程的有关单位按本规定执行。本规定中未涉及到的或有特殊要求需要增、减内容的，应按国家有关规定和设计要求执行。

第四条 市政基础设施工程施工技术文件，是指在施工过程中，施工单位执行工程建设强制性标准和国家、地方有关规定而填写、收集、整理的文字记录、图纸、表格、音像材料等必须归档保存的文件。

第五条 市政基础设施工程施工技术文件，应按本规定的统一表格、表式（见附件）填写；未规定统一表格、表式的，省级建设行政主管部门可根据需要作出规定。

第二章 管 理 与 职 责

第六条 市政基础设施工程施工技术文件由施工单位负责编制，建设单位、施工单位负责保存，其他参建单位按其在工程中的相关职责做好相应工作。

建设单位应按《建设工程文件归档整理规范》（GB/T 50328—2001）的要求，于工程竣工验收后三个月内报送当地城建档按管理机构。

第七条 实行总承包的工程项目，由总承包单位负责汇集、整理各分包单位编制的有关施工技术文件。

第八条 市政基础设施工程施工技术文件应随施工进度及时整理，所需表格应按本规定中的要求认真填写、字迹清楚、项目齐全、记录准确、完整真实。

第九条 市政基础设施工程施工技术文件中，应由各岗位责任人签认的，必须由本人签字（不得盖图章或由他人代签）。工程竣工、文件组卷成册后必须由单位技术负责人和法人代表或法人委托人签字并加盖单位公章。

第十条 建设单位与施工单位在签订施工合同时，应对施工技术文件的编制要求和移交期限做出明确规定。建设单位应在施工技术文件中按有关规定签署意见。实行监理的工程应有监理单位按规定对认证项目的认证记录。

第十一条　建设单位在组织工程竣工验收前，应提请当地的城建档案管理机构对施工技术文件进行预验收，验收不合格不得组织工程竣工验收。城建档案管理机构在收到施工技术文件七个工作日内提出验收意见，七个工作日内不得出验收意见，视为同意。

第十二条　不得任意涂改、伪造、随意抽撤损毁或丢失文件，对于弄虚作假、玩忽职守而造成文件不符合真实情况的，由有关部门追究责任单位和个人的责任。

第三章　内 容 与 要 求

第十三条　施工组织设计

（一）施工单位在施工之前，必须编制施工组织设计；大中型的工程应根据施工组织总设计编制分部位、分阶段的施工组织设计。

（二）施工组织设计必须经上一级技术负责人进行审批加盖公章方为有效，并须填写施工组织设计审批表（合同另有规定的，按合同要求办理）。在施工过程中发生变更时，应有变更审批手续。

（三）施工组织设计应包括下列主要内容：

1. 工程概况：工程规模、工程特点、工期要求、参建单位等。

2. 施工平面布置图。

3. 施工部署和管理体系：施工阶段、区划安排；进度计划及工、料、机、运计划表和组织机构设置。组织机构中应明确项目经理、技术责任人、施工管理负责人及其它各部门主要负责人等。

4. 质量目标设计：质量总目标、分项质量目标，实现质量目标的主要措施、办法及工序、部位、单位工程技术人员名单。

5. 施工方法及技术措施（包括冬、雨季施工措施及采用的新技术、新工艺、新材料、新设备等）。

6. 安全措施。

7. 文明施工措施。

8. 环保措施。

9. 节能、降耗措施。

10. 模板及支架、地下沟槽基坑支护、降水、施工便桥便线、构筑物顶推进、沉井、软基处理、预应力筋张拉工艺、大型构件吊运、混凝土浇注、设备安装、管道吹洗等专项设计。

第十四条　施工图设计文件会审、技术交底

（一）工程开工前，应由建设单位组织有关单位对施工图设计文件进行会审并按单位工程填写施工图设计文件会审记录。设计单位应按施工程序或需要进行设计交底。设计交底应包括设计依据、设计要点、补充说明、注意事项等，并做交底纪要。

（二）施工单位在施工前进行技术交底。各种交底的文字记录，应有交底双方签认手续。

第十五条　原材料、成品、半成品、构配件、设备出厂质量合格证书、出厂检试验报

告及复试报告。

（一）一般规定

1. 必须有出厂质量合格证书和出厂检（试）验报告，并归入施工技术文件。

2. 合格证书、检（试）验报告为复印件的必须加盖供货单位印章方为有效，并注明使用工程名称、规格、数量、进场日期、经办人签名及原件存放地点。

3. 凡使用新技术、新工艺、新材料、新设备的，应有法定单位鉴定证明和生产许可证。产品要有质量标准、使用说明和工艺要求。使用前应按其质量标准进行检（试）验。

4. 进入施工现场的原材料、成品、半成品、构配件，在使用前必须按现行国家有关标准的规定抽取试样，交由具有相应资质的检测、试验机构进行复试，复试结果合格方可使用。

5. 对按国家规定只提供技术参数的测试报告，应由使用单位的技术负责人依据有关技术标准对技术参数进行判别并签字认可。

6. 进场材料凡复试不合格的，应按原标准规定的要求再次进行复试，再次复试的结果合格方可认为该批材料合格，两次报告必须同时归入施工技术文件。

7. 必须按有关规定的实行有见证取样和送检制度，其记录、汇总表纳入施工技术文件。

8. 总含碱量有要求的地区，应对混凝土使用的水泥、砂、石、外加剂、掺合料等的含碱量进行检测，并按规定要求将报告纳入施工技术文件。

（二）水泥

1. 水泥生产厂家的检（试）验报告应包括后补的 28 天强度报告。

2. 水泥使用前复试的主要项目为：胶砂强度、凝结时间、安定性、细度等。试验报告应有明确结论。

（三）钢材（钢筋、钢板、型钢）

1. 钢材使用前应按有关标准的规定，抽取试样做力学性能试验；当发现钢筋脆断，焊接性能不良或力学性能不正常等现象时，应对批钢材进行化学成分检验或其它专项检验；如需焊接时，还应做可焊接性试验，并分别提供相应的试验报告。

2. 预应力混凝土所用的高强钢丝、钢绞线等张拉钢材，除按上述要求检验外，还应按有关规定进行外观检查。

3. 钢材检（试）验报告的项目应填写齐全，要有试验结论。

（四）沥青

沥青使用前复试的主要项目为：延度、针入度、软化点、老化、粘附性等（视不同的道路等级而定）。

（五）涂料

防火涂料应具有经消防主管部门的认定证明材料。

（六）焊接材料

应有焊接材料与母材的可焊接性试验报告。

（七）砌块（砖、料石、预制块等）

用于承重结构时，使用前复试项目为：抗压、抗折强度。

（八）砂、石

工程所使用的砂、石应按规定批量取样进行试验。试验项目一般有：筛分析、表观密度、堆积密度和紧密密度、含泥量、泥块含量、针状和片状颗粒的总含量等。结构或设计有特殊要求时，还应按要求加做压碎指标值等相应项目试验。

（九）混凝土外加剂、掺合料

各种类型的混凝土外加剂、掺合料使用前，应按相关规定中的要求进行现场复试并出具试验报告和掺量配合比试配单。

（十）防水材料及粘接材料

防水卷材、涂料、填缝、密封、粘接材料、沥青马蹄脂、环氧树脂等应按国家相关规定进行抽样试验，并出具试验报告。

（十一）防腐、保温材料

其出厂质量合格证书应标明该产品质量指标、使用性能。

（十二）石灰

石灰在使用前应按批次取样，检测石灰的氧化钙和氧化镁含量。

（十三）水泥、石灰、粉煤灰类混合料

1. 混合料的生产单位按规定，提供产品出厂质量合格证书。

2. 连续供料时，生产单位出具合格证书的有效期最长不得超过 7 天。

（十四）沥青混合料

沥青混合料生产单位应按同类型、同配比、每批次至少向施工单位提供一份产品质量合格证书。连续生产时，每 2000 吨提供一次。

（十五）商品混凝土

1. 商品混凝土生产单位应按同配比、同批次、同强度等级提供出厂质量合格证书。

2. 总含碱量有要求的地区、应提供混凝土碱含量报告。

（十六）管材、管件、设备、配件

1. 厂（场）、站工程成套设备应有产品质量合格证书、设备安装使用说明等。工程竣工后整理归档。

2. 厂（场）、站工程的其它专业设备及电气安装的材料、设备、产品按现行国家或行业相关规范、规程、标准要求进行进场检查、验收、并留有相应文字记录。

3. 进口设备必须配有相关内容的中文资料。

4. 上述 1、2 两项供应厂家应提供相关的检测报告。

5. 混凝土管、金属管生产厂家应提供有关的强度、严密性、无损探伤的检测报告。施工单位应依照有关标准进行检查验收。

（十七）预应力混凝土张拉材料

1. 应有预应力锚具、连接器、夹片、金属波纹管等材料的出厂检（试）验报告及复试报告。

2. 设计或规范有要求的桥梁预应力锚具，锚具生产厂家及施工单位应提供锚具组装件的静载锚固性能试验报告。

（十八）混凝土预制构件

1. 钢筋混凝土及预应力钢筋混凝土梁、板、墩、柱、挡墙板等预制构件生产厂家，应提供相应的能够证明产品质量的基本质量保证资料。如；钢筋原材复试报告、焊（连）

接检验报告；达到设计强度值的混凝土强度报告（含 28 天标养及同条件养护的）；预应力材料及设备的检验标定和张拉资料等。

2. 一般混凝土预制构件如栏杆、地袱、挂板、防撞墩、小型盖板、检查井盖板、过梁、缘石（侧石）、平石、方砖、树池砌件等，生产厂家应提供出厂合格证书。

3. 施工单位应依照有关标准进行检查验收。

（十九）钢结构构件

1. 做为主体结构使用的钢结构构件，生产厂家应依照本规定提供相应的能够证明产品质量的基本质量保证资料。如：钢材的复试报告、可焊性试验报告；焊接（缝）质量检验报告；连接件的检验报告；机械连接记录等。

2. 施工单位应依照有关标准进行检查验收。

（二十）各种地下管线的各类井室的井圈、井盖、踏步等，应有生产单位出具的质量合格证书。

（二十一）支座、变形装置、止水带等产品应有出厂质量合格证书和设计要求的复试报告。

第十六条 施工检（试）验报告

（一）凡有见证取样及送检要求的，应有见证记录、有见证试验汇总表。

（二）压实度（密度）、强度试验资料

1. 填土、路床压实度（密度）资料

（1）有按土质种类做的最大干密度与最佳含水量试验报告。

（2）有按质量标准分层、分段取样的填土压实度试验记录。

2. 道路基层压实度和强度试验资料

（1）石灰类、水泥类、二灰类等无机混合料基层的标准击实试验报告。

（2）有按质量标准分层分段取样的压实度试验记录。

（3）道路基层强度试验报告。

① 石灰类、水泥类、二灰类等无机混合料应有石灰、水泥实际剂量的检测报告。

② 石灰、水泥等无机稳定土类道路基层应有 7 天龄期的无侧限抗压强度试验报告。

③ 其它基层强度试验报告。

3. 道路面层压实度资料

（1）有沥青混合料厂提供的标准密度。

（2）有按质量标准分层取样的实测干密度。

（3）有路面弯沉试验报告。

（三）水泥混凝土抗压、抗折强度，抗渗、抗冻性能试验资料

1. 应有试配申请单和相应资质的试验室签发的配合比通知单。施工中如果材料发生变化时，应有修改配合比的通知单。

2. 应有按规范规定组数的试块强度试验资料和汇总表。

（1）标准养护试块 28 天抗压强度试验报告。

（2）水泥混凝土桥面和路面应有 28 天标养的抗压、抗折强度试验报告。

（3）结构混凝土应有同条件养护试块抗压强度试验报告作为拆模、卸支架、预应力张拉、构件吊运、施加临时荷载等的依据。

（4）冬季施工混凝土，应有检验混凝土抗冻性能的同条件养护试块抗压强度试验报告。

（5）主体结构，应有同条件养护试块抗压强度试验报告，以验证结构物实体强度。

（6）当强度未能达到设计要求而采取实物钻芯取样试压时，应同时提供钻芯试压报告和原标试块抗压强度试验报告。如果混凝土钻芯取样试压强度仍达不到设计要求时，应由设计单位提供经设计负责人签署并加盖单位公章的处理意见资料。

3. 凡设计有抗渗、抗冻性能混凝土，除应有抗压强度试验报告外，还应有按规范规定组数标养的抗涌、抗冻试验报告。

4. 商品混凝土应以现场制作的标养 28 天的试块抗压、抗折、抗渗、抗冻指标作为评定的依据，并应在相应试验报告上标明商品混凝土生产单位名称、合同编号。

5. 应有按现行国家标准进行的强度统计评定资料。（水泥混凝土路面、桥面要有抗折强度评定资料）

（四）砂浆试块强度试验资料

1. 有砂浆试配申清单、配比通知单和强度试验报告。

2. 预应力孔道压浆每一工作班留取不少于三组的 $7.07\times7.07\times7.07$ 立方米试件，其中一组作为标准养护 28 天的强度资料，其余二级做依运和吊装时强度参与值资料。

3. 有按规定要求的强度统计评定资料。

4. 使用沥青玛琋脂、环养树脂砂浆等粘接材料，应有配合比通知单和试验报告。

（五）钢筋焊、连接检（试）验资料

1. 钢筋连接接头采用焊接方式或采用锥螺纹、套管等机械连接接头方式的，均应按有关规定进行现场条件下连接性能试验，留取试验报告。报告必须对抗弯、抗拉试验结果有明确结论。

2. 试验所用的焊（连）接试件，应从外观检查合格后的成品中切取，数量要满足现行国家规范规定。试验报告后应附有效的焊工上岗证复印件。

3. 委托外加工的钢筋，其加工单位应向委托单位提供质量合格证书。

（六）钢结构、钢管道、金属容器等及其他设备焊接检（试）验资料应按国家相关规范执行。

（七）桩基础应按有关规定，做检（试）验并出具报告。

（八）检（试）验报告应由相应资质的检测、试验机构出具

第十七条　施工记录

（一）地基与基槽验收记录

1. 地基与基槽验收时，应按下列要求进行记录：

（1）核对其位置、平面尺寸、基低标高等内容，是否符合设计规定。

（2）核对基底的土质和地下水情况，是否与勘察报告相一致。

（3）对于深基础，还应检查基坑对附近建筑物、道路、管线等是否存在不利影响。

2. 地基需处理时，应由设计、勘察部门提出处理意见，并绘制处理的部位、尺寸高等示意图。处理后，应按有关规范和设计的要求，重新组织验收。

一般基槽验收记录可用隐蔽工程验收记录代替。

（二）桩基施工记录

1. 桩基施工记录应附有桩位平面示意图。分包桩基施工的单位，应将施工记录全部移交给总包单位。

2. 打桩记录

(1) 有试桩要求的应有试桩或试验记录。

(2) 打桩记录应记入桩的锤击数、贯入度、打桩过程中出现的异常情况等。

3. 钻孔（挖孔）灌注桩记录

(1) 钻孔桩（挖孔桩）钻进记录。

(2) 成孔质量检查记录。

(3) 桩混凝土灌注记录。

(三) 构件、设备安装与调试记录

1. 钢筋混凝土大型预制构件、钢结构等吊装记录。内容包括：构件类别、编号、型号、位置、连接方法、实际安装偏差等，并附简图。

2. 厂（场）、站工程大型设备安装调试记录。内容包括：

(1) 设备安装设计文件。

(2) 设备安装记录：设备名称、编号、型号、安装位置、简图、连接方法、允许安装偏差和实际偏差等。特种设备的安装记录还应符合有关部门及行业规范的规定。

(3) 设备调试记录。

(四) 施加预应力记录

1. 预应力张拉设计数据和理论张拉伸长值计算资料。

2. 预应力张拉原始记录。

3. 预应力张拉设备——油泵、千斤顶、压力表等应有由法定计量检测单位进行校验的报告和张拉设备配套标定的报告并绘有相应的 P—T 曲线。

4. 预应力孔道灌浆记录。

5. 预留孔道实际摩阻值的测定报告书。

6. 孔位示意图，其孔（束）号、构件编号与张拉原始记录一致。

(五) 沉井下沉时，应填写沉井下沉观测记录

(六) 混凝土浇筑记录

凡现场浇筑 C20（含）强度等级以上的结构混凝土，均应填写混凝土浇筑记录。

(七) 管道、箱涵顶推进记录

(八) 构筑物沉降观测记录（设计有要求的要做沉降观测记录）。

(九) 施工测温记录

(十) 其它有特殊要求的工程，如厂（场）、站工程的水工构筑物防水、钢结构及管道工程的保温等工程项目，应按有关规定及设计要求，提供相应的施工记录。

第十八条 测温复核及预检记录

(一) 测量复核记录

1. 施工前建设单位应组织有关单位向施工单位进行现场交桩。施工单位应根据交桩记录进行测量复核并留有记录。

2. 施工设置的临时水准点、轴线桩及构筑物施工的定位桩、高程桩的测量复核记录。

3. 部位、工序的测量复核记录。

4. 应在复核记录中绘制施工测量示意图，标注测量与复核的数据及结论。

（二）预检记录

1. 主要结构的模板预检记录，包括几何尺寸、轴线、标高、预埋件和预留孔位置模板牢固性和模内清理、清理口留置、脱模剂涂刷等检查情况。

2. 大型构件和设备安装前的预检记录应有预埋件、预留孔位置、高程、规格等检查情况。

3. 设备安装的位置检查情况。

4. 非隐蔽管道工程的安装检查情况。

5. 补偿器预拉情况、补偿器的安装情况。

6. 支（吊）架的位置，各部位的连接方式等检查情况。

7. 油漆工程。

第十九条　隐蔽工程检查验收记录

凡被下道工序、部位所隐蔽的，在隐蔽前必须进行质量检查，并填写隐蔽工程检查验收记录。隐蔽检查的内容应具体，结论应明确。验收手续应及时办理，不得后补。需复验的要办理复验手续。

第二十条　工程质量检验评定资料

（一）工序施工完毕后，应按照质量检验评定标准进行质量检验与评定，及时填写工作质量评定表。表中内容应填写齐全，签字手续完备规范。

（二）部位工程完成后应汇总该部位所有工序质量评定结果。进行部位工程质量等级评定。签字手续完备、规范。

（三）单位工程完成后，由工程项目负责人主持，进行单位工程质量评定，填写单位工程质量评定表。由工程项目负责人和项目技术负责人签字，加盖公章作为竣工验收的依据之一。

第二十一条　功能性试验记录

（一）一般规定

功能性试验是对市政基础设施工程在交付使用之前所进行的使用功能的检查。功能性试验按有关标准进行，并有有关单位参加，填写试验记录，由参加各方签字，手续完备。

（二）市政基础设施工程功能试验主要项目一般包括：

1. 道路工程的弯沉试验。

2. 无压力管道严密性试验。

3. 桥梁工程设计有要求的动、静载试验。

4. 水池满水试验。

5. 消化池气密性试验。

6. 压力管道的强度试验，严密性试验和通球试验等。

7. 其它施工项目如设计有要求，按规定及有关规范做使用功能试验。

第二十二条　质量事故报告及处理记录

设计变更通知单、洽商记录是施工图的补充和修改，应在施工前办理。内容应明确具体，必要时附图。

（一）设计变更通知单，必须由原设计人和设计单位负责人签字并加盖设计单位印章方为有效。

（二）洽商记录必须有参建各方共同签认方为有效。

（三）设计变更通知单、洽商记录应原件存档。如用复印件存档时，应注明原件存放处。

（四）分包工程的设计变更、洽商，由工程总包单位统一办理。

第二十三条 竣工总结与竣工图

（一）竣工总结主要应包括下列内容：工程概况；竣工的主要工程数量和质量情况；使用了何种新技术、新工艺、新材料、新设备；施工过程中遇到的问题及处理方法；工程中发生的主要变更和洽商；遗留的问题及建议等。

（二）竣工图

1. 工程竣工后应及时进行竣工图的整理。绘制竣工图须遵照以下原则：

（1）凡在施工中，按图施工没有变更的，在新的原施工图上加盖"竣工图"的标志后，可作为竣工图。

（2）无大变更的，应将修改内容按实际发生的描绘在原施工图上，并注明变更或洽商编号，加盖"竣工图"标志后作为竣工图。

（3）凡结构形式改变、工艺改变、平面布置改变、项目改变以及其它重大改变；或虽非重大变更，但难以原施工图上表示清楚的，应重新绘制竣工图。

2. 该绘竣工图，必须使用不褪色的黑色绘图墨水。

第二十四条 竣工验收

（一）工程竣工报告

工程竣工报告是由施工单位对已完工程进行检查，确认工程质量符合有关法律、法规和工程建设强制性标准，符合设计及合同要求而提出的工程告竣文书。该报告应经项目经理和施工单位有关负责人审核签字加盖单位公章。

实行监理的工程，工程竣工报告必须经总监理工程师签署意见。

（二）工程竣工验收证明

第四章　组卷方法和要求

第二十五条 施工技术文件要按单位工程进行组卷。文件材料较多时可以分册装订。

第二十六条 卷内文件排列顺序一般为封面、目录、文件材料和备考表。

（一）文件封面应具有工程名称、开竣工日期、编制单位、卷册编号、单位技术负责人和法人代表或法人委托人签字并加盖单位公章。

（二）文件材料部分排列宜按以下顺序

1. 施工组织设计

2. 施工图设计文件会审、技术交底记录

3. 设计变更通知单、洽商记录

4. 原材料、成品、半成品、构配件、设备出厂质量合格证书，出厂检（试）验报告书和复试报告（须一一对应）

5. 施工试验资料

6. 施工记录

7. 测量复核及预检记录

8. 隐蔽工程检查验收记录

9. 工程质量检验评定资料

10. 使用功能试验记录

11. 事故报告

12. 竣工测量资料

13. 竣工图

14. 工程竣工验收文件

注：对于设备安装工程可参照上述顺序组卷

第二十七条　案卷规格及图纸折叠方式按城建档案管理部门要求办理。

第五章　附　　则

第二十八条　各省、自治区、直辖市人民政府建设行政主管部门可根据本规定制定实施细则。

第二十九条　本规定由建设部负责解释。

第三十条　自本规定发布之日起，原《市政工程施工技术资料管理规定》建城〔1994〕469 号同时废止。

建设部

二○○二年九月五日

城市地下管线工程档案管理办法

（2005 年 1 月 7 日建设部令第 136 号发布）

第一条 为了加强城市地下管线工程档案的管理，根据《中华人民共和国城市规划法》、《中华人民共和国档案法》、《建设工程质量管理条例》等有关法律、行政法规、制度本办法。

第二条 本办法适用与城市规划区内地下管线工程档案的管理。本办法所称城市地下管线工程，是指城市新建、扩建、改建的各类地下管线（含城市供水、排水、燃气、热力、电力、电信、工业等的地下管线）及相关的人防、地铁等工程。

第三条 国务院建设主管部门对全国城市地下管线工程档案管理工作实施指导、监督。

省、自治区人民政府建设主管部门负责本行政区域内城市地下管线工程档案的管理工作，并接受国务院建设主管部门的指导、监督。

县级以上城市人民政府建设主管部门或者规划主管部门负责本行政区域内城市地下管线工程档案的管理工作，并接受上一级建设主管部门的指导、监督。

城市地下管线工程档案的收集、保管、利用等具体工作，由城建档案馆或者城建档案室（以下简称城建档案管理机构）负责。

各级城建档案管理机构同时接受同级档案行政管理部门的业务指导、监督。

第四条 建设单位在申请领取建设工程规划许可证前，应当到城建档案管理机构查询施工地段的地下管线工程档案，取得该施工地段地下管线现状资料。

第五条 建设单位在申请领取建设工程规划许可证时，应当向规划主管部门报送地下管线现状资料。

第六条 在建设单位办理地下管线工程施工许可手续时，城建档案管理机构应当将工程竣工后需移交的工程档案内容和要求告知建设单位。

第七条 施工单位在地下管线工程施工前应当取得施工地段地下管线现状资料；施工中发现未建档的管线，应当及时通过建设单位向当地县级以上人民政府建设主管部门或者规划主管部门报告。

建设主管部门、规划主管部门接到报告后，应当查明未建档的管线性质、权属，责令地下管线产权单位测定其坐标、标高及走向，地下管线产权单位应当及时将测量的材料向城建档案管理机构报送。

第八条 地下管线工程覆土前，建设单位应当委托具有相应资质的工程测量单位，按照《城市地下管线探测技术规程》（CJJ61）进行竣工测量，形成准确的竣工测量数据文件和管线工程测量图。

第九条 地下管线工程竣工验收前，建设单位应当提请城建档案管理机构对地下管线工程档案进行专项预验收。

第十条　建设单位在地下管线工程竣工验收备案前，应当向城建档案管理机构移交下列档案资料：

（一）地下管线工程项目准备阶段文件、监理文件、施工文件、竣工文件和竣工图；

（二）地下管线竣工测量成果；

（三）其他应当归档的文件资料（电子文件、工程照片、录像等）。

城市供水、排水、燃气、热力、电力、电讯等地下管线专业管理单位（以下简称地下管线专业管理单位）应当及时向城建档案管理机构移交地下专业管线图。

第十一条　建设单位向城建档案管理机构移交的档案资料应当符合《建设工程文件归档整理规范》（GB/T 50328）的要求。

第十二条　地下管线专业管理单位应当将更改、报废、漏测部分的地下管线工程档案，及时修改补充到本单位的地下管线专业图上，并将修改补充的地下管线专业图及有关资料向城建档案管理机构移交。

第十三条　工程测量单位应当及时向城建档案管理机构移交有关地下管线工程的1：500城市地形图和控制成果。

对于工程测量单位移交的城市地形图和控制成果，城建档案管理机构不得出售、转让。

第十四条　城建档案管理机构应当绘制城市地下管线综合图，建立城市地下管线信息系统，并及时接收普查和补测、补绘所形成的地下管线成果。

城建档案管理机构应当依据地下管线专业图等有关的地下管线工程档案资料和工程测量单位移交的城市地形图和控制成果，及时修改城市地下管线综合图，并输入城市地下管线信息系统。

第十五条　城建档案管理机构应当建立、健全科学的管理制度，依法做好地下管线工程档案的接收、整理、鉴定、统计、保管、利用和保密工作。

第十六条　城建档案管理机构应当建立地下管线工程档案资料的使用制度，积极开发地下管线工程档案资源，为城市规划、建设和管理提供服务。

第十七条　建设单位违反本办法规定，未移交地下管线工程档案的，由建设主管部门责令改正，处1万元以上10万元以下的罚款；对单位直接负责的主管人员和其他直接负责人员，处单位罚款数额5％以上10％以下的罚款；因建设单位未移交地下管线工程档案，造成施工单位在施工中损坏地下管线的，建设单位依法承担相应的责任。

第十八条　地下管线专业管理单位违反本办法规定，未移交地下管线工程档案的，由建设主管部门责令改正，处1万元以下的罚款；因地下管线专业管理单位未移交地下管线工程档案，造成施工单位在施工中损坏地下管线的，地下管线专业管理单位依法承担相应的责任。

第十九条　建设单位和施工单位未按照规定查询和取得施工地段的地下管线资料而擅自组织施工，损坏地下管线给他人造成损失的，依法承担赔偿责任。

第二十条　工程测量单位未按照规定提供准确的地下管线测量成果，致使施工时损坏地下管线给他人造成损失的，依法承担赔偿责任。

第二十一条　城建档案管理机构因保管不善，致使档案丢失，或者因汇总管线信息资料错误致使在施工中造成损失的，依法承担赔偿责任；对有关责任人员，依法给予行政处分。

第二十二条 本办法自 2005 年 5 月 1 日起施行。

建设部呈报国务院关于《城市地下管线档案管理办法》的说明

地下管线是城市基础设施的重要组成部分，是城市赖以生存和发展的基础，管好地下管线信息资源，对实现地下管网的科学管理，避免各种管线事故的频繁发生，起着至关重要的作用。近些年，随着城市发展速度的加快，道路、管线不断增加。但目前地下管线档案信息管理还存在着一些问题，如管理分散，档案不规范，管理的手段不足，管理措施不力等，导致城市地下管线管理处于无序状态，在施工中挖掘地下管线，造成水电运转中断，煤气泄露甚至爆炸，交通阻断等事故屡有发生。据初步统计，全国每年因施工发生的管线事故所造成的直接经济损失约 50 亿元，间接经济损失估计约 400 亿元。

去年以来，曾培炎副总理对城市基础设施的统筹建设、城市地下管线的统一规划和地下管线档案信息共享问题作过多次批示、讲话。其中在《专报信息》第 454 期上的批示是："城市地下管线统一规划和地下管线档案信息共享问题应引起重视，请建设部组织调研，提出意见"。为此，建设部办公厅与国家档案局组成了联合调查组，重点对北京、广州、深圳、济南等几个城市的地下管网信息管理情况进行了调研，开展了全国范围内地下管线档案管理状况的书面调查，并分别召开了地下管线档案管理不同类型城市的代表参加的座谈会，在此基础上起草了《城市地下管线档案管理办法（征求意见稿）》，并征求了国家档案局和各省、自治区建设厅、直辖市建委的意见，经修改后形成了《城市地下管线工程档案管理办法》（以下简称《办法》）。现将有关问题说明如下：

一、关于适用范围

供水、排水、燃气、热力等市政公用事业都是建设行政管理的内容，其工程档案自然都归口建设主管部门管理。电力、电信、人防等工程虽不是建设主管部门的主管业务，但按照有关法律法规和国务院关于职责分工的划分，所有工程方面的规划、建设、标准和档案管理等业务，都应该属于建设主管部门的管理范围。

《城市规划法》规定，城市规划区内的建设工程，应当向规划主管部门报送有关竣工资料。《建设工程质量管理条例》规定，建设单位应当在工程竣工验收后，及时向建设主管部门或其他有关部门移交建设项目档案。根据《建设工程质量管理条例》的规定，建设工程是指土木工程、建筑工程、线路管道和设备安装工程及装修工程。电力、电信等地下管线工程应当包含在其中。

目前，各地城建档案管理机构接收、保管的地上工程档案中，包括了各行各业的民用建筑、工业建筑的档案，地下管线工程档案也不应仅限于供水、排水、燃气、热力等范围。事实上，一些地方法规已将电力、电信、人防、广播电视、工业管道等工程档案纳入了地下管线档案的管理范围。城市地下管网普查和补测、补绘形成的各类地下管线档案也全都保存在城建档案管理机构。

另外，按照国家档案局《全国档案馆设置原则和布局方案》规定，各地城建档案馆的性质属于国家档案馆，它虽归口建设主管部门管理，但不是建设主管部门内部的档案机构。国家档案局《城市建设档案归属与流向暂行办法》明确规定，城市勘察、测绘、道路、桥涵、排水、供水、燃气、供热、照明、工业、人防、交通、电力、邮电、供电、邮政、电信、军事等方面的地上、地下工程档案，都要向城建档案管理机构报送。

因此，《办法》第二条将城市规划区内各类地下管线工程（含城市供水、排水、燃气、热力、电力、电信、工业、广播电视、人防、地铁等），都纳入了管理范围。

二、关于管理体制

按照国务院三定方案，建设部负责全国城建档案的管理工作，各省、自治区人民政府建设厅负责本省的城建档案管理工作，这两级的城建档案管理体制十分清楚。但在城市（包括直辖市）这一层次上，建设行政职能被多方分解，城市建设主管部门、规划主管部门、房地产主管部门、市政公用主管部门等等，按职责分工分别管理各项建设业务。城建档案管理机构相应地被归口在不同的业务主管部门（主要是建设主管部门和规划主管部门）管理。从目前全国的情况看，城建档案管理机构归口建设主管部门的大约有2/3，归口规划主管部门的大约有1/3。

鉴于这一实际情况，《办法》第三条第三款规定："县级以上城市人民政府建设主管部门或者规划主管部门，按照职责分工，负责本行政区域内城市地下管线工程档案的管理工作，并接受上一级建设主管部门的指导、监督。"

三、关于建设单位申领规划许可证时报送地下管线档案现状资料的问题

地下管线工程的规划不同于地上工程，它看不见、摸不着，规划主管部门只能借助档案资料才能查清地下情况，决定该地段能不能建设新的工程项目。因此，《办法》第五条规定："建设单位在申请领取建设工程规划许可证时，应当向规划主管部门报送地下管线现状资料。"

四、关于建设主管部门的告知问题

工程档案不是事后编造的，而是在工程建设过程中产生和积累的。《办法》第十条要求建设单位在地下管线工程竣工验收备案前向城建档案管理机构移交管线工程档案资料，第十一条提出了移交的有关要求。为了便于建设单位在工程建设过程中按照要求收集和整理工程档案，并在工程竣工后向城建档案管理机构移交，《办法》第六条规定："在建设单位办理地下管线工程施工许可手续时，城建档案管理机构应当将工程竣工后需移交的工程档案内容和要求告知建设单位"。这一条是按照建立行为规范、运转协调、公正透明、廉洁高效的行政管理体制的要求提出的，它充分体现了建设行政管理工作的公开、便民、高效原则。

房屋建筑和市政基础设施工程竣工
验收备案管理办法

（2000 年 4 月 4 日建设部令第 78 号发布，根据 2009 年 10 月 19 日
住房和城乡建设部令第 2 号修正）

第一条 为了加强房屋建筑和市政基础设施工程质量的管理，根据《建设工程质量管理条例》，制定本办法。

第二条 在中华人民共和国境内新建、扩建、改建各类房屋建筑和市政基础设施工程的竣工验收备案，适用本办法。

第三条 国务院住房和城乡建设主管部门负责全国房屋建筑和市政基础设施工程（以下统称工程）的竣工验收备案管理工作。

县级以上地方人民政府建设主管部门负责本行政区域内工程的竣工验收备案管理工作。

第四条 建设单位应当自工程竣工验收合格之日起 15 日内，依照本办法规定，向工程所在地的县级以上地方人民政府建设主管部门（以下简称备案机关）备案。

第五条 建设单位办理工程竣工验收备案应当提交下列文件：

（一）工程竣工验收备案表；

（二）工程竣工验收报告。竣工验收报告应当包括工程报建日期，施工许可证号，施工图设计文件审查意见，勘察、设计、施工、工程监理等单位分别签署的质量合格文件及验收人员签署的竣工验收原始文件，市政基础设施的有关质量检测和功能性试验资料以及备案机关认为需要提供的有关资料；

（三）法律、行政法规规定应当由规划、环保等部门出具的认可文件或者准许使用文件；

（四）法律规定应当由公安消防部门出具的对大型的人员密集场所和其他特殊建设工程验收合格的证明文件；

（五）施工单位签署的工程质量保修书；

（六）法规、规章规定必须提供的其他文件。

住宅工程还应当提交《住宅质量保证书》和《住宅使用说明书》。

第六条 备案机关收到建设单位报送的竣工验收备案文件，验证文件齐全后，应当在工程竣工验收备案表上签署文件收讫。

工程竣工验收备案表一式两份，一份由建设单位保存，一份留备案机关存档。

第七条 工程质量监督机构应当在工程竣工验收之日起 5 日内，向备案机关提交工程质量监督报告。

第八条 备案机关发现建设单位在竣工验收过程中有违反国家有关建设工程质量管理

规定行为的，应当在收讫竣工验收备案文件 15 日内，责令停止使用，重新组织竣工验收。

第九条　建设单位在工程竣工验收合格之日起 15 日内未办理工程竣工验收备案的，备案机关责令限期改正，处 20 万元以上 50 万元以下罚款。

第十条　建设单位将备案机关决定重新组织竣工验收的工程，在重新组织竣工验收前，擅自使用的，备案机关责令停止使用，处工程合同价款 2％以上 4％以下罚款。

第十一条　建设单位采用虚假证明文件办理工程竣工验收备案的，工程竣工验收无效，备案机关责令停止使用，重新组织竣工验收，处 20 万元以上 50 万元以下罚款；构成犯罪的，依法追究刑事责任。

第十二条　备案机关决定重新组织竣工验收并责令停止使用的工程，建设单位在备案之前已投入使用或者建设单位擅自继续使用造成使用人损失的，由建设单位依法承担赔偿责任。

第十三条　竣工验收备案文件齐全，备案机关及其工作人员不办理备案手续的，由有关机关责令改正，对直接责任人员给予行政处分。

第十四条　抢险救灾工程、临时性房屋建筑工程和农民自建低层住宅工程，不适用本办法。

第十五条　军用房屋建筑工程竣工验收备案，按照中央军事委员会的有关规定执行。

第十六条　省、自治区、直辖市人民政府住房和城乡建设主管部门可以根据本办法制定实施细则。

第十七条　本办法自发布之日起施行。

二、国家档案局规章

各级国家档案馆馆藏档案解密和划分
控制使用范围的暂行规定

(1991 年 9 月 27 日国家档案局、国家保密局发布)

第一条 为正确处理保守国家秘密与开放档案的关系，根据《中华人民共和国档案法》和《中华人民共和国保守国家秘密法》，制定本规定。

第二条 各级国家档案馆保存的 1991 年 1 月 1 日前形成的标有"绝密"、"机密"、"秘密"字样的档案（以下简称涉密档案），其解密工作，由各级国家档案馆负责进行。对形成将满 30 年的涉密档案，原档案形成的机关、单位，认为仍属国家秘密的，应当自该档案形成届满 30 年之日前的 6 个月，通知（以文书形式，以下皆同）同级档案行政管理机关和国家档案馆，逾期未通知延长保密期限的，由各级国家档案馆按照本规定第七条办理。

第三条 1991 年 1 月 1 日前形成的未进馆的涉密档案，其解密工作由各档案形成机关、单位负责进行，在向各级国家档案馆移交前，要完成清理工作，否则不予受理。

第四条 各级国家档案馆保存的 1991 年 1 月 1 日后形成的涉密档案，未接到保密期限变更通知的，自保密期限届满之日起，即自行解密。

第五条 各级国家档案馆保存的经济、科学、技术、文化类涉密档案，根据需要认为有必要提前开放的，应当向原档案形成机关、单位发出要求提前解密的通知，有关机关、单位应当在接到通知的 6 个月内作出答复，未予答复的，档案馆可根据有关规定办理。

第六条 原档案形成的机关、单位被撤销或者合并，对其所形成的涉密档案的密级和保密期限作出处理决定的工作，由承担其原职能的单位负责；无相应的承担机关、单位的，由有关档案馆负责。

第七条 各级国家档案馆保存的中华人民共和国成立前形成的历史档案，中华人民共和国成立后形成满 30 年的已解密的档案和未定密级的其他档案，凡涉及下列内容的应当控制使用：

（一）涉及我党和国家重大问题、重大政治事件尚未作出结论的、不宜公开的，对社会开放会影响党内团结、党和国家机关工作正常开展的档案；

（二）涉及各级党和政府领导人及社会各界著名爱国进步人士的政治历史评价及工作与生活中不宜公开的，对社会开放有损个人形象、人格尊严和声誉的档案；

（三）涉及我党和国家秘密工作的组织关系、工作方法、策略手段、情报来源的，对社会开放会使保护党和国家安全与利益的措施、手段的可靠性降低或者失效的档案；

（四）涉及我党和国家及其领导人与外国政党组织及其领导人之间秘密关系的，对社会开放会影响两党、两国正常关系以及其他对外关系的档案；

（五）涉及民国时期敌特机关破坏我党地下组织的，为进行策反纯属捏造的，对社会开放会损害我党和国家及其领导人形象的档案；

（六）涉及领土、边界中敏感问题和战略部署、国防设施、军事要地、军品贸易、军工科研及生产的，对社会开放不利于维护国家主权和领土完整，危害国家的战略防御能力的档案；

（七）涉及民族纠纷、民族矛盾和宗教、统战、侨务工作中内定的方针、政策的，对社会开放会影响民族团结、社会稳定和不利于国家统一的档案；

（八）涉及国内行政区域之间的边界问题，对社会开放后可能激发边界纠纷、影响社会稳定和人民团结的档案；

（九）涉及准确记载风俗民情，对社会开放后可能资敌军事、经济战略，或损害民族形象的档案；

（十）涉及我国科学技术的关键技术、技术诀窍、传统工艺、配方、重要资源的，对社会开放会削弱我国经济、科技实力或使国民经济遭受损失的档案；

（十一）涉及与国外科技交流、经济合作、贸易往来、外事工作中内部掌握的政策、策略及对具体事件的处理意见、方案的，对社会开放会使我国在对外活动中处于不利地位或在政治上造成被动、经济上造成损失的档案；

（十二）涉及外国在华机构形成的，对社会开放会引起档案所有权纠纷的档案；

（十三）涉及著作权、发明权、专利权的，对社会开放会造成侵权诉讼并有损国家利益的档案；

（十四）涉及尚有法律效力的中外产权、债权，对社会开放会引起外事纠纷并有损国家利益的档案；

（十五）涉及司法、监察、纪检及组织人事工作中对有关人员违纪违法的调查与具体审理情况的，对社会开放会造成不良政治影响或不利于审理人员及举报人等人身安全的档案；

（十六）涉及公民隐私的，对社会开放会损害公民声誉和权益的档案；

（十七）涉及台、港、澳同胞和海外华侨中爱国进步人士的，对社会开放会损害其声誉和权益的档案；

（十八）涉及民国时期军、警、宪、特组织及人员方面的，对社会开放在一定时期内可能对某些方面带来不良影响的档案；

（十九）机关、单位及个人移交、捐赠、寄存档案时明确提出不能开放的档案；

（二十）除上述范围外，其他影响党和国家利益的档案。

第八条　各级国家档案馆馆藏档案的划控工作，由档案馆负责组织力量，根据本规定的有关条款确定的标准负责进行，必要时聘请同级档案行政管理部门、保密工作部门和文件制发单位组成专门小组共同进行。被聘请的有关部门应当积极配合。

第九条　各级国家档案馆对所保存的国家秘密档案和划入控制使用范围的档案，应当依照国家有关法规并根据实际工作需要，制定审批手续并严格执行，不得擅自开放或者扩大利用、接触范围。各级国家档案馆应当对其工作人员进行保密教育，监督其履行保密义务。

第十条 对违反本规定泄露国家秘密或者造成其他严重后果的行为人，应当根据有关法律规定酌情给予行政处分或者追究民事法律责任；情节严重的，依法追究刑事法律责任。

第十一条 各级国家档案馆应根据本规定制定具体的工作细则。

第十二条 本规定由国家档案局负责解释。各级档案行政管理部门、保密工作部门对本规定的实施负有指导和监督的职权。

第十三条 本规定自发布之日起施行，过去制发的有关规定凡与本规定相抵触的，以本规定为准。

各级各类档案馆收集档案范围的规定

（2011 年 11 月 21 日国家档案局令第 9 号）

为了建设覆盖人民群众的、内容丰富、结构合理的国家档案资源体系，划定各级各类档案馆收集档案的范围，根据《中华人民共和国档案法》、《中华人民共和国档案法实施办法》、《全国档案馆设置原则和布局方案》，制定本规定。

第一条 各级各类档案馆要贯彻科学发展、以人为本的理念，在档案行政管理部门的监督指导下，按照统一规划、分级管理的原则，依法开展档案收集工作，将属于本馆收集范围的具有长久保存价值的档案收集进馆。

第二条 各级综合档案馆依法接收本级下列组织机构的档案：

1. 中国共产党委员会及所属各部门；
2. 人民代表大会及其常设机构；
3. 人民政府及其所属各部门和单位；
4. 人民政协及其常设机构；
5. 人民法院、人民检察院；
6. 各民主党派机关；
7. 工会、共青团、妇联等人民团体；
8. 国有企业、事业单位。

各级综合档案馆可全部或部分接收以上机构的下属单位和临时机构的档案。

乡镇机构形成的档案列入县级综合档案馆接收范围。

第三条 新中国成立前本行政区内各个历史时期政权机构、社会组织、著名人物的档案列入综合档案馆收集范围。

本行政区内重大活动、重要事件形成的档案、涉及民生的专业档案列入综合档案馆收集范围。

经协商同意，综合档案馆可以收集或代存本行政区内社会组织、集体和民营企事业单位、基层群众自治组织、家庭和个人形成的对国家和社会有利用价值的档案，也可以通过接受捐赠、购买等形式获取。

第四条 各级部门档案馆，收集本部门及其直属单位形成的档案，但其中履行行政管理职能的档案，要按有关规定定期向综合档案馆移交。

第五条 各级专门档案馆，收集本行政区内某一专门领域或特定载体形态的专门档案或档案副本。

第六条 国有企业、事业单位设立的档案馆，收集本单位及其所属机构形成的档案。国有企业发生破产转制，事业单位发生撤销等情况，其档案可按照有关规定由本级综合档案馆接收。

第七条　省级以上（含省级）档案馆接收保管期限为永久的档案，省级以下（不含省级）档案馆接收保管期限为永久和30年以上（含30年）的档案。

第八条　档案馆要适应信息化建设的需要，收集电子档案和纸质档案的数字化副本。有条件的档案馆应根据国家灾害备份的要求，建立电子文件备份中心，开展电子文件备份工作。

第九条　档案馆在收集档案时，应同时收集有助于了解档案内容、立档单位历史的资料，收集有助于管理和利用档案所必需的专用设备。

第十条　各级各类档案馆要根据本规定制定本馆的收集档案范围细则和工作方案，经上级档案行政管理部门同意后施行。

第十一条　本规定由国家档案局负责解释。

第十二条　本规定自发布之日起实施。《各级国家档案馆收集档案范围的规定》（1986年2月7日国家档案局发布）同时废止。

三、江苏省规章

江苏省城建档案管理办法

(2002 年 10 月 11 日江苏省人民政府令第 196 号)

第一章　总　　则

第一条　为了加强城建档案管理，充分发挥城建档案在城乡规划、建设、管理中的作用，促进我省社会、经济和文化发展，根据《中华人民共和国档案法》等有关法律、法规、结合本省实际，制定本办法。

第二条　在本省行政区域内形成、管理、利用城建档案的单位和个人，应当遵守本办法。

本办法所称城建档案，是指在城市和乡镇规划、建设和管理活动中直接形成的，对国家和社会有保存价值的各种文字、图纸、图表、声像等不同载体形式的历史纪录，以及相关的资料。

第三条　城建档案工作按照集中统一管理的要求，确保城建档案的完整、准确、系统、安全和有效利用。

第四条　各级人民政府应当加强对城建档案工作的领导，保障城建档案工作与城乡建设事业协调发展。

第五条　县级以上人民政府建设主管部门（或者城市规划行政主管部门，下同）负责本行政区域内城建档案管理工作，并接受同级档案行政主管部门的监督和指导。其主要职责是：

（一）组织实施有关城建档案管理的法律、法规、规章和政策；

（二）编制并组织实施城建档案事业规划和工作计划；

（三）制定、实施城建档案工作的具体业务标准和技术规范；

（四）负责城建档案工作的业务监督和指导；

（五）组织并指导城建档案工作的理论研究和科研工作，负责城建档案工作人员的业务培训。

乡镇人民政府负责本行政区域内城建档案管理工作。

第六条　县级以上人民政府建设行政主管部门的城建档案馆（室），是集中管理城建档案的事业机构，负责本行政区域内城建档案的接收、收集、整理、保管和利用等业务工作，并对城建档案的形成、管理等工作进行技术业务指导。

第七条 从事城建档案工作的人员应当忠于职守，遵守纪律，保守秘密，具备相应的专业知识，并按照国家和省有关规定，取得上岗资格。

第二章 城建档案的移交

第八条 城建档案馆（室）应当接收的城建档案的范围包括：

（一）建设工程档案，包括各类新建、改建、扩建和恢复建设的土木工程、建筑工程、线路管道和设备安装工程及装修工程（军事建设工程、农民自建低层住宅、抢险救灾及其他临时性房屋建筑除外）等档案；

（二）城乡规划、建设、管理过程中形成的业务管理档案和业务技术档案；

（三）有关城乡规划、建设、管理的基础资料和科学研究成果；

（四）其他具有保存价值的城建档案。

各市建设行政主管部门可以结合本地实际情况确定城建档案馆（室）接收城建档案的具体内容，并报省建设行政主管部门和省档案行政主管部门备案。

第九条 应当由城建档案馆（室）接收的城建档案，其形成单位按照下列时限移交：

（一）建设工程档案在工程项目竣工验收后3个月内移交；

（二）村镇建设工程档案在村镇工程竣工验收后3个月内移交；

（三）业务管理档案和业务技术档案在本单位保管1至5年后及时移交；

（四）其他城建档案按照省建设行政主管部门规定的时限移交。

前款所列第（一）、（三）、（四）项城建档案，向项目所在地城建档案馆（室）移交；第（二）项城建档案，向项目所在地乡镇人民政府村镇建设管理部门移交。

属于第八条规定范围的跨行政区域建设工程形成的城建档案由其共同的上一级城建档案馆（室）接收。

第十条 不属于第八条规定范围的城建档案，由形成单位按照规定要求进行整理和保管，并在规定时限内向城建档案馆（室）报送所保存的城建档案目录。

第十一条 向城建档案馆（室）移交的城建档案应当完整准确、图形清晰、字迹工整，有利于长久保存。案卷质量应当符合《江苏省城建档案案卷质量标准》规定的要求。

第十二条 各类建设工程均应当编制建设工程档案并进行登记，实行建设工程档案责任制。

第十三条 工程项目发包、承包和监理等单位在签订建设工程合同时，应当明确收集、编制、移交建设工程档案的责任、要求等内容。

在工程实施过程中，建设单位、施工单位和监理单位应当明确专人负责档案管理工作。

施工单位应当按照国家和省有关规定以及合同的约定，编制、移交建设工程竣工图及其他建设工程档案。承包单位向建设单位提交竣工验收报告时，应当附有建设工程竣工图及其他建设工程档案。监理单位应当及时收集、整理在工程建设监理过程中形成的档案，并在竣工验收前移交建设单位。

第十四条 建设单位应当在建设工程竣工验收后，按规定要求及时向城建档案馆（室）移交建设工程档案。

建设单位移交的建设工程档案符合要求的，由城建档案馆（室）出具建设工程档案接收证明。建设工程档案接收证明应当加盖城建档案接收专用章，并载明建设工程项目名称、移交单位、案卷总数、接收验讫、档案存管机构等内容。

城建档案接收专用章由省建设行政主管部门统一制作。

第十五条　已建成的工程项目，其建设工程档案不完整、不准确的，产权单位应当做好补测、补绘工作，并在补测、补绘工作结束后 3 个月内将测绘结果移交城建档案馆（室）。

第十六条　新建、改建、扩建、迁建和恢复建设的房屋建筑，房产管理部门在审核颁发房屋权属证书时，应当核验建设工程档案接收证明，并列入房产产权产籍档案。

第十七条　县级以上人民政府应当加强城市管线档案的管理。城市管线档案不完整、不准确的，应当组织有关部门进行城市管线普查和测绘。普查和测绘所形成的档案应当在普查和测绘工作结束后 3 个月内移交城建档案馆（室）。

对城市管线进行局部变更、改造的，建设单位应当据实修改、补充和完善原工程档案，绘制现状图，并在变更或者改造结束后 3 个月内及时向城建档案馆（室）移交

对废弃、停用的管线，建设单位应当及时报城建档案馆（室）备案，城建档案馆（室）应当及时做好相应的档案信息管理工作。

第十八条　各单位自行保管的城建档案，在建筑物、构筑物产权转让时，应当同时移交。

建设工程停建、缓建的，其建设工程档案由建设单位负责保管。单位撤销的，其建设工程档案按有关规定办理移交，并向城建档案馆（室）备案。

第十九条　城建档案馆（室）应当加强对城建档案的形成、积累、整理、归档和移交工作的指导，确保城建档案的完整、准确。

第三章　城建档案的管理和利用

第二十条　城建档案馆（室）对接收或者收集的档案应当及时登记、整理、编制检索工具，做好档案的保管、鉴定、统计、编研、保护和利用工作；对破损或者变质的档案应当及时采取补救措施。

第二十一条　在城市的道路、管线及其附近地段进行开挖、爆破、钻探等施工活动前，建设单位和施工单位应当到城建档案馆（室）和有关部门查清该地段的地下管线分布情况。

第二十二条　城建档案馆（室）及其他形成、保管城建档案的单位，应当建立健全档案管理制度，严格执行国家保密制度，严防档案散失和泄密。

任何单位和个人不得擅自销毁城建档案。

第二十三条　禁止出卖属于国家所有的城建档案。城建档案复制件的交换、转让和出卖，应当按照国家有关规定办理。

第二十四条　不属于国家所有的，对国家和社会有保存价值或者应当保密的城建档案，档案所有者应当妥善保管。档案所有者可以向城建档案馆（室）寄存、捐赠或者出卖。

第二十五条 保管城建档案应当有专用库房。库房内应当保持适当的温度和湿度，有防盗、防火、防水、防强光、防潮、防尘、防污染、防有害气体和有害生物等措施，并具有相应的抗震和抵御其他自然灾害的能力。库房面积应当符合省建设行政主管部门制定的城建档案工作业务规范的要求。

新建或者改建档案库房，应当执行《档案馆建筑设计规范》。

第二十六条 城建档案馆（室）应当使用符合国家标准的档案用品和装具，逐步配备温湿度自动控制、监控、计算机、声像等设备，实现城建档案管理的规范化、标准化和现代化。

第二十七条 城建档案馆（室）的馆房建设、设备购置等所需经费应当列入地方固定资产投资计划，日常经费由地方财政统筹安排。

第二十八条 城建档案馆（室）应当定期向社会公布可以开放的档案目录，并根据城乡规划、建设、管理工作的需要，编制必要的检索资料和参考资料，向社会提供服务，其收费标准由省物价行政主管部门会同省建设行政主管部门制定。

第四章 奖 励 与 处 罚

第二十九条 有下列情形之一的单位和个人，由县级以上人民政府予以表彰和奖励：

（一）在城建档案的收集、整理、保护、管理和提供利用等方面成绩突出的；

（二）在城建档案理论研究和科学研究方面成绩突出的；

（三）将重要或者珍贵的城建档案捐赠给国家的；

（四）在非常条件下，为抢救、保护城建档案表现突出的；

（五）同违反档案法律、法规和规章的行为作斗争表现突出的。

第三十条 有下列行为之一的，由建设行政主管部门对直接负责的主管人员或者其他直接责任人员依法给予行政处分；构成犯罪的，依法追究刑事责任：

（一）违反本办法第十二条规定，不办理建设工程档案登记手续的；

（二）违反本办法第十五条规定，不按规定补测、补绘建设工程档案的；

（三）违反本办法第二十一条规定，造成损失的。

第三十一条 建设工程竣工验收后，建设单位未按照本办法规定移交建设工程档案的，依照《建设工程质量管理条例》、《江苏省工程建设管理条例》等法律、法规的规定处罚。

第三十二条 有关单位和个人损毁、丢失、涂改或者伪造城建档案的，由县级以上档案行政管理部门依法查处。

第三十三条 当事人对具体行政行为不服的，可以依法申请行政复议或者提起行政诉讼。

第五章 附 则

第三十四条 各市人民政府可以根据本办法制定实施细则

第三十五条 本办法自 2002 年 12 月 1 日起施行。

规 范 性 文 件

一、住房和城乡建设部规范性文件

关于加强城市基本建设档案工作的通知

各省、市、自治区建委、城建局：

国务院今年九月二十二日以国发［1980］246 号文件批转了全国科技档案工作会议的报告。为了在城市基建档案工作中贯彻落实会议精神，现提出如下意见：

一、城市基建档案是城市建设的历史记录，是城市规划、建设、管理、维修工作的依据。各级建委和城建部门要重视这一工作，把城市基建档案的形成、积累、修改、补充等作为城市基建管理的重要组成部分。

二、全国科技档案工作会议要求："大、中城市要以城市为单位，由市人民政府主管城建工作的领导人主持，由市建委或城建、规划部门成立城市基建档案馆，集中统一管理城市基建档案"。各地可根据城市的具体情况和实际工作的需要，对城市基建档案工作机构的设置、人员编制、库房建设等报请省、市、自治区人民政府研究，并列入计划。

三、各地要研究确定今后一个时期恢复和整顿城市基建档案工作计划，明确城市基建档案管理范围并建立必要的规章制度，积极开展城市基建档案的利用工作。

国家基本建设委员会

国家城市建设总局

一九八〇年十二月九日

关于进一步加强城市基本建设档案工作的通知

（82）建发办字 21 号

各省、市、自治区建委、城市建设局、档案局，各省、自治区辖市建委（城建委、局）规划局、档案局：

自一九八〇年七月全国科学技术档案工作会议提出成立城市基建档案馆，集中统一管理城市基建档案和一九八〇年十二月国家建委、国家城建总局联合发出《关于加强城市基本建设档案工作的通知》以来，在省、自治区和市人民政府及各地建委、城市建设规划部门、档案管理部门的领导与组织下，城市基本建设档案工作有了迅速的发展。目前，全国一百一十个直辖市和省（自治区）辖市中已有四十八个城市建立了城市基建档案馆，形势很好，但发展不平衡，有些省、市至今尚未引起足够的重视。为了把城建档案工作抓好，一九八一年十二月中旬，我们在长沙市召开了城建档案工作座谈会，与会同志一致认为，城市基建档案工作很重要。为进一步加强领导，推动这项工作的开展，特再通知如下：

一、根据国务院一九八〇年 246 号文件的精神，各市应当在市人民政府主管城市基本建设的市长、副市长主持下，尽快地把城市基建档案馆建立起来。城建档案工作，由市建委归口领导，城建档案馆的日常工作由哪个部门负责管理，各市可根据实际情况自行确定。城市基建档案馆全称："××市城市基本建设档案馆"，属于科学技术事业单位。

二、已成立城建档案馆的市，要尽快调配干部（应有一定数量的工程技术干部），摸清城市基本建设档案的情况和问题，制订出开展工作的初步办法，没有库房的要积极创造条件解决档案库房。

三、有条件的城市基建档案馆可以开始逐步接收有关的城建档案。在开始接收的时候，首先考虑城市规划、建设、管理需要，制定接收档案的范围和计划，以便使这一工作有步骤地进行。

四、各级建委、城建、规划部门应当加强对本单位及所属单位城建档案工作的领导，各单位要按照《科学技术档案工作条例》和其他有关规定要求做好工作，使城建档案能够完整、准确、系统、安全和有效地提供利用。

五、根据各地工作发展的情况，拟在适当的时候，召开一次城市基本建设档案工作会议，研究并解决工作中的一些问题，制定一个城市基本建设档案管理办法，希望各地抓紧工作，注意总结经验，做好准备。

国家基本建设委员会
国家城市建设总局
国 家 档 案 局
一九八二年一月十八日

编制基本建设工程竣工图的几项暂行规定

(82）建发施字 50 号

一、基本建设竣工图是真实地记录各种地下地上建筑物、构筑物等情况的技术文件，是对工程进行交工验收、维护、改建、扩建的依据，是国家的重要技术档案。全国各建设、设计、施工单位和主管部门，都要重视竣工图的编制工作，认真贯彻执行本规定。

二、各项新建、扩建、改建的基本建设工程，特别是基础、地下建筑、管线、结构、井巷、峒室、桥梁、隧道、港口、水坝以及设备安装等隐蔽部位，都要编制竣工图。编制各种竣工图，必须在施工过程中（不能在竣工后），及时做好隐蔽工程记录，整理好设计变更文件，确保竣工图质量。

三、编制竣工图的形式和深度，应根据不同情况，区别对待：

（1）凡按图施工没有变动的，则由施工单位（包括总包和分包施工单位，下同）在原施工图上加盖"竣工图"标志后，即作为竣工图。

（2）凡在施工中，虽有一般性设计变更，但能将原施工图加以修改补充作为竣工图的，可不重新绘制，由施工单位负责在原施工图（必须是新蓝图）上注明修改的部分，并附以设计变更通知单和施工说明，加盖"竣工图"标志后，即作为竣工图。

（3）凡结构形式改变、工艺改变、平面布置改变、项目改变以及有其他重大改变，不宜再在原施工图上修改、补充者，应重新绘制改变后的竣工图。由于设计原因造成的，由设计单位负责重新绘图；由于施工原因造成的，由施工单位负责重新绘图；由于其他原因造成的，由建设单位自行绘图或委托设计单位绘图。施工单位负责在新图上加盖"竣工图"标志并附以有关记录和说明，作为竣工图。

重大的改建、扩建工程涉及原有工程项目变更时，应将相关项目的竣工图资料统一整理归档，并在原图案卷增补必要的说明。

（4）竣工图一定要与实际情况相符，要保证图纸质量，做到规格统一，图面整洁、字迹清楚，不得用圆珠笔或其他易于褪色的墨水绘制。竣工图要经承担施工的技术负责人审核签认。

四、竣工图的汇总整理工作，按下列情况区别对待：

（1）建设项目实行总包制的各分包单位应负责编制分包范围内的竣工图，总包单位除应编制自行施工的竣工图外，还应负责汇总整理各分包单位编的竣工图。总包单位在交工时应向建设单位提交总包范围内的各项完整、准确的竣工图。

（2）建设项目由建设单位或工程指挥部分别包给几个施工单位承担的，各施工单位应负责编制所承包工程的竣工图。建设单位或工程指挥部负责汇总整理。

（3）建设项目在签订承发包合同时，应明确规定竣工图的编制、检验和交接等问题。

五、工程竣工验收前，建设单位应组织、督促和协助各设计、施工单位检验各自负责的竣工图编制工作，发现有不准确或短缺时，要及时采取措施修改和补齐。竣工图要作为工程交工验收的条件之一。竣工图不准确、不完整、不符合归档要求的，不能交工验收。在特殊情况下，也可按交工验收时双方议定的期限补交竣工图。

六、大中型建设项目和城市住宅小区建设的竣工图，不得少于两套，一套移交生产使用单位保管，一套交有关主管部门或技术档案部门长期保存，关系到全国性特别重要的建设项目（如首都机场、南京长江大桥等），应增交一套给国家档案馆保存。小型建设项目的竣工图不得少于一套，移交生产使用单位保管。因编制竣工图需增加的施工图，由建设单位负责及时提供给施工单位，并在签订合同时，明确需要增加的份数。

七、大型工程竣工后，凡上述竣工图仍不能满足需要时，可重新绘制竣工图，由建设单位负责组织力量绘制，设计、施工单位负责提供工程变更资料。

八、编制整理竣工图所需的费用，凡属设计原因造成的，由设计单位解决；施工单位负责编制所需的费用，由施工单位在建筑安装工程造价中解决；建设单位负责编制和需要复制的费用，由建设单位在基建投资中解决；建成使用以后需要复制补制的费用，由使用单位负责解决。

九、为了做好基本建设工程竣工图的编制工作，各主管部门可根据具体情况制订有关细则。

十、本规定从批准、颁布之日起开始试行。过去的有关规定，与本规定相抵触者，按本规定执行。

国家基本建设委员会
一九八二年二月八日

关于进一步加强城建档案工作的通知

建办〔1992〕141 号

各省、自治区、直辖市建委（建设厅），各计划单列市建委：

一九八〇年全国科技档案工作会议以来，在各级建设主管部门的领导下，在各级档案行政管理部门的支持和指导下，城建档案事业发展很快。截止一九九〇年底，全国共建立城建档案馆 332 个，城建档案室 787 个。各城建档案馆共保存各类城建档案 269 万多卷，城建资料 62 万多册，底图 83.7 万多张，蓝图 25.1 万多张，照片 23 万多张。现在全国绝大多数城市中，重要的城建档案资料都在城建档案馆得到妥善的管理，并且在城市建设活动中发挥着越来越重要的作用。为了进一步加强对城建档案工作的管理，推动这项工作的深入发展，特作如下通知。

一、城建档案馆是以城市为单位建立的主要为城市规划、建设及其管理服务的城建专业档案馆，是本城市重要城建档案资料储存、交流和服务中心。城建档案工作是城市建设事业不可分割的组成部分。

二、城建档案工作属于科技档案工作的范畴。"科技档案工作按专业实行统一管理"，是国务院规定的原则（国发〔1986〕246 号、国发〔1980〕302 号文件）。一九八七年，原城乡建设环境保护部与国家档案局联合颁发的《城市建设档案管理暂行规定》第五条明确规定："全国城建档案工作，由国家城市建设主管部门管理"，"各省、自治区、直辖市和各城市的城建档案工作，由各级城建主管部门管理。"国务院批准的《建设部"三定"方案》规定：建设部办公厅负责"管理全国城建档案工作"。国家档案局国档发（1990）2号《关于认真学习江泽民同志讲话的通知》中，江泽民同志指出："关于城市基础设施竣工图以及地形图的完整，包括煤气管、自来水管这些管道档案的完整，还是应该由建委去领导。"

三、根据上述国务院、国家建设主管部门、国家档案局的有关规定及领导同志的指示精神，各省、自治区、直辖市和各城市的建设主管部门，要继续积极、主动地做好对城建档案工作的管理，切实加强对城建档案馆（室）的领导，为城建档案馆（室）创造良好的工作条件，充分发挥他们的作用。

四、为了加强对城建档案工作的管理，根据国务院批准的《科学技术档案工作条例》第 27 条有关规定，各城市的建设主管部门根据实际情况，经与当地机构编制主管部门协商，应尽快建立健全城建档案工作的行政管理机构（可与城建档案馆合署办公，不单独增加编制和经费），该机构在建设主管部门的领导和档案行政管理部门的指导下，负责对城建系统和列入城建档案馆接收范围单位的城建档案工作进行管理和指导。在尚未建立城建档案工作行政管理机构的城市，上述职责可由城建档案馆承担。

五、城建档案馆不同于一般文书档案馆，其业务活动也不能局限于一般的档案管理工作。城建档案馆在努力做好城建档案收集、整理、保管、编研、利用等工作的同时，还要积极做好城建资料、城建信息的搜集、加工、利用工作，积极参与城市建设的有关活动，并根据城市建设活动的实际需要，不断开拓新的服务方式，多层次、全方位地为城市建设工作提供超前、优质、高效的服务，逐步将自身建设成为城市建设的信息中心。

六、城建档案馆在档案业务方面要主动接受档案行政管理部门的宏观指导，积极争取档案行政管理部门的支持。

建设部

一九九二年三月十九日

关于做好开发区城建档案管理工作的通知

建办〔1995〕267 号

各省、自治区、直辖市建委（建设厅），各计划单列市建委：

改革开放以来，尤其是邓小平同志视察南方重要谈话以来，在加快改革开放和经济发展的新形势下，一些地区依托城市在规划区范围内陆续设置了一批经济技术开发区、高新技术开发区、高科技园区、旅游度假区等开发区，做为对外开放开发的"窗口"和加快经济与科技发展的基地。这些开发区在开发建设过程中形成了大量的城建档案资料。但由于城建档案的管理体系和管理制度不健全，管理工作基础薄弱，加之开发建设进度快，建设施工单位多，城建档案管理人员变动频繁，给城建档案的收集、管理和开发利用带来了不利影响。为了切实搞好开发区城建档案管理工作，特作如下通知：

一、各级各类开发区是依托城市在规划区内开发建设的，是城市的重点开发建设地区，它在规划、建设、管理过程中形成的档案资料是城建档案不可分割的组成部分，必须纳入所在城市城建档案主管部门的统一管理。

二、城市建设行政主管部门要加强开发区城建档案的管理。开发区建设主管部门应建立健全城建档案管理机构，或配备专人管理开发区的城建档案，认真做好城建档案资料的管理工作，并接受当地档案行政主管部门的指导和监督。

三、开发区的建设单位，要认真执行有关城建档案管理工作的法律、法规和有关规定，管理好本单位建设过程中形成的工程档案，按照当地城建档案的进馆范围和工作程序，及时向所在市的城建档案馆（室）报送需要永久和长期保存的城建档案。

四、城建档案馆对所在市的各级各类开发区的城建档案要实行统一管理，建立健全开发区的城建档案工作网络，完善开发区城建档案管理工作各项规章制度，经常进行检查、指导，组织培训城建档案专业人员。对接收的开发区城建档案进行规范化、科学化管理，积极开展利用，主动为开发区经济建设和社会发展提供优质高效的服务。

建设部
一九九五年五月十日

建设工作中国家秘密及其密级具体范围的规定

建办〔1997〕49号

第一条 根据《中华人民共和国保守国家秘密法》和《中华人民共和国保守国家秘密法实施办法》的有关规定，制定本规定。

第二条 建设工作中国家秘密是指关系到国家的安全和利益，依照法定程序确定，在一定时间内只限一定范围的人员知悉的事项。

第三条 建设工作中国家秘密及其密级的具体范围：

（一）绝密级事项：党政军首脑机关、党和国家主要领导人寓所和经常性活动场所的地下专业工程的规划设计和管线综合图文资料。

（二）机密级事项：1. 不对外开放的国防科研生产、试验、训练基地的城市现状图、规划总图的图文资料；2. 国防工程、国家级科研工程（课题）的关键部位的勘察、设计、施工资料；3. 国家重点工程对外发包及其设备技术、材料进口谈判的计划和底数。

（三）秘密级事项：1. 国家建设工作（含各行业）的长远计划、规划及拟议中的重大经济政策和改革措施；2. 涉及城市电力、电讯、给排水、供热、供气、防洪、人防各专业工程的整体规划、现状图及管线的综合图文资料；3. 省、自治区、直辖市重点工程对外发包及其设备和技术、材料进口谈判的计划和底数。

第四条 建设工作中涉及其他部门或行业的国家秘密事项，按国家有关业务主管部门的保密范围确定密级。

第五条 建设工作中的工作秘密和商业秘密事项，按国家有关规定予以保护。

第六条 本规定由建设部负责解释。

第七条 本规定自印发之日起施行。1989年11月21日由建设部、国家保密局印发的《建设工作中的国家秘密及其密级具体范围的规定》（建办〔1989〕541号）同时废止。

国家建设部
国家保密局

关于认真贯彻国务院办公厅
（国办发〔1999〕16号）文件精神，
做好城市基础设施建设档案工作的通知

建办〔1999〕50号

各省、自治区、直辖市建委（建设厅），计划单列市建委，新疆生产建设兵团：

最近，国务院办公厅发出《关于加强基础设施工程质量管理的通知》（国办发〔1999〕16号）。通知强调"基础设施项目，特别是重大基础设施项目的工程质量状况，不仅关系到国家建设资金的有效使用，而且关系到国民经济持续快速健康发展和人民群众生命财产安全"。"加强项目档案工作。所有建设项目都要按照《中华人民共和国档案法》的有关规定，建立健全项目档案。从项目筹划到工程竣工验收各环节的文件资料，都要严格按照规定收集、整理、归档，项目档案管理单位和档案管理人员要严格履行职责。对失职的单位和人员，要依法严肃处理"。

为了确保国民经济增长目标，中央加大了对重点工程和住房建设与城市基础设施的投入，新增1000亿元财政债券资金已陆续到位，全国已进入基础设施项目施工高峰期，各地各部门根据国务院的要求正在抓紧组织实施。为贯彻落实国务院办公厅通知精神，切实加强建设项目的档案管理，确保建设项目的工程质量，现将有关事项通知如下：

一、各级城建档案主管部门和各城市建设档案馆，要认真学习国务院办公厅〔1999〕16号文件精神，进一步提高对加强工程项目建设档案管理重要性和紧迫性的认识。重点工程和城市基础设施建设，尤其是国家新增1000亿元财政债券资金项目一定要建立永久性档案。要在国家档案行政主管部门的指导下，完成永久性档案的建立工作。

二、各有关部门在重点工程、城市基础设施建设的全过程中和各个环节上，都要加强档案管理，确保重点工程、城市基础设施建设项目档案的完整、系统、准确、安全。要采取有效措施，确保在工程竣工六个月内，及时将整套工程档案存入城建档案馆，使之得到科学管理和有效利用。

三、各城市建设档案管理单位和档案管理人员，要严格履行职责，做好重点工程、城市基础设施建设项目档案收集、归档工作，对失职的单位和人员，要依法严肃处理。

四、各级建设主管部门和城建档案馆，要加强对重点工程、城市基础设施建设过程中的建档指导工作，并参加工程竣工的验收工作，确保档案的质量。各地城建档案主管部门和城建档案馆在此项工作中的做法和经验要及时报建设部办公厅城建档案办公室。

建设部
一九九九年二月二十六日

关于认真贯彻国务院第 279 号令和建设部
第 78 号令切实加强工程档案管理工作的通知

建办〔2001〕103 号

各省、自治区建设厅，直辖市建委：

工程档案是工程建设过程和建设成果的真实反映，它对于加强工程质量控制，追究工程质量责任，惩治工程领域腐败行为，以及工程日后维修、改建、扩建等，具有重要作用。为贯彻《建设工程质量管理条例》（国务院令第 279 号）和《房屋建筑工程和市政基础设施工程竣工验收备案管理暂行办法》（建设部令第 78 号），切实加强工程档案的管理，确保工程档案完整、准确、及时地报送城建档案管理部门，特通知如下：

一、建设单位要提高对工程档案工作的认识，指定专门机构或专职人员，负责工程档案管理工作。建设单位在招标投标和与勘察、设计、施工、监理等单位签订合同时，要对工程档案的套数、费用、质量要求、移交时间等提出明确要求；并及时收集、汇总本单位与勘察、设计、施工、监理等单位所形成的工程档案。

二、勘察、设计、施工、监理等单位要认真收集和整理本单位形成的工程档案，及时向建设单位移交。监理单位要协助建设单位监督、检查各单位工程文件的形成、积累和立卷归档。

三、城建档案管理部门要加强对工程档案工作的监督、检查和指导。

四、建设单位在组织工程竣工验收前，应提请城建档案管理部门对工程档案进行预验收。验收的主要内容包括：

1. 工程档案是否齐全、系统、完整；

2. 工程档案是否整理立卷，立卷是否符合《城市建设档案案卷质量规定》（建办〔1995〕697 号）；

3. 工程档案的内容是否真实、准确地反映工程建设活动和工程实际状况；

4. 工程档案签章手续是否完备，竣工图编制是否符合要求。

验收合格后，由城建档案管理部门出具工程档案认可文件。

五、建设单位组织工程竣工验收，应当具备工程档案认可文件。建设行政主管部门在办理竣工验收备案时，应当查验工程档案认可文件。

六、建设单位必须在工程竣工验收后，按《城市建设档案管理规定》（建设部第 61 号令）及时向城建档案管理部门报送一套完整的工程档案。

各省、自治区、直辖市建设行政主管部门要高度重视工程档案工作，采取切实可行的有力措施，切实加强工程档案管理工作。

建设部
二〇〇一年五月十八日

全国城建档案信息化建设规划与实施纲要

建办档〔2004〕39号

城建档案信息化是根据国民经济信息化的总体要求，在建设部统一规划和组织下，在城建档案工作领域应用现代信息技术建立的现代化的城建档案管理系统，旨在开发利用城市建设档案信息资源，为城市规划、建设和管理提供科学决策依据，为城市经济、社会、文化发展提供有效的服务。

根据党的十六大报告提出的"大力推进信息化，加快建设现代化"的要求和《全国建设事业信息化规划纲要》的有关精神，结合城建档案事业信息化现状，制定全国城建档案信息化建设规划与实施纲要。

一、指导思想、发展战略和建设原则

（一）指导思想

以邓小平理论和"三个代表"思想为指导，深入贯彻党的十六大精神，坚持"统筹规划、国家主导；统一标准，联合建设；互联互通，资源共享"的指导方针，以服务为宗旨，把城建档案信息化建设纳入全国建设事业信息化建设和各城市信息化建设、电子政务建设的总格局中，适应本地经济、社会、文化的发展要求，立足现实，着眼未来，以数字化城建档案馆建设为方向，以城建档案网络化建设为基础，以数字信息资源建设为核心，以城建档案信息资源利用为目的，以信息化人才队伍建设为保障，为城市建设事业发展和人民群众提供有效的城建档案信息服务。

（二）发展档案信息化的发展战略是：抓住城市信息化建设、政府职能转变、政务信息公开和实施电子政务的契机，实现城建档案信息化与本地信息化建设同步、协调发展。在实现城建档案计算机管理的基础上、检索自动化、利用网络化。分步建立地区性城建档案信息（目录）中心和全国城建档案信息（目录）中心，实现城建档案信息资源共享。以信息网络为基础，以数据库建设为重点，开发城建档案信息资源，充分重视应用软件的开发和信息技术的推广应用，推动城建档案信息化建设工作健康、持续、快速发展。

（三）建设原则

全国城建档案信息建设应遵循以下原则：

1. 统筹规划、分步实施的原则

按照国民经济信息化的总体部署和建设事业信息化规划要求，建设部城建档案办公室和各省、自治区、直辖市城建档案主管部门要加强对城建档案信息化建设工作的监督和指导。各地要统筹规划，确定城建档案信息化建设的总体目标，然后分步实施、逐步完善。总体目标的实施要贯彻整体设计、急用先建、急用先行的方针，进一步完善专业指导体制。

2. 与城市经济发展相适应原则

城建档案信息化是城市经济发展、科技进步和社会需求等诸多因素共同推动的结果，是一个长期的发展过程。城建档案信息化建设工作要与本地的经济发展、信息化环境和总体水平相适应，避免不切实际地追求过高的目标。

3. 讲求实效原则

城建档案信息化建设工作不是一项孤立的工作，是政府部门电子政务建设整体工作的组成部分。城建档案信息化建设工作目标和任务要符合本地的具体情况和实际需要，工作内容、计划安排要与电子政务系统建设工作和城市信息化工作相结合，因地制宜，讲求实效。

4. 统一标准，资源共享的原则

城建档案信息化建设工作必须遵循已有的国际标准、国家标准、行业标准和地方标准，加快城建档案信息化工作标准的建设，在统一标准的约束下，构建资源共享的城建档案信息体系，发挥信息化的优势。

5. 专业化服务原则

城建档案信息化建设的根本目的是为城市经济、社会、文化的发展提供城建档案信息的专业信息服务，以满足政府、公众对城建档案利用的需要。

二、全国城建档案信息化建设总体目标

（一）近 3 年发展目标

1. 在目前工作基础上再上新台阶

各地要在当前信息化工作的基础上再上一个新台阶，实现下一阶段的工作目标：目前还未建立计算机管理系统的城建档案馆（室）要建立城建档案计算机管理系统，实现城建档案计算机辅助作业和辅助管理；正在进行馆藏档案目录数据库建设的城建档案馆（室）应完成数据库的建设，全面实现馆藏档案检索计算机化；已建成城建档案计算机管理局域网络系统的城建档案馆（室），应实现与政府部门政务网的衔接和专题数据库建设；正在开展城建档案数字化转换和信息资源建设的城建档案馆（室），要完成数字城建档案馆和网络信息服务系统的构架。各地城建档案主管部门和城建档案馆应根据本地区、本馆当前的信息化工作实际，综合考虑信息化建设规划和实施计划，健康稳步地发展，缩短落后地区与发达地区、西部地区与东部地区的差距。

2. "三网一库"建设

以城建档案馆内部局域网、城建档案信息上因特网、参与当地政务网建设和馆藏档案数据库建设为工作重点，建成几个数字城建档案馆示范馆。建成一批重要的全文数据库、多媒体数据库；建成一些向社会公布城建档案信息、具有广泛社会影响、体现城建档案专业特色的网站。

3. 信息（目录）中心、备份中心建设

筹划建设全国城建档案信息（目录）中心和地区中心、城市建设重要数据灾害备份中心，开展省际、馆际间异地数据备份。

4. 城建档案网站建设

完成具有代表性的城建档案门户网站建设，筹建全国性城建档案信息网（虚拟网）。形成比较完善的以传统技术为辅，计算机技术、网络技术为主的城建档案信息资源服务体系。

（二）2010年发展目标

1. 全国各城市城建档案馆全部建成局域网，城建档案馆（室）全部实现档案管理计算机化。

2. 发展和完善全国城建档案信息网，实现各城建档案馆的档案信息网在国家公用通讯平台基础上的互联，达到档案信息收集、整理、发布、传递、系统管理一体化，实现档案信息传递的电子化、标准化。

3. 建立全方位、多层次、技术先进的城建档案信息化管理、服务体系，实现资源共享。

4. 建成门类比较齐全的城建档案基本信息数据库和专业信息数据库，信息服务达到及时、准确和权威；信息资源的开发和利用达到较高水平，并取得较好的社会效益和经济效益，使城建档案信息化成为城市建设事业不可缺少的有力保证。

三、全国城建档案信息建设的实施

（一）信息化基础设施建设

1. 城建档案管理软件与计算机设备

（1）应有符合计算机设备运行要求的场地及满足城建档案管理软件运行要求的计算机设备。应根据实际需要配备计算机软、硬件和网络设备，购买设备和平台软件时要选择主流技术和主流产品。要选择先进、成熟、适用的技术，避免片面追求最新、最高级的技术。

（2）进一步提高城建档案管理软件的技术水平。经过考察鉴定，选择几个符合城建档案管理规范标准，经实际使用证明技术成熟、水平较高，适用大、中、小不同城市规模的管理软件在全国推广，避免低水平重复开发造成资金和时间的浪费，为保证城建档案信息交换、实现资源共享创造条件。

（3）管理软件除了能够完成业务管理、事务管理、档案利用服务等工作，还应与资源数据库系统相互融合，构成一个有机的整体，形成从数据录入到数据管理到数据加工输出全过程的应用。有条件的城建档案馆，城建档案管理系统的建设应与上级政府主管部门的办公自动化系统和电子政务系统建设相结合，作为政务系统中的子系统开发建设。

（4）城建档案管理软件必须符合国家有关城建档案工作和计算机信息系统管理的法律法规和业务技术标准；城建档案管理软件的安装和使用必须符合国家、地方有关安全保密规定。逐渐形成全国统一的应用软件技术规格、数据库基本规格和主要数据格式标准。

2. 城建档案网络（站）建设

到"十五"末，各直辖市、主要中心城市及东部地区市级城建档案馆应全部建立局域网。有条件的城市要与政府部门的政务网联接，成为当地政务网中提供城建信息和完成城建档案管理工作的子网。实行城建档案二级管理的城市，要充分利用政务网或公共通信资源建立市域网。各地城建档案馆在设计、建设计算机网络时，要考虑多媒体数据传输的需要。

（二）数字信息资源建设

1. 目录数据库建设工作

继续开展并加快城建档案目录数据库建设，进一步提高档案检索质量。到"十五"末，50％的市级城建档案馆全部馆藏档案实现机检，逐步实现全国城建档案馆全部馆藏档案的计算机检索，重要档案、使用率高的档案实现文件级计算机检索。各地城建档案馆要按照本地的实际需要建立城建档案信息（目录）中心，及时更新目录数据，逐步实现城建档案信息在互联网上的查询检索。

2. 构建城建档案基本数据库

通过接收电子档案、文字信息摘录、文件及图纸扫描、声像档案数字化等多种手段，建立城建档案数据库。城建档案库数据结构设计应符合检索优先的原则，并具备完全、合理、高效、灵活等特征。各种不同类型的城建档案数据，均应尽量采用通用文件格式。

（1）城建档案基本数据库具有城建档案专业特色，包括基础地理信息数据库、地下管线综合数据库、规划审批成果数据库、重要竣工项目数据库、城市规划方案数据库、声像资源数据库等各种专题数据库，提高城建档案信息的专指性与效用度。

（2）城建档案基本数据库的建设应合理应用相应的技术，如 GIS 技术，按照不同种类数据的内容和特点，建立空间型多媒体数据库，真实反映城市建设信息的空间分布特征。要根据原始档案和资源情况选择图形数据形式，保证数据的原始性、真实性、准确性、一致性，同时要作好多媒体数据的整合。

（3）城市地下管线综合数据库的建设是实现城市地下管线综合动态管理所必需的技术条件，是城建档案重要数据库之一。其建设工作需要相关政府部门、测绘部门和各专业管线管理单位的密切配合和合作，在建库之前首先要作好协调工作，解决数据来源问题，采取必要的措施保证新增和变化的各种管线资源能及时进入数据库。

3. 城建档案数字化

积极、务实地推进城建档案馆馆藏档案数字化工作，根据实际需要和各地区及各城建档案馆经济能力，可以采取全部馆藏档案数字化、重点选择某类档案数字化、珍贵档案数字化、高使用频率档案数字化等方式，把现有的实体档案资源转变成数字信息资源，并以数字信息资源数据库为基础，利用计算机网络为社会和政府提供服务。

4. 电子城建档案管理

积极开展电子档案接收、保管、利用的技术方法研究，制订电子城建档案管理办法。各省、自治区、直辖市城建档案主管部门应确定本地区的试点城建档案馆，开展网络环境下接收电子档案试点工作。

（1）城建档案主管部门应对电子文件的形成、收集、积累、鉴定、归档实行全过程的监督和指导，保证电子城建档案的质量。选择有条件的建设单位进行电子文件归档管理的试点工作，及时总结经验，逐步规范电子文件的归档管理。

（2）加强电子文件归档管理。城建档案的产生和保管部门要根据城建档案管理的要求，加强对本单位电子文件积累、鉴定、著录、归档等工作，保证各单位的有保存价值的电子文件真实、完整、有效。根据电子城建档案载体的特性，创造适宜的库房保管条件，做好保管工作，并根据信息技术的发展情况，做好电子城建档案的迁移工作。

（3）充分利用电子城建档案的优势，通过直接复制数据及数据转换等手段，缩短档案接收到档案利用之间的时间，做好利用工作。

5. 建设示范性数字城建档案馆

总结近几年城建档案馆数字化建设的经验，各省、自治区、直辖市城建档案主管部门应确定1个或几个试点城建档案馆，在数字城建档案馆试点实践的基础上，进一步带动本地区数字化城建档案馆的建设。

（三）信息资源整合与开发利用

1. 城建档案信息资源建设是一项长期的工作。要逐步改变传统的城建档案信息形式和提供利用方式，实现基本数据库的城建档案数据整理输入、查询检索、提取加工和数据输出。尤其应加强编研工作，通过对原始数据的分类、整理、选择、整合，形成不同专题的信息成果。为用户提供不受时间、空间和数量限制的城建档案信息服务，使城建档案信息资源得到便捷、综合、深层次的使用，适应在新的技术条件和信息化环境中人们工作、生活、学习、交流的方式。

2. 城建档案信息资源的开发和利用还要与各地信息市场的发展相结合，促进全社会信息的共享。一方面城建档案信息应作为城市信息资源的一部分予以合理的开发；另一方面要利用市场化的手段使城建档案信息产生良好的社会效益和经济效益。

3. 利用信息化手段，做好城建档案利用工作，充分发挥城建档案信息的作用。提供信息服务是城建档案信息化的最终目标，是运用合适的信息化手段，提供优质高效的城建档案利用途径，以充分发挥城建档案信息的作用。一方面，应提供简单易用的档案信息检索系统，对常用检索途径进行优化，满足用户对查全率、查准率的要求。另一方面应实现由单一的文字信息向图文声像一体化信息利用的转变，设置目录检索、全文检索、图文声像一体化检索等功能。利用的查询要实现由封闭型向开放型转变，改专用检索查询系统为通用检索系统，改专用设备定点查询为远程查询利用。

4. 充分利用和发挥网站的作用，使城建档案网站成为宣传城建档案工作、开发城建档案信息服务的窗口。各省、自治区、直辖市应尽可能建立自己的城建档案门户网站，并链接本地区各级城建档案网站，积极探索和实现城建档案馆馆际之间的互联，最终构建全国城建档案（工作）信息网，促进全国范围内的城建档案信息资源共享。已经建立网站的要不断加以完善，丰富网站内容，有计划地上载开放档案目录，有条件的可上载具有专业特色的城建档案原文信息，向社会提供网上查询和利用服务，进一步发挥城建档案信息资源服务社会的作用。

（四）档案信息化标准规范建设

应不断完善城建档案信息化标准体系。在总结城建档案信息化实际的基础上，研究制订一批相应的城建档案信息化标准，适时采用相关标准和国家法规，如电子签名等，不断适应信息化发展的要求，并采取切实措施进行宣传与贯彻。"十五"期间，首先完成城建档案电子文档管理规范的制定，并进一步从管理、业务、技术等方面促进现行城建档案标准体系的完善，逐步形成数字化城建档案标准体系。对已经出台的城建档案标准要认真执行，总结完善；承担有关试点任务的城建档案馆，应率先出台相关标准，在试行的基础上加以完善，争取上升为国家标准或行业标准，在全国范围内推行。

（五）信息化人力资源建设

1. 按照分层次、分阶段和根据业务需要进行培训的原则，做好领导层、管理人员、技术人员和业务人员的培训工作。各城市要把城建档案信息化建设工作需要的计算机基础知识、数字化技术知识、网络技术知识、现代管理技术知识等列入业务学习计划，普及信息化技术知识，提高总体信息化应用水平。

2. 加强对城建档案业务人员应用新技术、新设备、新方法的培训，提高业务人员掌握和运用现代化技术的技能。补充具有计算机、信息化等学历背景的技术人员，逐步改变现有业务人员队伍专业结构，满足信息化建设工作的需要。

（六）城建档案信息安全保障体系建设

1. 在城建档案信息资源开发利用和网络系统建设工作中，要提高信息安全意识，防止失密、泄密的发生。参加各级政府电子政务建设的档案部门应严格遵守相关的安全保密制度。

2. 非公开的城建档案信息一律不得上英特网。在英特网上提供已公开档案目录查询服务的，要认真采用身份认证、防火墙、数据备份等安全防护措施，保证计算机系统和数据的安全保密。

3. 内部局域网要与互联网物理隔离。布线时内网与外网应分别布线，计算机也应分内网与外网，不得混用。对不同的用户给予不同的权限，防止非法登录和非法操作数据。重要数据要严格备份，并应异地保存。

4. 要采取必要的计算机病毒防范措施，避免网络受到病毒破坏。

5. 筹划建设城市建设重要数据灾害备份中心，开展省际、馆际之间数据异地备份的合作探索。

四、信息化建设工作的保障

（一）尽快完善城建档案信息化工作的法规政策、标准规范，统一思想，综合协调，大力推进信息化工作的进行。

（二）各地城建档案主管部门要十分重视城建档案馆信息化建设工作，加强对这项工作的领导，作好与当地政府及其他有关部门的协调工作，保证这项工作的正常开展。

（三）加强各级城建档案主管部门、城建档案馆和相关政府机关及企事业单位之间的横向交流与合作，通过资源共享、业务协同、优势互补等措施，形成合力，共同推进信息化工作的顺利开展。

（四）各地城建档案馆要把信息化建设工作作为城建档案管理基本工作之一，作好这项工作的长期规划和年度计划并保证落实。要配备这项工作需要的技术人员，建立和完善信息化建设工作经费渠道。通过信息化建设提供更有效的服务，提升自身的作用与地位，争取更多的理解与支持。

（五）建设部城建档案工作办公室要加强对全国城建档案信息化建设的指导，积极推广先进技术、先进经验；负责对应用管理软件进行定期测评，提出改进意见；组织信息化建设相关规范、标准的研究和制定；组织研究信息化建设工作相关政策。

（六）将信息化程度、计算机应用水平作为城建档案工作考核、评优的条件之一。

城建档案信息化建设是一项综合性的战略工程，不能视为现代技术的简单应用。城建档案信息化建设的过程，也应是对城建档案管理部门自身进行深层次改造的过程。城建档案主管部门应该通过信息化建设来促进城建档案管理人员观念的更新与知识的更新；通过信息化建设来改造城建档案管理的工作流程和机构设置，提高工作效率和管理水平，增加业务透明度，促进勤政廉政建设；通过信息化建设来建立一支熟悉业务、结构合理、骨干力量稳定、专业化程度较高的技术骨干队伍和熟练掌握信息技术的业务人员队伍，保障自身持续发展。城建档案部门应抓住信息化建设的契机，使城建档案事业得到不断的发展和壮大。

建设部办公厅

二〇〇四年六月二十二日

关于加强地下管线档案信息管理的通知

建办档〔2004〕42 号

各省、自治区建设厅，直辖市建委及有关部门，新疆生产建设兵团建设局：

近年来城市建设迅速发展，城市规模不断扩大，但对城市地下管线档案信息的集中统一管理十分欠缺。由于地下管线情况不明，在施工中挖断地下管线，造成停水停电、通信中断、煤气泄漏甚至爆炸等事故屡有发生，造成了较大的经济损失，也危及公众的安全和人民群众的正常生活。为此，国务院领导曾多次批示，要求建设行政主管部门加强城市地下管线的档案管理工作。为贯彻落实国务院领导的指示精神，借鉴杭州等市地下管线档案管理办法，现就有关问题通知如下：

一、各级建设行政主管部门要切实履行城建档案管理职责，将地下管线档案管理，纳入城市规划、建设管理环节，严格建设工程的管理程序，切实解决地下管线档案信息管理中存在的问题。

二、严格执行地下管线档案报送制度。建设单位和专业管线管理单位要严格按照《城市建设档案管理规定》（建设部令第 90 号），及时向城建档案管理机构报送新建工程和更改、报废、漏测部分的地下管线档案，工程测量单位应及时汇交有关地下管线工程的1∶500城市地形图和控制成果。凡建设单位和专业管线管理单位未按规定报送档案的，建设行政主管部门要按《建设工程质量管理条例》给予处罚。凡因建设单位和专业管线管理单位未报送档案，造成施工单位在施工中因情况不明损坏地下管线的，其损失由建设单位和专业管线管理单位自行承担。

三、建立健全地下管线档案信息查询制度。凡在各类管线附近地段进行开挖、钻探等施工活动前，建设单位应到城建档案管理机构查询，取得该施工地段的地下管线现状资料。未按规定查询，擅自组织施工造成地下管线损失的，建设单位要承担赔偿责任。

四、严格执行地下管线竣工测量制度。地下管线工程覆土前，建设单位必须委托具有相应测量资质的工程测量单位，按照国家地下管线测量规程进行竣工测量，形成准确的竣工测量数据文件和管线工程测量图。由于测量不准确造成施工时地下管线损失的，测量单位要承担赔偿责任。

五、要认真开展城市地下管线档案的清查、清理工作。各专业管线单位要完成地下管线档案的清查，建立健全管理制度。历史欠账较多的城市，要积极创造条件，开展城市地下管网的普查，并将普查档案移交城建档案馆妥善保存。

六、各地城建档案馆要建立健全科学的管理制度，认真做好城市地下管线档案的接收、整理、鉴定、统计、保管、利用、保密等工作，及时补充修改和完善城市地下管线档案信息库，逐步建立科学的城市地下管线档案信息动态管理系统，并紧紧围绕服务城乡建设这个中心，增强服务意识，创新服务方式，提高服务水平。

　　城市地下管线档案管理工作是利在当代、功在千秋的大事。各级城市建设行政主管部门要发扬与时俱进的精神，以求真务实的工作态度，进一步加强地下管线档案信息管理工作，为城乡建设和社会发展打下坚实的基础。

建设部办公厅

二〇〇四年六月二十八日

关于认真学习贯彻《中国人居环境奖申报和评选办法》等文件精神做好建设档案工作的通知

建办档函〔2006〕321 号

各省、自治区建设厅，直辖市、计划单列市建委（规划局、规委）：

最近，建设部先后印发了《关于修订〈中国人居环境奖申报和评选办法〉的通知》（建城〔2006〕101 号）、《"建筑智能化工程设计与施工资质标准"等四个设计与施工资质标准》（建市〔2006〕40 号）、《城市园林绿化企业资质标准》（建城〔2006〕122 号）、《建设事业"十一五"规划纲要》（建综〔2006〕53 号），分别将城乡建设档案管理工作作为创建和评审中国人居环境奖及评审设计与施工企业、园林绿化企业资质的条件。为贯彻好上述文件精神，现就进一步做好建设（城建）档案工作提出如下要求：

一、各地建设、规划行政主管部门要加强对建设（城建）档案工作的领导，将城乡建设档案工作列入改善人居环境，加强城镇规划、建设和管理的一项重要工作。

《中国人居环境奖申报和评选办法》关于创建申报中国人居环境奖的定性指标规定："建设（城建）档案（特别是地下管线档案、基础设施档案、房屋产权产籍档案）收集齐全完整，管理科学规范"；关于创建和申报中国人居环境范例奖的有关条件规定："建立建设（城建）档案（特别是地下管线和重大工程档案）信息管理系统，为城市规划、建设提供科学依据，地下管线事故明显减少，抢修救险能力显著提高"，"城镇建设档案完整、准确、系统，管理科学规范"。

各城镇（包括县、区，下同）负责建设（城建）档案工作的建设、规划行政主管部门及城建档案馆（室），要切实履行管理建设（城建）档案工作的职责，协助当地政府管好城建档案工作，每年要定期积极主动向城镇人民政府报告建设（城建）档案工作情况。要高度重视并充分发挥建设（城建）档案工作在创建资源节约型、环境友好型社会中的作用，同时要在创建中国人居环境奖、中国人居环境范例奖工作中，在城乡规划、建设和管理工作中，在城镇经济社会发展中，对如何加强建设（城建）档案工作的组织管理，如何更好发挥建设（城建）档案工作的服务职能和作用等，提出意见和建议。

二、各地建设、规划行政主管部门要加强对设计、施工、监理、房地产、园林绿化、市政公用等企业档案工作的指导和监管。

《"建筑智能化工程设计与施工资质标准"等四个设计与施工资质标准》、《城市园林绿化企业资质标准》规定：建筑智能化工程、消防设施工程、建筑幕墙工程等三个工程设计与施工一级、二级资质，建筑装饰装修工程设计与施工、城市园林绿化一级、二级、三级资质，其技术装备及管理水平，都应当具备完善的档案管理制度。

各城镇负责建设（城建）档案工作的建设、规划行政主管部门及城建档案馆（室），要对有关施工、设计、监理、房地产、园林绿化等企业在申报企业资质时建立健全档案管理制度及其执行情况进行监督，积极配合协助有关部门做好企业资质审查管理工作，在预审、专家评估、公示及年检等环节对档案管理情况提出意见和建议。要督促和帮助设计、施工、监理、房地产、园林绿化、市政公用等企业建立健全档案管理制度，加强平时对档案的收集和积累，科学整理和安全保管档案，确保档案的完整、准确和系统；同时，对其定期向城建档案馆报送业务管理档案或配合建设单位向当地城建档案馆（室）报送工程档案的情况进行指导。要加强对企业有关人员档案业务知识的培训，不断强化其档案意识，提高其业务水平和操作技能。

三、各地建设、规划行政主管部门和城建档案馆（室）要认真贯彻落实《全国建设事业"十一五"规划》，并将建设（城建）档案工作列入当地建设事业"十一五"规划。要加强对地下管线档案、基础设施档案、重大工程档案、房地产档案、城镇建设档案的管理，并按有关法律法规实施集中统一管理。要建立健全档案信息管理系统，强化信息资源共享，为日常维修、抗灾防灾、事故抢险、防恐反恐做好准备，为改善人居环境、保持社会安定和人民生活正常秩序做出贡献。

上述有关要求，望各地认真贯彻落实。贯彻过程中的有关情况和问题，请及时告我部办公厅。

建设部办公厅

二〇〇六年五月二十九日

关于加强中小城市城乡建设档案工作的意见

建办〔2007〕68 号

各省、自治区建设厅，直辖市建委（规划委、规划局），新疆生产建设兵团建设局：

城乡建设档案（以下简称城建档案）是进行城乡规划、建设和管理工作的重要基础资料，是城市可持续发展的宝贵资源，是社会管理和公共服务的重要信息，是建设行政主管部门依法实施行政管理、行政许可、市场监管和执法监督的重要依据，也是工程建设、运营养护、维修改造等工作的重要依据，对于促进城乡一体化建设和城市化进程，保障城市生产生活秩序、维护城市安全、应对城市突发事件具有十分重要的意义。全国城建档案工作从二十世纪八十年代初起步发展至今，已基本形成了比较健全的政策法规体系和以大中城市为中心的管理体系，城建档案管理各项工作处于健康有序的发展。但是，多年以来一些小城市（含县、镇，下同），及一些中等城市城建档案工作发展还比较缓慢，在管理体制和工作机制等方面还未适应快速发展的城乡建设需要，严重影响了城乡建设的健康发展。为了进一步加强城建档案工作，促进中小城市城建档案工作健康协调发展，提出以下意见：

一、加强领导。切实履行职责

统一管理城建档案是各级建设（规划）行政主管部门和城建档案管理机构的法定职责。各级建设（规划）行政主管部门要高度重视城建档案工作，切实履行领导与管理职责，在领导谋划城乡经济建设与社会发展工作中，统筹城建档案工作与建设事业改革与发展。要将建设档案工作列入领导议事日程，列入每年的工作计划，从机构设置、管理制度、人才队伍、工作经费等各方面加大支持力度，为建设档案工作创造良好的物质基础和工作条件。

二、加强机构建设和基础管理

（一）健全和完善中小城市城建档案管理体系。各级建设（规划）行政主管部门要按照集中统一管理的原则和有关规定，调整、落实城建档案管理机构和人员编制。人口在20万人以上的中等城市，尚未建立城建档案馆的，要按照国务院《科学技术档案工作条例》（国发〔1980〕302 号）第二十八条关于"大中城市应当建立城市基本建设档案馆，收集和保管本城市应当长期和永久保存的基本建设档案"的规定精神，积极报经政府批准设立城建档案馆，并按人事部、国家档案局《地方各级档案馆人员编制标准》（国档联发〔1985〕2 号）的规定，配备专职工作人员 5 人以上。已经建立城建档案馆但人员不足的，应尽快充实。人口在20万人以下的小城市（含县级市）和县城，要确保设立城建档案室，并配备专职人员负责全市（县）城建档案工作；凡是有条件的小城市和县城均应积极报请批准设立城建档案馆，并按规定配备专职工作人员 3 人以上。中小城市和县建设（规划）行政主管部门必须设立城建档案管理处或城建档案工作办公室，与城建档案馆、城建档案室（以下简称城建档案管理机构）合署办公，履行建设行政主管部门城建档案管理职能。

（二）确保城建档案工作经费。城建档案工作是城乡规划、建设和管理的重要基础性工作，城建档案馆是各级建设行政主管部门进行社会管理和公共服务的重要公益性科学文化事业机构，是永久保存本地区重要城建档案的基地。中小城市建设（规划）行政主管部门应积极争取政府和财政部门的重视和支持，将城建档案事业经费列入当地财政预算，加大投入，满足馆库及设施建设、信息化建设、档案保管保护、信息服务和地下管线档案综合动态管理等方面工作的需要。

（三）规范城建档案基础管理。中小城市建设（规划）行政主管部门要按照国家有关规定，扎实做好城建档案的形成监管和集中统一保管；要制定加强城建档案工作的法规或规章，确保建设工程档案预验收和移交制度的落实；按照城建档案工作规范化管理的要求，要重点抓好馆库及设施建设，健全内部管理规章制度和工作人员岗位责任制，建立标准化管理模式，创建便捷、高效的现代化服务体系，积极开展城建档案信息利用与社会服务，积极组织开展城建档案工作规范化管理评估工作，力争用 5 年时间到"十一五"末，有 70％中等城市和 40％小城市完成规范化管理任务，全方位提升我国城建档案规范化服务水平；各省、自治区建设行政主管部门要加强组织领导，明确目标任务，加大督促指导力度，抓好检查落实工作。

（四）加强城建档案工作人员业务培训。各级建设（规划）行政主管部门要根据城建档案事业发展和城建档案干部队伍建设的需要，组织开展城建档案人员的业务培训和继续教育，每年业务知识更新的学习培训不应少于一次。建设、监理、施工等单位的档案从业人员应经过培训再行上岗。

三、加大各类城建档案监管和收集保管力度

（一）建立完善城建档案执法机制。中小城市建设（规划）行政主管部门要根据《中华人民共和国城市规划法》、《建设工程质量管理条例》（国务院令 279 号）和《城市建设档案管理规定》（建设部令第 90 号）的有关规定，建立完善依法收集、依法管理、依法提供利用城建档案的有效工作机制。把工程档案执法工作纳入城乡规划、建设监督管理范围，加大城建档案行政执法检查力度，对不按规定报送城建档案的单位和个人，要严格依据相关法律、法规予以查处。对工程竣工验收后不按时向城建档案馆（室）移交档案的建设项目，要按有关法律、法规和规章给予处罚。

（二）加强工程档案的报送与管理工作。建设或规划行政主管部门在核发施工许可证或建设工程规划许可证时应向建设单位发送《移交建设工程档案告知书》，并将已核发施工许可证或规划许可证的项目情况及时告知城建档案馆（室），以便城建档案馆（室）对建设项目做好前期服务和业务指导工作。城建档案管理机构要做好工程档案预验收工作，未经档案预验收的建设工程不具备竣工验收条件，不得组织竣工验收。建设行政主管部门应抓好工程竣工验收备案管理工作，在办理建设工程备案时，应查验建设工程是否具有城建档案管理机构出具的"工程档案审核意见书"或"工程档案合格证"。凡未按规定向城建档案馆（室）报送工程档案的建设项目，不得申报各级优质工程以及人居环境奖等奖项的评选。

（三）加强对规划管理档案、房地产管理档案的收集。规划、建设、房地产等主管部门要按照《城市建设档案管理规定》（建设部令第 90 号）的要求，积极向城建档案管理机构移交城建档案。城建档案管理机构要强化对建设系统业务管理与业务技术档案的收集，加强与规划、建设、房管等有关业务主管部门的沟通与协调，加强对档案工作的业务指导，从积极服务的角度出发，为规划、建设、房管部门管好档案，便于其工作中的查考利用。

（四）加大对城市地下管线工程档案的管理力度。规划、建设行政主管部门要抓好《城市地下管线工程档案管理办法》（建设部令第 136 号）的贯彻落实，加强组织与协调，建立起各部门分工合作、密切配合、资源共享的地下管线档案信息管理体制和运行机制，形成工作合力。要建立有效的地下管线管理措施，把地下管线工程档案的移交与报送工作纳入工程规划、建设和管理审批程序。城建档案管理机构要统一接收和集中管理规划区内的地下管线工程档案，建立城市地下管线档案信息管理系统，实现对地下管线信息的动态管理和综合查询服务。

（五）切实做好村镇建设档案管理工作。中小城市建设（规划）行政主管部门要积极配合社会主义新农村建设，加强小城镇和农民新居工程建设档案的收集归档和业务指导工作。要重点督促指导乡（镇）人民政府加强对村镇建设档案工作的组织领导，并做好村镇规划档案、村镇建设工程档案、村镇房产档案、村镇历史等资料的收集整理、集中保管利用工作。

（六）做好城乡建设声像档案的收集保管工作。各级城建档案管理机构对城市建设的重点工程、重大规划建设活动以及历史文化街区（名村、名镇）、城市道路、特色建筑的影像素材，要注意做好有计划的收集归档工作，逐步建立影像和图片资料库。要创造条件，配备必要的声像设备，积极主动采集城乡建设工程的声像资料。有条件的要努力编辑制作反映城乡建设的专题片，保存城乡建设的声像记录，举办一些城乡建设老照片展、城乡规划建设成就展等活动，大力宣传城乡规划、建设和管理的成就，增强城建档案工作的地位。

四、加快城建档案信息化建设步伐

（一）逐步完善信息化基础设施建设。要认真贯彻建设部《全国城建档案信息化建设规划与实施纲要》，积极推进信息化基础设施建设。要根据实际情况配备计算机软件、硬件和网络设备，利用城建档案计算机管理系统软件辅助完成城建档案的收集、整理、立卷、保管和检索利用，逐步建成局域网。

（二）积极开展城建档案信息资源建设。城建档案管理机构要积极建立市、县城建档案资源目录中心系统，5 年内要完成馆藏档案目录数据库建设，实现馆藏档案检索计算机化。要以服务城乡规划、建设与管理，服务城乡公共安全为中心，积极创建地下管线档案信息管理数据库、规划审批成果数据库、重要竣工项目数据库、声像资料数据库等各种专题信息数据库。有条件的馆（室）应对使用率较高及珍贵档案进行数字化处理，有序推进纸质档案数字化和声像档案数字化工作，逐步建成以全文和多媒体为主体，全方位、多层次的档案信息化管理方式，实现资源互通和共享。.

（三）加快电子文件的归档工作。城建档案管理机构要按照国家标准的有关要求，做好接收、保存城乡建设电子文件和电子档案的相关工作。要加强对电子文件和电子档案的监督和指导，保证城乡建设电子文件的真实、完整和有效。

（四）充分利用和依托城建档案管理机构，承担和开展各地区建设信息中心工作和业务。中小城市建设（规划）行政主管部门应从节约资金、压缩编制、资源共享的角度出发，按照建设部1995年提出的建议，依托城建档案管理机构建立建设信息中心，充分利用城建档案管理机构在档案信息资源、技术设备等方面的优势，积极倡导城建档案管理机构负责和承担各地区建设信息中心的工作和职能，建立城建档案管理机构和建设信息中心"一个机构、两块牌子"的运行模式，把档案信息和信息中心有机结合起来。

五、进一步强化服务意识，提高服务水平

（一）积极开展城建档案利用工作，为城乡建设和社会公众提供多方面的信息服务。城建档案管理机构要认真整理和加工档案信息资源，建立城建档案信息管理系统，提高档案利用率和利用效益。要充分利用馆藏档案，为城市总体规划的编制、重大建设项目的选址与建设、违章建筑的查处、建筑物的维修、项目审计稽查、工程改建扩建、管线敷设、危房改造、抢险救灾等，提供详实可靠的信息。

（二）大力开发档案信息资源，努力拓宽服务范围。城建档案管理机构要深层挖掘城建档案蕴藏的丰富信息，开展城乡建设各类数据的汇总分析与统计，为城乡建设提供各种基础信息。要紧紧围绕城乡规划、建设的业务，主动提供声像、编研、扫描等各种形式的服务。要利用现有的城建档案信息、技术设备和人才条件，通过举办展览、编辑书目等各种活动，大力宣传城乡规划、建设、管理成就和知识，广泛为社会提供利用档案信息服务。

住房和城乡建设部

二〇〇七年三月八日

关于积极防御地震等自然灾害充分发挥
城建档案作用的通知

建办档〔2008〕39 号

各省、自治区建设厅，直辖市建委（规划委、规划局），新疆生产建设兵团建设局，各计划单列市建委：

　　四川汶川地震对当地城建档案工作造成很大损失，据了解，汶川、北川、平武县城建档案室库房倒塌，所存档案均被掩埋，广元、绵阳、江油、都江堰、崇州、绵竹、什邡等市城建档案馆，以及青川、安县、三台等县城建档案室馆房受损严重。当地城建档案工作人员不顾个人安危，抢救出一批重要城建档案资料。这些城建档案在抗震救灾和灾后恢复重建工作中，为供水、排水、燃气等基础设施的抢修恢复，危屋的鉴定评估，以及房屋的维修加固等提供了依据，发挥了重要作用。

　　为提高城建档案工作应对地震、台风、雨雪冰冻等自然灾害的能力，确保城建档案的安全，充分发挥城建档案在抢险救灾、恢复重建等工作中的重要作用，现通知如下：

　　一、坚持依法治档，紧紧围绕灾后恢复重建，防御自然灾害，确保城市安全运行，全面做好城建档案的收集、利用、管理和服务工作。各级建设（规划）行政主管部门要认真贯彻落实《汶川地震灾后恢复重建条例》（国务院令第 526 号），按照《条例》第七十条"地震灾区的各级人民政府及有关部门和单位，应当对建设项目以及地震灾后恢复重建资金和物资的筹集、分配、拨付、使用情况登记造册，建立、健全档案，并在建设工程竣工验收和地震灾后恢复重建结束后，及时向建设主管部门或者其他有关部门移交档案"的规定，积极督促有关部门和单位建立、健全灾后重建工程项目档案，并要求各单位在工程项目竣工验收后，及时向建设（规划）行政主管部门移交档案。各有关地区城建档案馆（室）要充分利用城建档案为抢险救灾、抢修市政基础设施、评估检测和鉴定房屋建筑、防御自然灾害、灾害调查评估、灾后恢复重建规划及实施等工作，提供详实的资料和依据。

　　二、积极组织开展城建档案异地备份、应急预案等工作，提高应对、处置自然灾害和突发公共事件的能力，确保城建档案的安全和应急利用。各级建设（规划）行政主管部门要高度重视并积极督促城建档案馆（室）开展档案信息化建设，根据工作需要适时、有序推进馆藏档案数字化，并加强与其他省市建设（规划）行政主管部门之间的联系与协作，通过东西结合、南北合作以及省市之间的协作，积极开展本地重要城建档案的电子化、数字化载体在异地备份的相关工作。各城建档案馆（室）在开展档案计算机管理的同时，要定期制作、打印纸质的馆藏档案总目录和分类目录，确保紧急状态下对档案的查找利用。在城建档案的报送、移交和管理工作中，必须坚持纸质档案与电子档案并重的原则。各地城建档案馆还应制定针对地震等自然灾害以及突发公共事件的应急预案，并适时加强平时的应急演练，不断提高应对、处置自然灾害和突发公共事件的能力。

三、严格执行国家档案馆建设标准规范，切实加强各地城建档案馆（室）的建设，抓紧开展城建档案馆抗震安全检查和改造加固工作。各地要严格按照《档案馆建设标准》以及《档案馆建筑设计规范》等的要求，切实加强城建档案馆馆房的建设，保证档案馆建设项目的工程质量，提高城建档案馆的抗震设防能力和应对其他自然灾害的能力，确保城建档案安全。对现用的城建档案馆（室）馆房，要组织有关专家和技术人员，开展一次安全隐患、特别是抗震设防能力的检查，凡存在工程质量安全及抗震设防能力隐患的，要上报地方政府并商请有关部门，尽早采取措施进行加固和改造。

四、加强城建档案执法检查工作，加大城建档案收集工作力度，保障抢险救灾和灾后恢复重建等工作的查阅利用。各级建设（规划）行政主管部门要加强城建档案执法检查工作，对违反《城乡规划法》、《建设工程质量管理条例》、《汶川地震灾后恢复重建条例》、《城市建设档案管理规定》、《城市地下管线工程档案管理办法》等法律、法规和规章，拒不向城建档案馆（室）移交工程项目档案的单位和个人，依法给予处罚。为保证抢险救灾和灾后重建对城建档案的查阅利用需要，各级建设（规划）行政主管部门要适时组织开展一次对本地重要建筑、重要基础设施（尤其是地下管线）的档案资料普查清查工作，凡没有向城建档案馆（室）归档移交的，要督促其限期移交。各级建设行政主管部门还要加大对乡镇建设档案的收集管理力度，将乡镇建设档案纳入城建档案馆（室）的接收范围，实行城乡建设档案的统一管理。

五、加强对自然灾害及灾后重建档案信息资料的收集管理，为日后查考留下宝贵资料。灾区各地城建档案馆及有关地区城建档案馆（室）要积极协助和配合各级抗震救灾工作机构，认真搜集、记录和保存损毁建筑物、构筑物的文字、声像及样品资料，以及在抗震救灾、恢复重建过程中形成的档案资料（包括纸质文件、照片、声像资料、电子文件等），为今后工作查考、历史研究、经验借鉴等留下重要参考资料。

六、高度重视城建档案工作，进一步加强对城建档案工作的领导。各级建设（规划）行政主管部门要充分认识城建档案工作的重要性，切实履行对城建档案工作的管理职责，进一步加强对城建档案管理机构的领导，把城建档案工作纳入建设事业的发展规划和年度计划，纳入职责考核范围，及时研究和解决城建档案工作发展中的重大问题，特别是在加大经费投入、配备高素质人才、保持机构人员稳定等方面给予充分关注，为保证城建档案事业的可持续发展，充分发挥城建档案的作用打下坚实基础。

住房和城乡建设部办公厅

二〇〇八年六月二十四日

关于进一步加强城市地下管线保护工作的通知

建质〔2010〕126 号

各省、自治区住房城乡建设厅，直辖市建委（建交委）及有关部门，新疆生产建设兵团建设局：

2010 年 7 月 28 日，扬州鸿运建设配套工程有限公司在江苏省南京市栖霞区的原南京塑料四厂旧址，平整拆迁土地过程中，挖掘机挖穿地下丙烯管道，发生爆炸事故，造成了重大人员伤亡和财产损失。为认真吸取事故教训，加强城市地下管线保护工作，保障城市地下管线安全运行，现就有关事项通知如下：

一、要充分认识地下管线保护工作的重要意义

城市地下管线安全是城市正常稳定运行的保障，关系到广大人民群众的切身利益。各有关部门及单位要充分认识做好城市地下管线保护工作的重要意义，全面加强城市地下管线的保护工作，采取切实有效措施，确保城市地下管线安全。

二、要切实加强地下管线规划、建设和管理

（一）城市人民政府应根据城市发展的需要，在组织编制城市规划时必须同步编制地下管线综合规划。城市地下管线权属单位应当依据城市总体规划及各自行业发展规划，编制城市地下管线专业规划，并按规定进行审批。有条件的城市可成立地下管线开挖变更审批联席会议，统一审批道路管线的开挖和更改。

（二）各地住房城乡建设主管部门要按照《建筑工程施工许可管理办法》的规定，对涉及地下管线的工程项目进行认真审查。城市地下管线建设单位应按有关规定履行报建程序，在施工前应到城建档案管理机构查询施工区域地下管线档案，取得地下管线现状资料。在施工现场，要公开地下管线施工的负责人和管理人姓名与相关责任。

（三）城市地下管线权属单位要建立有效机制，定期对地下管线进行维护保养和运行状态评估。应当按照有关要求，对地下管线进行安全监测、检测，及时排除隐患，确保运行安全。

三、要严格落实工程建设各方主体相关责任

（一）工程项目建设、勘察、设计、施工、监理等单位，要严格遵守《中华人民共和国城乡规划法》、《中华人民共和国建筑法》、《建设工程安全生产管理条例》等法律法规，认真履行建筑施工过程中对城市地下管线保护的责任。

（二）工程项目建设单位应当向施工单位提供施工现场及毗邻区域内城市地下管线的现状资料，并保证资料的真实、准确、完整。工程项目竣工后，建设单位应及时向城建档案管理机构报送工程项目竣工资料。

（三）工程项目勘察单位在勘察作业时，应当严格执行操作规程，采取措施保证城市地下管线安全。勘察、设计单位按要求出具的勘察、设计文件，应当对施工现场及毗邻区域内城市地下管线情况，进行详细说明。

（四）工程项目施工单位在编制施工组织设计时，应当充分考虑施工现场及毗邻区域内城市地下管线的情况，制定相应的保证地下管线安全的具体措施。

（五）工程项目施工单位要加强施工现场管理，明确和落实相关管理人员的责任。对施工过程中可能造成城市地下管线损害的，应当采取专项保护措施，避免盲目开工、冒险施工。

（六）工程项目施工单位在施工过程中，发现城市地下管线资料有未标注或标注与实际情况不符的，应当立即停止施工，及时向建设单位报告。待建设单位确认并补充相关资料后，方可继续施工。

（七）工程项目监理单位应当深入现场认真审查施工组织设计或专项施工方案中涉及城市地下管线保护的技术措施。在实施监理过程中，发现存在危及城市地下管线安全的隐患时，应当立即要求施工单位整改；情况严重的，应当及时报告建设单位和有关主管部门。

四、要提高地下管线安全应急救援能力

（一）城市地下管线权属单位应当建立地下管线安全应急指挥系统，加强地下管线事故的应急处理能力，制定应急救援预案，储备必要的应急救援器材、设备，定期组织开展应急演练。

（二）施工过程中出现损坏城市地下管线情况时，工程项目施工单位要立即采取应急处置措施，并及时向有关主管部门和地下管线权属单位报告。地下管线权属单位或应急救援队伍抢险维修时，工程项目的施工、建设等单位应当积极配合，协助做好抢险维修工作。

五、要加强监督检查和相关服务工作

（一）工程项目建设单位因建设需要，向城建档案管理部门和地下管线权属单位查询城市地下管线相关档案时，城建档案管理部门和地下管线权属单位应当按照有关规定及时提供。

（二）各地住房城乡建设主管部门要认真贯彻落实《城市地下管线工程档案管理办法》，建立和完善城市地下管线档案资料。城建档案管理机构要建立完善地下管线档案资料的查询使用及告之、移交、验收等制度，为工程项目建设做好服务工作。

（三）各地住房城乡建设主管部门在办理建设单位申请的工程项目施工许可证时，要将施工区域涉及的城市地下管线保护的技术措施作为是否具备施工条件的一项内容进行审查。对不符合规定要求的，不予发放工程项目施工许可证。

（四）各地住房城乡建设主管部门要加强对施工过程中城市地下管线保护工作的监督检查。对监督检查中发现的隐患，要督促有关责任单位立即进行整改。城市地下管线权属单位要积极配合相关主管部门，做好对沿地下管线工程建设项目的相关管理工作。

（五）各地住房城乡建设主管部门对不按照有关法律法规要求，在施工过程中违章指挥、违规作业造成城市地下管线损坏的相关责任单位和人员，要依法追究责任。

住房和城乡建设部

二〇一〇年八月五日

二、国家档案局规范性文件

关于做好基本建设项目档案资料管理工作的通知

国档会字〔1984〕5 号

国务院各部门、各省、自治区、直辖市计委（建委）、档案局：

　　做好基本建设项目的档案资料工作，对于基本建设的顺利进行和项目建成后顺利地交付生产、使用以及为工程项目将来的维修、扩建等都有着十分重要的作用。随着各种重要的基本建设项目的不断增加以及提高基本建设管理工作的要求，做好档案资料工作已经成为基本建设工作的一个重要内容。为了改变长期以来，由于不重视档案资料工作给基本建设和生产管理工作造成损失的状况，根据国务院一九八〇年批准的《科学技术档案工作条例》的规定，各基本建设项目的管理和设计施工部门，都应当认真地做好档案资料工作。

　　基本建设项目的档案资料是指在整个工程建设过程中形成的，应当归档保存的各种文件材料。包括从建设项目的提出到竣工投产、交付使用全过程中形成的文字材料、图纸、图表、计算材料、照片、影片、磁带等。它是工程建设及竣工投产、交付使用的必备条件，是对工程进行检查、维护、管理、使用、改建、扩建的依据和凭证。必须把这些档案资料管好。

　　一、从建设项目的提出、调研、可行性研究、评价、决策、计划安排，到勘测、设计、施工、生产准备、竣工投产交付使用的全部过程中，有关的上级主管机关、建设单位、勘察设计单位、施工单位、设备制造单位以及有关的环保、市政、银行等部门，都要注意该建设项目文件材料的形成、积累、整理、归档和保管工作，并把这项工作同各业务部门的岗位责任制和经济责任制联系起来，落实到人，保证做好。尤其要管理好建筑物、构筑物和各种管线、设备的档案资料。

　　二、在工程建设过程中，工程建设的现场指挥机构要有一位负责人分管档案资料工作，并建立与档案资料工作相适应的管理部门、配备胜任工作的人员（包括必需的技术人员）、制定严格的管理制度，集中统一管理工程项目的档案资料。

　　在竣工投产、交付使用前，工程建设的现场指挥机构要将完整的工程建设的档案资料向建设单位移交。

　　三、对于有引进技术、引进设备的基本建设项目，还要做好引进技术、设备的各种技术图纸、文件的收集工作。无论通过何种渠道得到的与引进技术、设备有关的档案资料都应交档案部门集中统一管理。档案部门要加强复制工作能力，以便使用。

　　四、竣工图是基建工程的实际反映，是工程的重要档案资料。根据原国家建委一九八二年《关于颁发编制基本建设工程竣工图的几项暂行规定》的通知精神和各主管部门制定的编制竣工图的细则，今后在施工协议中要对竣工图的编制、审核、交接、验收工作做出明确规定。施工单位在施工中要做好施工记录、检验记录，整理好变更文件，并及时做出竣工图，保证竣工图的质量。对竣工图及竣工文件的验收是工程竣工验收的内容之一。

五、凡属于新建的大中型基本建设项目，在设计建设时应当设计和建造符合要求的档案资料室，并配置为档案资料保管和提供利用所必要的设备，其投资应列入基建总投资中。

六、各级基本建设工作的主管机关和专业主管部门以及档案部门，要负责检查和指导本专业、本地区基建项目的档案资料工作，档案管理部门要参加基本建设工程竣工验收中档案资料的验收工作。

国家计划委员会
国家档案局
一九八四年六月十日

全国档案馆设置原则和布局方案

国档发〔1992〕3号

　　档案馆是国家集中管理档案的文化事业机构，是提供利用档案资料，为社会各方面服务的中心。

　　新中国成立后，党和政府十分重视档案馆事业的建设。1956年国务院发布的《关于加强国家档案工作的决定》，就明确要求国家档案局根据国家集中统一与分级负责管理档案的原则，对全国档案馆建设进行全面规划。同年，国务院转发的《国家档案局关于目前档案工作情况和今后工作安排的报告》曾提出了全国档案馆建设的初步方案。经过三十多年的努力，我国档案馆事业迅速建设发展起来。但是，自党的十一届三中全会以来，随着我国改革开放总方针的实施与社会主义现代化建设的蓬勃发展，社会各方面对档案资源的需求日益增长，原已建立的我国单一的国家档案馆结构，已不能完全适应国家对各类档案的安全保管以及开发利用的需要和档案馆事业的发展需要。

　　为了进一步完善全国档案馆网的结构，使一切具有研究价值和查考价值的重要档案，得到妥善的保管和有效的利用，根据《中华人民共和国档案法》和《中华人民共和国档案法实施办法》的有关规定，在坚持统一领导、分级管理，重点发展原有各级国家综合档案馆的原则下，根据需要适当建立某些部门档案馆和企业事业档案馆，把国家档案馆网建设成为结构合理、分工明确、关系协调、管理科学、具有安全保管与充分开发档案信息能力，为社会各方面提供优质服务的有机整体。

　　根据上述原则，全国各级各类档案馆的具体设置与布局方案如下：

一、各级国家档案馆

　　各级国家档案馆，是归口中央或地方各级档案行政管理部门（或与有关部门）直接管理的文化事业或科学技术事业机构。包括综合档案馆和专门档案馆。

　　1. 综合档案馆

　　综合档案馆是按行政区划或历史时期设置的，收集和管理所辖范围内多种门类档案的档案馆。

　　（1）在中央设置三个综合性档案馆。

　　中央档案馆　收集管理中华人民共和国成立前中国共产党中央机关、群众团体中央机构、派出机构及边区政府形成的档案，中华人民共和国成立后中国共产党中央机关及其所属机构、全国人民代表大会及其常务委员会、国务院及其各部委（包括具有行政职能的公司）和各直属机构、最高人民法院、最高人民检察院、政协全国委员会、全国总工会、全国妇联、共青团中央等全国性人民团体及其所属机构形成的档案和民主党派中央机构移交的档案。

　　中国第一历史档案馆　收集管理明、清两朝及以前各朝代中央机构形成的档案。

中国第二历史档案馆　收集管理民国时期（辛亥革命成立的中华民国临时政府、北洋政府、国民党及其政府、汪伪政权）中央机构形成的档案。

（2）在地方按行政区划分级设立综合档案馆。

省（自治区、直辖市）、计划单列市、市（地、州、盟）、县（旗、市、区）档案馆，收集管理本级中国共产党的机关及其所属机构、人民代表大会及其常设机构、人民政府、人民法院、人民检察院、政协、工会、共青团、妇联等及其所属机构形成的档案和本级分管范围内各历史时期的有关档案。

省辖市的市属区是否设置永久性档案馆由地方档案行政管理部门统筹规划，报同级人民政府批准。

2. 专门档案馆

专门档案馆指收集和管理某一专门领域或某种特殊载体形态档案的档案馆。

（1）在中央设置四个专门档案馆。

中国照片档案馆（已建立），收集管理全国范围内具有重要历史价值和艺术价值的照片档案原件或复制件。

中国科学技术档案馆（待建立）。收集管理国家级科学技术成果、全国重点工程项目、重点引进项目的档案或档案复制件。

中国文学艺术档案馆（待建立）。收集管理中央直属艺术团体、全国著名文学家、艺术家及中央各部门所属出版单位形成的有关文学艺术档案或档案复制件。

中国声像档案馆（待建立）。收集管理中央、国家机关所属音、像出版，影视制作单位形成的音像档案及各电影制片厂汇交的影片、录音、录像档案或档案复制件。

（2）省（自治区、直辖市）以及计划单列市、特大城市设置哪些专门档案馆，按照重点加强各级国家综合档案馆的原则，由同级档案行政管理部门负责统筹规划，报同级人民政府批准，并报国家档案局备案。

（3）大、中城市设置城市建设档案馆，收集管理有关城市规划、建设的档案及城市建设管理方面的具有永久保存价值的档案或档案复制件及有关资料。

二、部门档案馆

部门档案馆是中央和地方某些专业主管部门所属的，收集管理本部门档案的事业机构。

1. 根据国家外交、安全工作的特殊需要，分别设置外交部档案馆、安全部档案馆，收集并永久管理本部门及其直属单位形成的档案。

2. 最高人民法院、最高人民检察院、公安部可设置本部门档案馆。收集管理本部门及其直属单位形成的档案。其中具有永久保存价值的档案，在本部门档案馆保存五十年后向中央档案馆移交。

3. 某些形成专门业务和科学技术档案数量大的中央专业主管部门，经部门领导批准，国家档案局同意可成立本部门档案馆，收集管理本部门及其直属单位形成的有关档案和资料，但其在行使国家行政管理职能活动中形成的党政领导和行政管理等具有永久保存价值的档案，要按规定向中央档案馆移交。

4. 省（自治区、直辖市）以及计划单列市、特大城市的有关专业主管部门，根据实际情况确需设馆的，由同级档案行政管理部门按照重点加强各级国家综合档案馆的原则，统筹规划并报同级人民政府批准。

三、企业、事业单位档案馆

按国家统一标准确定的大型企业和部分建立时间长的中型企业，根据实际工作需要经企业领导批准，向同级档案行政管理部门备案，可成立企业档案馆，收集管理本企业及其所属单位形成的档案。

中国科学院、中国社会科学院、国家教委直属的院校，经主管部门批准，向同级档案行政管理部门备案，可成立档案馆，收集管理本单位及其所属机构形成的档案。

四、中国人民解放军系统设置哪些档案馆，可根据实际需要由军委主管部门自行确定。

五、本"方案"自发布之日实施。

以前制定的文件，如与本"方案"有抵触的以本"方案"为准。

六、本"方案"的解释权归国家档案局。

国家档案局
一九九二年一月二十七日

三、江苏省住房和城乡建设 厅规范性文件

关于加强开发区建设档案工作的通知

苏建档〔1993〕031号

各市建委、规划局：

随着改革开放的不断深入，特别是邓小平同志视察南方重要谈话发表之后，我省各地相继建成和正在建设各种类型的开发区。在开发区各项建设活动中，形成和积累了大量的建设档案资料，这是开发区建设和发展的重要依据。为保存和充分发挥建设档案资料的作用，更好地为开发区规划、建设及管理服务，根据《城市规划法》和《档案法》特作如下通知：

一、各级建设主管部门要重视开发区建设档案的管理工作，会同档案行政管理部门制订有关规定、标准，督促城建档案馆和开发区建设单位做好建设档案的收集、管理工作。

二、城建档案馆是在市建设主管部门领导下的对建设档案工作具体实施管理的部门，负责对开发区建设文件材料的形成、积累、整理、归档和档案的报送、移交工作进行业务指导，对开发区工程项目建设管理人员、施工人员、档案人员进行建设档案工作的业务培训，督促执行有关法规和技术标准。

三、开发区主管机关要把建设档案管理工作列入议事日程，确保开发区建设档案的集中统一管理，设立建设档案机构或配备专职档案人员，并形成适应开发区建设的建设档案管理和工作网络，在经费、库房、设备等方面给予必要的保证。

四、开发区建设档案工作必须与开发区的建设工作同步发展，做到"四同步"：工程项目开工与建档工作同步；检查开发区建设工作与检查开发区建设档案工作同步；工程项目与竣工资料的积累、整理同步；工程项目验收与竣工档案验收同步。

五、为确保建设工程竣工档案完整、及时地报送城建档案馆，凡在开发区内进行建设的各单位（包括中外合资、中外合作、外商独资等企业），在工程项目开工前，均应根据各市规定执行预交建设工程竣工档案保证金制度，向市城建档案馆预交竣工档案保证金。

六、城建档案管理部门应参加开发区建设工程竣工档案验收工作。凡竣工档案不完整，不准确，不符合要求的，不予验收。重点工程竣工档案的验收，应由城建档案管理部门和档案行政管理部门共同参加。

　　七、城建档案馆是国家永久保存城建档案的基地。凡在开发区范围内进行建设的各单位都应按照国家有关规定，在工程竣工后六个月内向市城建档案馆报送一套完整、准确的竣工档案。开发区建设档案要按照国家有关规定定期向城建档案馆移交。

江苏省建设委员会
一九九三年二月四日

关于进一步加强建设工程档案管理工作的通知

苏建档〔1995〕255 号

苏重办〔1995〕02 号

各市建委、规划局、有关单位：

建设工程档案管理工作是建设事业中一项基础性工作。多年来，在各级建设行政主管部门的领导下，在档案行政管理部门的监督、指导下，全省建设工程档案工作有了较大的发展和提高。建设、施工、设计等单位建立了档案机构，配备了档案人员，制订了有关档案工作规章制度，多数工程档案得到了妥善保管。这些工程档案在城乡规划、建设、管理及其维护维修工作中发挥了重要作用，取得了明显的经济效益和社会效益。但是，也有少数单位对建设工程档案工作不够重视，一些工程档案的收集与整理尚未与工程建设同步进行，工程档案资料残缺不全，竣工图编制不规范，个别单位甚至不编制竣工图。这些问题，各有关部门、单位应采取得力措施，认真加以解决。

为了切实加强对建设工程档案资料的管理工作，特作如下通知：

一、各级建设行政主管部门应强化对建设工程档案工作的统一管理，督促和支持城建档案馆（室）做好建设工程档案资料的收集和管理。建设、施工、设计等单位均要把建设工程档案资料的管理工作列入议事日程，明确各自的职责，确定分管领导，建立档案管理机构，配备档案管理人员，制订严格的管理制度，并解决保证档案安全保管的物质条件，确保建设工程档案资料的集中统一管理。

二、城建档案馆（室）要在建设行政主管部门的领导和档案行政管理部门的监督、指导下，加强对建设工程文件材料的形成、积累、整理、归档、竣工图的编制、案卷质量及竣工档案的报送、移交等工作的业务指导，对接收进馆的档案资料进行规范化、标准化、现代化管理。应主动提供利用，多层次、全方位地为工程建设提供及时、优质、高效的服务。

三、建设工程档案工作必须与工程建设同步进行，做到"三同步"：工程立项与工程建档工作同步；工程实施与工程档案资料的收集、整理同步；工程项目验收与工程竣工档案验收同步。

四、凡是新建、改建、扩建的各类工程，建设单位均应按规定向所在市（县）城建档案馆（室）交纳工程竣工档案保证金。竣工档案按规定报送后，保证金如数退还。城建档案馆（室）对收取的保证金应加强管理，不得挪作它用，保证金利息用于发展城建档案事业。

五、建设工程的竣工档案是工程建设的真实反映，是工程使用、维修、改建、扩建的依据和必要条件。为确保竣工档案的完整与质量，凡建设工程验收时应通知所在地的城建档案管理部门参加。凡竣工档案资料不完整、不准确、不符合要求的，工程不得交付验

收，建设单位、施工单位必须采取得力措施加以补全。因竣工档案不完整、不准确造成事
故或损失的，由责任单位承担。

六、建设单位必须按照国家有关规定，在工程竣工验收合格后六个月内向城建档案馆
（室）报送一套完整、准确的竣工档案，案卷质量应符合《江苏省城建档案案卷质量标准》
的要求。在该工程进行维修、加固、改建、扩建中，建设单位应将更改部分的文件材料及
时补充报送城建档案馆（室）。

七、切实加强对国家、省重点建设工程以及属于省政府着重抓的实事项目工程档案的
管理工作。这些工程项目在进行初步验收时，建设单位应通知省、市城建档案管理部门参
加。工程竣工验收合格后，其竣工档案按规定报送至受省委托的城建档案馆，而后由该城
建档案馆向省建设档案管理部门报送一套工程竣工档案目录。

江苏省建设委员会
江苏省国家重点项目建设领导小组办公室
一九九五年五月二十三日

关于加强市政公用工程建设管理工作的通知

苏建城〔1997〕97 号

各省辖市建委、市政公用局（城建局）：

近年来，我省市政公用事业有了很大的发展，城市综合服务功能有了显著提高。但由于固定资产投资规模迅速增加，勘察设计和市政施工队伍发展过快，管理体制不顺，市政公用工程建设管理出现了一些混乱现象，影响了市政公用事业健康发展。为进一步加强市政公用工程建设管理，维护市政公用行业市场的正常秩序，提高市政公用工程建设质量和安全管理水平，现就有关问题通知如下：

一、加强市政公用工程勘察设计、施工、监理企业的资质管理工作，全面实行市政公用建设工程招标投标制，规范市政公用工程市场秩序。

（一）建立健全管理规章，明确管理机构，加强对市政公用工程勘察设计、施工、监理队伍统一管理。

省内市政公用工程勘察设计、施工、监理企业跨市、县（市）承接业务或提供劳务，应持所在市建委外出证明、《工程勘察证书》、《工程设计证书》、《建筑业企业资质证书》、《工程建设监理单位资质等级证书》、《企业法人营业执照》及其他有关文件到工程所在市建设行政主管部门办理验证、注册登记等有关手续，方可参加投（议、邀）标和承接业务。

外省市政公用工程勘察设计、施工、监理企业在我省承接业务的，必须到我委办理注册核准手续，方可在我省承接勘察设计、施工、监理业务。

建设单位或招标部门在发包市政公用工程的勘察设计、施工、监理业务时，必须核验其资质（格）证书和进省、市许可手续，并按资质（格）证书确定的营业范围，发包相应的业务。市政公用工程勘察设计、施工、监理企业必须严格按资质（格）证书确定的营业范围，承包相应的业务，不得无证或擅自越级承接勘察设计、施工、监理业务。

市政公用建设工程承包采取总包、分包的方式。总包单位可以根据省有关规定将承包的部分工程发包给分包单位，严禁转包，承接市政公用工程施工业务的企业，均须向工程所在建设（市政公用）行政主管部门交纳市政施工管理费。市政施工管理费的收取标准按省物价局苏价房（1996）538 号、省财政厅苏财综（96）194 号、省建委苏建综（1996）504 号《关于降低市政施工管理费取费标准的通知》规定执行。

（二）实行市政公用工程勘察设计、施工、监理企业资质（格）动态管理制度。根据建设部建设（1991）504 号《工程勘察和工程设计单位资格管理办法》、《建筑业企业资质管理规定》（建设部令第 48 号）、《工程建设监理单位资质管理试行办法》（建设部令第 16 号），各地建设（市政公用）行政主管部门应加强市政公用工程勘察设计、施工、监理企业资质（格）动态管理工作，通过资质（格）年度检查和日常监督检查，切实加强对企业资质（格）的动态管理。对企业、事业单位出现重大工程质量、工伤事故，以及有出卖证照、资质挂靠、倒手转包、越级承包等违法违章行为，并影响其资质等级时，各地应及时提出建议，报我委按照有关规定进行必要的处罚。

（三）实行招标投标制，规范市政公用建设工程招标投标管理工作。凡在我省行政区域内的各类新（改、扩）建和技术改造市政公用工程项目，除投资总额低于人民币 50 万元或抢险救灾的以外，都必须进行招标投标。勘察设计、施工、监理均需按有关规定实施招标投标。各地在招标投标过程中，要严格执行《江苏省建设工程招标投标管理办法》及有关规定，规范招标投标管理工作。

二、加强市政公用建设工程的施工现场管理。

各地建设（市政公用）行政主管部门要按照建设部《建设工程施工现场管理规定》要求，切实加强对市政公用建设工程施工现场的管理和监督，做到文明、有序施工，以维护城市市容环境卫生。市政施工企业应推行现代管理方法，科学地组织施工，做好施工现场和各项管理工作。

（一）实行挂牌施工。施工现场主要出入口必须设置明显的标牌，标明工程项目名称、建设单位、施工单位名称、电话号码、工程范围或面积、开、竣工日期、施工许可证批准文号、项目负责人和现场环境负责人的姓名及电话号码等。

（二）施工机械进场必须经过安全检查，经检查合格的方能使用。施工机械操作人员必须建立机组责任制并依照有关规定持证上岗，禁止无证人员操作。

（三）在市区中心、交通要道的市政公用工程施工现场，应设立遮挡围栏，实行围护作业，围栏高度不得低于 2 米。在施工现场周边或沟、槽、坑、井口周围应设立防护设施或明显的警示标志，夜间要有红灯示警。

（四）市政公用工程竣工后，施工企业应当在规定期限拆除工地围栏和其他临时设施，清理现场和周围环境，做到工完场清。

三、建立和完善市政公用工程质量监督体系，强化工程质量监督管理工作。

市政公用工程建设质量是关系到国家财产和群众生命安全的重要问题。各地要把建立和完善市政公用工程质量监督体系作为质量工作的首要问题，抓紧抓好，切实加强工程质量监督管理工作。

（一）强化政府对市政公用工程质量的监督职能。各地应尽快建立市政公用工程质量监督机构。大、中城市可设立市政公用工程质量监督站或分站，业务上受市建设工程质量监督站领导；其他城市应在市建设工程质量监督站中设市政公用工程质量监督专门机构。已建站的城市，要充实专业技术人员，配齐检测设备，扩大质量监督覆盖面。今后，凡城市各类大中型市政公用工程建设项目，必须实行质量监督制度，充分发挥政府对市政公用工程质量的监督作用。

（二）推行工程建设监理制。各地要全面实行市政公用工程建设监理制度。认真执行建设部、国家计委《工程建设监理规定》，凡城市各类大中型市政公用工程建设项目，建设单位都必须通过招标投标方式择优委托有资格的社会监理单位对工程项目进行监理。

（三）完善企业内部质量体系，提高质量管理水平。市政勘察设计单位要继续深化IQC工作。甲、乙级市政勘察设计单位要巩固、深化全面质量管理，狠抓各项措施的落实；丙、丁级市政勘察设计单位要认真贯彻《工程勘察设计全面质量管理（实施办法）》，制定切合单位实情的具体措施，认真实施。有条件的单位要积极开展贯彻 GB/T 19000— ISO9000《质量管理和质量保证系列标准》活动，健全、完善质量体系。市政施工单位要健全质量管理制度，加强测试手段，使质量保证资料规范化、标准化。

四、加强市政公用建设工程项目竣工验收管理，充分发挥投资效益。

（一）加强对工程项目的竣工验收。按照有关规定，市政公用工程项目（包括各类开发公司、工矿企业事业单位等建设的）都必须由国家、省和地方建设（市政公用）行政主管部门按项目管理权限分级组织验收。

（二）坚持质量验收标准。城市道路、桥梁，排水、供热管网工程按照建设部建城（1992）68 号《市政工程质量等级评定规定》组织验评，其他工程按照有关规定执行。不合格工程不得交付使用。

（三）强化施工技术资料管理。施工技术资料的管理工作由施工企业负责。各地建设（市政公用）行政主管部门要加强监督。城市道路、桥梁、排水、雨、污水厂站及防洪工程等，应根据建设部建城（1994）469 号《市政工程施工技术资料管理规定》，使用统一表格、表式，进行科学组卷、归档，力求规范化、标准化。竣工验收时，应将施工技术资料交生产（管理）单位统一保管，以适应生产、维修的需要；同时必须按照城建档案管理规定向城建档案馆报送档案。

江苏省建设委员会

一九九七年三月十三日

規 范 性 文 件 ■

关于在工程建设管理中加强建设档案工作的通知

苏建档〔1999〕218 号

各市建委、规划局、市政公用局、房产管理局、建筑工程管理局：

建设工程档案是建设活动的真实记录，建设工程档案管理在建设管理中具有重要作用。国务院办公厅《关于加强基础设施工程质量管理的通知》（国办发〔1999〕16 号文）强调："加强项目档案工作。所有建设项目都要按照《中华人民共和国档案法》的有关规定，建立健全项目档案。从项目筹划到工程竣工验收各环节的文件资料，都要严格按照规定收集、整理、归档，项目档案管理单位和档案管理人员要严格履行职责。对失职的单位和人员，要依法严肃处理。"建设部发出《关于认真贯彻国务院办公厅（国办发〔1999〕16 号）文件精神，做好城市基础设施建设档案工作的通知》（建办〔1999〕50 号文），对贯彻落实国务院办公厅通知精神，切实加强建设项目的档案管理提出了专项要求。

建设档案工作是建设发展的一项重要的基础性工作，是城乡建设管理的重要组成部分；建设档案形成于建设程序的各个环节，是城乡建设活动的真实记录，是政府对城市进行规划、建设和管理的重要依据。城建档案机构做好建设工程档案建档指导工作，确保建设工程档案质量，是强化建设工程管理的重要手段。

现根据我省城建档案工作实际，提出具体贯彻实施意见：

一、各级建设行政主管部门要加强对城建档案工作的领导，在贯彻国务院办公厅（国办发〔1999〕16 号文）《关于加强基础设施工程质量管理的通知》中，要认真按照《中华人民共和国档案法》、《中华人民共和国城市规划法》、《江苏省工程建设管理条例》、《江苏省村镇建设管理条例》、《江苏省档案管理条例》等法律、法规所赋予的职责，切实履行"三定方案"确定的职能，采取有力措施，把城建档案的归档、接收、管理以及建档指导工作落到实处。

二、各有关部门在重点工程、城市基础设施建设的全过程中和各个环节上，要加强协调配合，明确职责，加强档案管理。建立和完善工程档案制度和具体责任人公示制度。各地要采取有效措施，确保重点工程、城市基础设施档案的完整、系统、准确、安全和及时地报送城建档案机构。城建档案机构应当严格履行职责，加强建档指导，严把案卷质量关，确保城建档案得到科学的管理和有效利用。

三、建设单位（含个人，下同）在领取建设工程规划许可证或村镇工程建设（不含农民个人建房）许可证前，应当向工程项目所在地城建档案机构登记，并签订《建设工程档案报送责任书》。

建设单位负责建设工程档案的汇总和报送。在组建项目法人时，应当明确城建档案编制责任，加强档案管理，并严格按照规定收集、整理、归档。工程竣工验收以后，必须按规定及时报送当地城建档案机构和有关部门。

建设单位与施工单位在签订工程承发包合同时，应当明确编制、移交竣工图等工程档案和资料的责任、要求等内容。

施工单位应当按照国家、省有关规定以及合同的约定，及时编制、移交竣工图及其他工程档案和资料，并对其准确性负责。监理单位应当建立健全监理档案制度，督促施工单位及时收集、整理工程资料，并协助建设单位做好工程档案的汇总。

四、工程档案材料是工程质量评定的重要依据。建设档案管理机构应参与工程质量等级核验中的有关工程档案材料的审核工作。工程档案材料不符合规定要求的，或者建设档案管理机构未签署意见的，不得核发工程质量等级证书。

五、列入城建档案机构档案接收范围的建设工程，工程所在地城建档案机构应当加强对工程项目建设档案的收集、整理、归档工作的指导、检查，并参与工程项目的竣工验收，在《单位工程竣工验收证明书》（苏建档〔1998〕517 号）上签署意见。

六、建设单位应当在工程项目竣工验收合格后六个月内，向工程项目所在地的城建档案机构报送建设工程档案和资料。凡建设单位报送的建设工程档案和资料符合要求的，由城建档案机构出具《建设工程档案接收证明书》，并加盖单位印章或"城建档案接收专用章"，《建设工程档案接收证明书》上应当载明建设项目名称、报送单位、案卷总数、接收验讫等内容。

七、房地产权属登记管理机构在审查核发房地产权属证书时，应当核验《建设工程档案接收证明书》。凡没有《建设工程档案接收证明书》的，不予办理产权证。《建设工程档案接收证明书》列入房地产产权产籍档案。

八、建设项目从筹划到工程竣工验收各环节的文件资料，都要严格按照建设档案的规定收集、整理、归档，项目档案管理单位和档案管理人员要严格履行职责，按照《中华人民共和国档案法》、《中华人民共和国城市规划法》等有关法律规章，做好建设工程档案管理工作。今后，无论在哪个环节出现问题，都要根据工程建设档案的记载，对失职的单位和人员追究责任，依法严肃处理。

以上意见请各地各部门协调配合认真贯彻执行。

江苏省建设委员会
一九九九年五月二十七日

江苏省建设厅关于进一步加强
城建档案工作的通知

苏建档〔2006〕100 号

各市建设局（委）、规划局、城管（市容）局、房产局、园林局、市政公用局、建工局：

城建档案是城市建设的真实记录，是城市可持续发展的宝贵资源，是建设行政主管部门依法实施行政管理、行政许可、市场监管和执法监督的重要依据。城建档案在进行社会管理、提供公共服务、保障城市生产生活秩序、维护城市安全、应对城市突发事件等工作中，发挥着重要作用。做好城建档案工作，对促进城市建设的健康发展，更好地为经济建设和城市建设服务有着十分重要的意义。近年来，我省城建档案工作发展迅速，城建档案管理体系已经形成，基础工作进一步加强，馆藏日益丰富，城建档案的开发利用取得了显著的经济效益和社会效益。但还存在着工作发展不平衡、依法行政力度不够、档案资源结构失衡、信息化建设步伐较慢、档案干部队伍整体素质有待提高等问题。为了进一步加强城建档案工作，促进城建档案事业健康发展，特作如下通知：

一、切实加强对城建档案工作的领导

各级建设行政管理部门要把城建档案事业的发展纳入建设事业的发展规划和年度计划，纳入各级建设行政部门的重要议事日程，列入工作职责范围，定期听取城建档案部门的情况汇报，及时研究和解决城建档案事业发展中的重大问题，在深化城建档案机构改革、强化城建档案机构管理职能、加快馆库建设、推进信息化进程、保持人员稳定等方面给予大力支持，为城建档案工作的健康发展发挥支持保障作用。

二、建立完善城建档案执法机制

各级建设行政管理部门要认真执行《中华人民共和国档案法》、《中华人民共和国城市规划法》、《城市建设档案管理规定》和《江苏省城建档案管理办法》等法律、法规、规章，并结合当地实际，根据新形势下城建档案工作的新特点，制定加强本地区城建档案工作的政策和措施。要完善城建档案行政执法机制，开展城建档案行政执法检查，加大执法力度，提高依法管档、依法行政的水平，建立依法收集、依法管理、依法提供利用的新机制，真正把城建档案事业纳入法制化轨道。

三、进一步加大建设工程档案的管理力度

建设工程档案是城建档案的重要组成部分，建设系统各行业行政主管部门要认真执行省建设厅下发的《关于认真贯彻建设部第 90 号令，切实加强工程档案管理工作的通知》〔苏建档（2001）331 号〕和《关于在工程建设管理中，加强建设档案工作的通知》〔苏建档（1999）218 号〕等文件精神，明确职责，加强协调，密切配合，采取有力措施，把城建档案工作纳入到建设行政管理各个环节中去，特别是在规划许可、施工许可、工程验收、工程备案及房地产权属登记等方面，确保城建档案完整、系统、准确、安全和及时地报送城建档案机构。凡工程档案不符合要求或没有城建档案机构接收证明的项目，不能参加市、省、部优质工程的评选。

四、着力抓好城市地下管线工程档案的收集和管理

城市地下管线档案是地下管线工程建设的真实记录，是建设数字城市的重要信息源。各级建设行政管理部门要积极主动地与有关部门沟通，采取有力措施，深入贯彻落实《城市地下管线工程档案管理办法》（建设部令第 136 号），使《办法》的各项规定真正落到实处。要抓住贯彻落实《办法》的契机，加快制定本地的地下管线工程档案管理实施办法。要以新建地下管线工程档案的报送管理为重点，加强地下管线档案的接收和收集工作，开展地下管线档案信息的综合动态管理。

五、加快推进城建档案集中统一管理的进程

开发区及撤市（县）改区的城建档案是城建档案不可缺少的组成部分，各地要按照国家集中统一管理城建档案的基本原则，依法加强对开发区及撤市（县）改区的城建档案工作的监督、检查和指导。开发区及撤市（县）改区的城建档案机构，要加强对城建档案的形成、积累、整理、归档工作的指导，强化城建档案的收集、接收工作，并按国家有关规定，定期向所在地城建档案馆移交城建档案。

六、认真做好乡镇建设档案管理工作

围绕我省社会主义新农村建设的目标，采取多种形式，把城建档案工作作为服务"三农"的重要措施落到实处。配合社会主义新农村建设，切实做好小城镇建设档案的收集工作。加强业务督促、指导，及时做好撤并乡镇建设档案的接收工作，防止档案流失。

七、加快城建档案信息化建设步伐

认真贯彻实施《全国城建档案信息化建设规划与实施纲要》，推动城建档案信息化建设健康发展。各地要加强城建档案管理软件和计算机设备、网络网站等信息化基础设施建设。要以服务城市规划建设与管理、服务城市公共安全为中心，积极创建各种专题信息数据库，加快档案数字化建设。要规范电子文件归档，促进电子档案报送，有序推进纸质档案的数字化。今后，凡重点工程、参加市级以上优质工程评定的项目，必须同时报送电子档案。

八、扎实抓好城建档案基础业务建设

加强城建档案人员培训。根据城建档案事业发展的新趋势和档案干部队伍建设的新要求，组织开展城建档案工作人员的业务培训和继续教育，努力提高业务、专业技术和依法管理水平。

认真实施城建档案从业人员持证上岗制度。要搞好城建档案从业人员的上岗培训工作，建设单位、监理单位、施工单位的城建档案从业人员也应经过培训并取得《江苏省建设专业管理人员岗位合格证书》。

深入开展城建档案馆目标管理工作。没有升级的城建档案馆，要积极开展本馆的目标管理工作，制定目标，有计划、有步骤地组织实施，三年内完成达标任务。已升级的城建档案馆，要严格管理，不断提高城建档案工作管理水平。对达标已满五年的城建档案馆，要做好复查工作。

努力创新城建档案服务机制。加强城建档案信息的分析研究，拓宽服务领域，创新服务方式，提高服务水平，充分发挥城建档案的信息工具、工作参谋、管理助手的作用，多

层次、全方位地为城市规划、建设及其管理工作提供及时、优质、高效的服务。

以上通知，请各地认真贯彻执行。

江苏省建设厅

二〇〇六年三月二十一日

关于进一步加强村镇建设档案工作的通知

苏建档〔2009〕262 号

各省辖市建设局、规划局：

随着社会主义新农村建设和城乡一体化建设进程的加快，村镇面貌日新月异，在村镇各项建设活动过程中，形成和积累了大量的村镇建设档案。但是，由于乡镇撤并、投资主体多元化以及村镇建设管理程序中规划、房产管理权限的相对集中等新情况、新形势，部分地区和部门在村镇建设档案的形成、积累和指导服务过程中，出现了管理职能不明确、归档内容不清晰等问题，为了进一步加强和规范全省村镇建设档案管理工作，保证社会主义新农村建设持续、健康、稳步发展，现就有关工作通知如下。

一、各级城建档案行政主管部门要依据《城乡规划法》、《档案法》、《建设工程质量管理条例》等城建档案管理法律法规，按照集中统一管理的原则，切实履行对辖区内村镇建设档案工作的管理和监督、指导职能，建立有效的制约措施，实现城乡建设档案管理全覆盖。

二、各市、县（市）城建档案管理机构要认真贯彻落实建设部《关于加强中小城市城乡建设档案工作的意见》（建办〔2007〕68 号），加强对本行政区域内村镇建设档案工作的业务监督和指导，接收和保管本地具有永久和长期保存价值的村镇建设档案与相关资料，并加快城建档案信息化、数字化建设步伐，建立本地区城建档案目录数据中心，积极主动为新农村建设提供优质高效的服务。

三、乡（镇）人民政府村镇建设管理部门应当建立村镇建设档案室，完善村镇建设档案管理制度，配备专（兼）职工作人员，安排符合规范要求的档案库房和管理用房，购置必要设备，做好村镇建设管理档案、村镇基础设施建设档案、村镇历史文化资料的收集整理和保管利用工作。当前尤其要做好撤并乡镇档案的集中统一管理工作，并按照国家规定向上级城建档案管理部门移交村镇建设档案目录以及村镇基础设施档案等重要的村镇建设档案，保证村镇建设档案得到安全保管和合理利用。

四、产生村镇建设档案的建设单位要提高对村镇建设档案工作重要性的认识，认真学习和贯彻落实国家、省、市、县（市）制定的有关村镇建设档案管理的各项规定，主动接受城建档案业务部门的辅导培训，及时向城建档案管理机构或村镇建设档案室移交一套符合规范要求的村镇建设档案。

江苏省住房和城乡建设厅

二〇〇九年七月十六日

关于进一步加强开发区建设档案管理工作的通知

苏建档〔2009〕285 号

各省辖市建设局、规划局，各级开发区管委会：

开发区是各地经济建设和社会发展的重点区域，开发区建设过程中形成的各类建设档案是所在地城市建设档案的重要组成部分。为了进一步加强开发区的建设档案管理工作，特作如下通知：

一、各级各类开发区是城市规划建设用地的组成部分，是城市的重点开发建设区域，它在规划、建设、管理过程中形成的档案资料是城市建设档案不可分割的组成部分，必须按照《江苏省城建档案管理办法》纳入所在城市城建档案主管部门的统一管理。

二、各级建设（规划）行政主管部门要认真贯彻落实《中华人民共和国城乡规划法》、《中华人民共和国档案法》、《建设工程质量管理条例》等法律、法规，按照集中统一管理的原则，依法履行对各级各类开发区城建档案工作的管理职能，采取切实有效的措施，将开发区的城建档案管理纳入规划、建设管理程序，保证开发区城建档案得到妥善保管和合理利用。

三、各市、县（市）城建档案管理机构作为开发区城建档案日常管理部门，要加强对开发区城建档案工作的检查、督促和指导，保证开发区的项目建档工作与工程建设"三同步"。要认真做好服务工作，积极采用现代化管理手段，实现开发区建设档案的远程查询和服务利用，满足开发区经济建设和社会发展各项工作的需要。

四、各级各类开发区内的建设单位要认真学习和贯彻执行有关开发区城建档案管理工作的法律、法规和有关规定，主动接受城建档案业务管理部门的工作检查和指导，及时向所在地的城建档案馆报送需要永久和长期保存的城建档案。

五、各级建设（规划）行政主管部门要加强城建档案执法检查工作，对违反《中华人民共和国档案法》、《中华人民共和国城乡规划法》、《建设工程质量管理条例》、《城市建设档案管理规定》、《城市地下管线工程档案管理办法》等法律、法规和规章，拒不向城建档案馆移交档案的单位和个人，依法给予处罚。

江苏省住房和城乡建设厅
二〇〇九年九月十六日

江苏省城建档案馆目标管理评估办法

苏建档〔2012〕106 号

第一条 为加强城乡建设档案（以下简称城建档案）事业的宏观管理，推动全省城建档案事业持续健康发展，根据《中华人民共和国城乡规划法》、《城市建设档案管理规定》的要求，结合我省实际情况，特制订本办法。

第二条 城建档案馆目标管理评估（以下简称目标管理评估）的主要任务是：全面检查各地城建档案事业发展规划执行情况，客观评价各地城建档案事业发展状况，推进《城建档案业务管理规范》CJJ/T 158—2011、《江苏省城建档案馆业务工作规程》DGJ 32/C05—2008 的贯彻实施，进一步提高城建档案馆科学管理水平，提高城建档案工作的服务水平，使城建档案事业在为全面建设小康社会和构建和谐社会服务中发挥更大作用。

第三条 本办法适用于全省各市、县（市）、区城建档案馆，城建档案室参照执行。

第四条 目标管理评估分为：江苏省示范城建档案馆、江苏省特级城建档案馆、江苏省一级城建档案馆、江苏省二级城建档案馆等四个等级。

第五条 目标管理评估工作由江苏省住房和城乡建设厅建设档案办公室（简称省城档办）负责组织实施。

第六条 评估采用百分制，另设 4 个加分项，各为 1 分。按照《江苏省城建档案馆目标管理评估指标及评分细则》（见附件一，以下简称《评分细则》）逐项测评记分。

第七条 各等级馆应达到的分数应符合下表的规定：

表 7-1 目标管理评估等级及应达到的分数标准

评 估 等 级	省辖市城建档案馆应达到的评估分数	县（市）城建档案馆应达到的评估分数
江苏省示范城建档案馆	95～100 分	93～100 分
江苏省特级城建档案馆	90～94 分	89～92 分
江苏省一级城建档案馆	85～89 分	85～88 分
江苏省二级城建档案馆	80～84 分	80～84 分

第八条 省级评审员由省城档办负责聘任。

第九条 评审员条件：

1. 掌握城建档案工作的方针、政策、法规，熟悉和掌握城建档案专业知识和目标管理评估的内容和标准；

2. 坚持原则，办事公道，工作认真负责；

3. 省辖市城建档案馆馆长或高级专业职称人员。

第十条 目标管理评估程序：

1.自检。申请评估的单位，首先对照《江苏省城建档案馆目标管理评估办法》进行自检，在确认达到某个等级时，向省住房和城乡建设厅提出评估申请，并填报《江苏省城建档案馆目标管理评估申请登记表》（见附件二）。

2.评估。由省城档办组织5～7名评审员组成评估小组，进行具体的评审工作。凡申报江苏省示范城建档案馆的应进行初评。评估工作程序如下：

听取申报单位自检情况汇报；

进行实地考查、随机抽检；

对照申报等级标准，结合实际情况逐项考核，进行测评计分，填写《评估计分表》；

进行综合评议，提出评估意见和结论，形成《评估报告》，并将评估意见反馈给被评估单位。

将评估材料报省住房和城乡建设厅审批。

3.审批。省住房和城乡建设厅根据评估材料进行审核，审核通过后，向评估单位颁发相应的等级证书。

第十一条　城建档案馆的首次评估，可根据实际管理水平申报相应等级，一般通过评估获得等级证书两年后，方可提出高一等级评估申请。

第十二条　《城建档案馆目标管理评估证书》有效期为五年，五年后经复查符合标准者，换发新证书；不符合标准者，限期整改，仍不合格者，降低等级或收回等级证书并予以通报。

第十三条　《城建档案馆目标管理评估证书》是城建档案馆工作水平的一个标志，是评比先进的重要依据。凡已升级的城建档案馆，其上级主管部门应当给予一定奖励。

第十四条　本办法由江苏省住房和城乡建设厅负责解释。

第十五条　本办法自发布之日起实施。

江苏省住房和城乡建设厅
二○一二年一月十三日

附录一：

江苏省城建档案馆目标管理
评估指标及评分细则

评估项目	评估内容	分 值	评 估 细 则	测评方式
1. 组织机构与队伍建设	1.1 城建档案管理机构	6	1.1.1 设置了城建档案馆（1分），设立城建档案室（0.5分）；挂城建档案管理处（办公室）牌子（1分）； 1.1.2 城建档案馆由建设（规划）行政主管部门管理，有主管部门领导分管（1分）； 1.1.3 城建档案工作列入上级建设（规划）行政主管部门年度工作计划和目标管理范围（1分）； 1.1.4 档案馆经费列入当地财政预算并能保证工作需要（1分）； 1.1.5 有满足开展工作需要的内部机构，职能覆盖城建档案管理的每个业务环节（1分）。	查阅相关文件
	1.2 领导班子	1+1	1.2.1 领导班子健全，馆长具有中级以上职称（1分）； 1.2.2 定（晋）级以来城建档案馆获得本级党委、政府、省建设厅、省档案局、国家档案局表彰或授予先进集体称号的每次计加分0.3分，同级计一次（+1分封顶）。	
	1.3 人员规模、结构	12+1	3.5	1.3.1 人员编制：特大城市20人以上，大城市15人以上，中等城市10人以上，小城市6人以上（其中县3人以上）（1分）； 1.3.2 馆内具有高级职称的人员：特大城市5人以上，大城市3人以上，中、小城市2人以上（1分）；中级以上职称的员工人数：市级馆40%、县（市）级馆30%（0.5分）； 1.3.3 工程、测绘、计算机等技术人员占员工总数的50%以上。工程专业（建设、计算机等）技术人员占全部人员比例不少于30%（1分）。	查阅相关文件、查阅档案馆工作人员名册、相关文件及证书
	1.4 文化程度与业务培训	1.5	1.4.1 工作人员90%以上文化程度达到大专以上（1分）； 1.4.2 工作人员接受城建档案业务培训率达100%（0.5分）。	

续表

评估项目	评估内容	分 值		评 估 细 则	测评方式
2. 法规、制度建设	2.1 地方城建档案法规或规范性文件	8	2.5	2.1.1 地方政府出台了城建档案管理、地下管线档案管理规定或办法等两个以上(含两个)(2.5分);建设(规划)行政主管部门颁发或转发了城建档案管理、地下管线档案管理办法(规定)(1分)。	查阅相关文件和记录
	2.2 制定了城建档案接收范围、移交要求以及业务流程		3.5	2.2.1 当地政府或建设(规划)行政主管部门制定了建设工程档案登记、预验收、报送、备案工作的配套文件,建设、规划、房管行政管理部门已把建设工程档案登记、预验收、报送、备案工作列入办事程序并运行良好(2分); 2.2.2 制定了城建档案接收范围、移交要求以及业务流程(0.5分); 2.2.3 当地政府或建设(规划)行政主管部门制定了城建档案馆档案接收范围细则(1分);	
	2.3 城建档案管理制度建设		2	2.3.1 建立健全了城建档案接收、整理、借阅、统计、鉴定、销毁等项管理制度及岗位责任制(1分); 2.3.2 近年来无档案失窃及其他档案受损等安全事故(1分)。	
3. 业务指导	3.1 建设系统业务指导	8	1	3.1.1 与建设系统各行政管理部门和各专业管理单位保持密切联系,对其进行经常性业务指导(1分)。	查阅相关文件和记录,并随机抽查
	3.2 建设工程档案指导和预验收		5	3.2.1 对依法建设的工程签订《建设工程档案报送责任书》率收达100%(1分);在工程竣工验收前开展建设工程档案预验率收达100%(1分);建设工程档案接收出具《建设工程档案接收证明书》(1分); 3.2.2 经常深入施工现场,对建设、施工单位的建设工程档案工作进行具体指导和工程档案技术服务(1分); 3.2.3 参加重点工程档案验收(1分)。	
	3.3 建立业务工作网络		1	3.3.1 建立以城建档案管理机构为中心,以建设系统各单位档案室和下级建设(规划)主管部门城建档案管理机构为基础的城建档案管理网络;网络活动正常、联系紧密(0.5分); 3.3.2 定期召开辖区城建档案工作会议,定期进行检查评比(0.5分)。	
	3.4 交流和业务培训		1	3.4.1 对城建档案工作人员定期组织业务交流和进行经常性的业务培训(1分)。	

137

续表

评估项目	评估内容	分 值		评 估 细 则	测评方式
4. 档案接收	4.1 馆藏档案门类齐全、结构合理		4	4.1.1 馆藏档案：特大城市15万卷以上，大城市达到10万卷以上，中等城市达到7万卷以上，小城市达到5万卷（其中县城达到3万卷以上）（3分），不符合上述标准，按比例扣分； 4.1.2 馆藏档案门类齐全、结构合理（1分）。	查阅相关文件和记录、实地查看和随机抽查
	4.2 重点建设项目工程档案接收率		1	4.2.1 依法建设的大、中型建设项目和重点建设项目工程档案全部接收进馆（1分）。	
	4.3 地下管线档案接收	11	2	4.3.1 及时接收新铺设的地下管线档案和地下管线普查档案（1分）； 4.3.2 地下管线档案完整、准确，符合要求（1分）。	
	4.4 建设系统业务管理档案		1	4.4.1 有计划、有步骤地接收城建档案业务管理与技术档案、城市基础资料（1分）。	
	4.5 图书、资料与档案征集		1	4.5.1 接收与城市规划、建设和管理工作有关的图书、资料（0.5分）； 4.5.2 开展档案、资料征集，并取得成效（0.5分）。	
	4.6 所接收档案质量		2	4.6.1 接收归档的文件资料的制成材料、字迹符合档案保管要求（1分）；工程竣工图编制符合国家有关要求（1分）。	
5. 档案整理	5.1 档案整理、立卷	3	3	5.1.1 档案整理、立卷符合国家有关标准和规范要求；工程档案立卷符合《建设工程文件归档与整理规范》的要求（1分）； 5.1.2 馆（室）藏档案、资料分类清晰，档号设置符合规范要求，档案排列整齐有序，方便调阅（1分）； 5.1.3 基本无积存零散文件和未整理、未编目、未分类案卷（1分）。	实地查看和随机抽查
6. 档案编目	6.1 目录系统	4	2	6.1.1 建有科学合理的目录体系，提供多种检索途径（1分）； 6.1.2 建有必备的城建档案总目录和分类目录（1分）。	实地查看和随机抽查
	6.2 档案著录		2	6.2.1 对馆藏档案进行了工程项目级和案卷级著录（1分）； 6.2.2 著录项设置符合《城市建设档案著录规范》的规定（1分）。	

续表

评估项目	评估内容	分 值		评 估 细 则	测评方式
7. 档案统计	7.1 建立统计台账	2	1	7.1.1 建立有符合规定的收进、移出、保管、利用等统计台账（1分）。	查阅相关记录台账、实地查看并随机抽查
			0.5	7.1.2 有历年的统计，能快速统计出馆藏档案情况（0.5分）。	
	7.2 按时完成统计任务		0.5	7.2.1 按时完成上级下达的年度统计任务，及时上报《城建档案工作基本情况统计报表》（0.5分）。	
8. 档案鉴定	8.1 保管期限和密级划分	3	1.5	8.1.1 按照规定制定和准确划分了档案保管期限和密级（1分）； 8.1.2 开展了档案划控，并依据标准开展档案开放（0.5分）。	查阅相关记录台账、并实地查看
	8.2 档案鉴定		1.5	8.2.1 建立了档案鉴定机构，开展了档案鉴定工作（1分）； 8.2.2 档案鉴定、销毁手续齐全，无泄密事件发生（0.5分）。	
9. 档案保管与保护	9.1 馆库建设	15	8	9.1.1 档案馆为独立或自成一体建筑，符合《档案馆建筑设计规范》（包括馆址选择、建筑设计、档案防护、防火设计、建筑设备等）的要求的计3分；有专用档案库房、独立的办公室和阅档室等技术用房，库房建设基本符合安全保管要求计2分（3分封顶）； 9.1.2 馆库面积符合《档案馆建设标准》的要求，特大城市13400平方米以上，大城市10800平方米以上，中等城市8800平方米以上，小城市6600平方米以上，县1200平方米以上（含已开工建设的档案馆，以立项批准面积为准）（5分），不足者按比例得分计。	查阅相关记录台账、实地查看和抽检
	9.2 设施与设备		4	9.2.1 有满足工作需要的档案管理设备、保护设备（安全监控设备、自动报警和灭火设备、温湿度测量与调控设备、防有害生物设施等各计0.5分），符合规范第10章的规定（不需设备能达标者，此项可得分）（2分）； 9.2.2 建立了特藏室，对珍贵档案和特藏档案有妥善的保管措施（1分）； 9.2.3 有充裕的密集架、底图柜等档案装具，各类档案卷皮、卷盒等装具符合规范要求（1分）。	
	9.3 库房温湿度控制、库房管理、档案保护		3	9.3.1 建立库房温湿度记录制度（0.5分）；库房温湿度控制、库房管理、档案保护符合本规范第10章的规定（0.5分）； 9.3.2 制定档案安全责任制（0.5分）和事故及灾害应急预案（0.5分）； 9.3.3 近年来库房内无鼠、无虫、无霉变、无积尘、无火灾、无水浸、无失窃、无泄密（1分）（有一种不符合即不得分）。	

续表

评估项目	评估内容	分值	评估细则	测评方式
10. 声像档案	10.1 声像设备、制作能力	1	10.1.1 有满足工作需要的声像设备（0.5分）； 10.1.2 具备摄录、剪辑、制作能力（0.5分）。	实地查看和抽检
	10.2 照片和录像档案数量	2	10.2.1 积累了有效的城乡建设、工程建设等方面的照片5000张以上（1分），录像2000分钟以上（1分）。	
	10.3 电视专题片	2	10.3.1 定（晋）级以来拍摄制作一定数量的电视专题片：市级馆3部以上、县（市）级馆1部以上（1分）； 10.3.2 积极主动记录城市规划、建设、管理工作重大事件（活动）和重大（重点）工程建设情况（0.5分）； 10.3.3 利用馆藏声像档案资料为政府部门、社会各界提供服务并取得一定的社会效益（0.5分）。	
		5		
11. 信息化与信息安全	11.1 城建档案管理系统应用	5	11.1.1 采用城建档案管理软件，对城建档案业务工作实行计算机管理，并覆盖全馆各工作环节（办公自动化、业务指导、档案管理、统计、利用服务）（3分）； 11.1.2 建立了覆盖馆藏全部档案的电子目录，实现了计算机检索（2分）。	查阅相关材料、实地查看和测试
	11.2 设备与网络	4	11.2.1 有满足工作需要的计算机、复印机、打印机、扫描仪（1分）； 11.2.2 馆内建立局域网（1分）；与政务（上级）网联通，信息共享（0.5分）； 11.2.3 建有独立对外的网站，城建档案特点突出，地方特色鲜明（1分），网页0.5分；网站可以查询50%以上馆藏档案目录（0.5分）。	
	11.3 档案数字化	3.5	11.3.1 具备了档案数字化工作条件，制定了馆藏档案数字化工作方案（0.5分）； 11.3.2 对馆藏重要纸质档案和声像档案进行数字化处理，纸质档案数字化率30%以上（1分）；声像档案数字化率80%以上（1分）； 11.3.3 建立全文和多媒体数据库（1分）。	
	11.4 地下管线档案信息动态管理	+1	11.4.1 采用管理软件，对地下管网档案信息实行动态管理（+1分）。	
	11.5 建设电子档案接收	2	11.5.1 制定电子文件接收办法（0.5分），开展了建设工程电子档案的接收（1分）； 11.5.2 按《建设电子文件与档案管理规范》CJJ/T 117的要求进行管理（0.5分）。	
	11.6 安全保护措施和制度	1.5	11.6.1 对档案管理软件、档案数据库、硬件设备及档案传送网络有严格的保密管理制度（0.5分）和安全保护措施（0.5分）； 11.6.2 制定了城建档案异地数据备份规划并逐步实施（0.5分）。	
		16+1		

续表

评估项目	评估内容	分 值		评 估 细 则	测评方式
12. 信息开发与科研	12.1 编研工作	7+1	4.5	12.1.1 完成《城建档案馆指南》、《城建大事记》、《有关基础数据汇编》、《重点工程简介》等基础编研，市级馆5种以上、县（市）级馆3种以上，并有较高利用价值（3分）； 12.1.2 近年来编纂公开出版史料、画册、书籍等4本以上或达到50万字计1.5分，2本以上或达到30万字计1分（内部出版均按一半分值计算），编研成果有获省、市级以上奖励计0.5分（1.5分封顶）。	查阅相关材料、汇编实物并实地查看和抽检
	12.2 城建档案科研与学术研究		2.5+1	12.2.1 近年来获得省部级以上科技立项或参与项目的每项计0.3分（0.5分封顶）；市级每项计0.2分（0.5分封顶）； 12.2.2 科研成果获省部级科技进步奖每项加0.5分；获省建设厅、省档案局优秀科技成果奖每项加0.3分（+1分封顶）； 12.2.3 馆内专业技术人员具有较强的业务理论研究能力，近五年在省级以上公开出版刊物（有刊号）上发表的文章：市级馆5篇以上、县（市）级馆3篇以上（1分）； 12.2.4 每年均有学术文章在省级以上专业会议或刊物上发表（0.5分）。	
13. 信息服务	13.1 馆藏档案开放利用	6	5	13.1.1 建立了公开检索目录，提供多种检索工具（1分）； 13.1.2 制定了查阅利用指南等服务措施（0.5分）；服务热情周到，调卷快速、准确（0.5分）；建立了服务效能监察系统（0.5分）； 13.1.3 建立了档案利用信息反馈制度（0.5分）；有5年以上档案利用效果汇编和实例（1.5分）； 13.1.4 制订了符合法律法规的城建档案信息服务、公开、查阅规定（0.5分）。	查阅相关材料、实地查看和抽检
	13.2 档案宣传		1	13.2.1 近年来举办各种专题展览的每次计0.2分（0.5分封顶）； 13.2.2 在国家级报刊上发表宣传档案工作的文章每篇计0.3分，在省、市级新闻媒体向社会宣传城建档案工作、法律法规每次计0.2分，参与制作的专题片在市以上电视台每片计0.2分（0.5分封顶）。	
14. 创新能力	14.1 城建档案工作创新	+1	+1	14.1.1 近年来在我省城建档案工作领域首创的有示范性作用的工作并被全省城建档案系统认可的创新内容，并得到组织试点，在本全省普遍推广的，取得社会成效的每项加0.5分（+1分封顶）。	查阅相关材料、评议

业务规范标准

城市建设档案著录规范
GB/T 50323—2001

建设部
国家质量技术监督局 联合发布

1 总　则

1.0.1 为建立健全全国统一的城建档案检索体系，提高全国城建档案的管理水平，充分发挥城建档案在城市建设中的作用，制定本规范。

1.0.2 本规范适用于各类城建档案的著录工作，不适宜用作城建档案目录的组织方法。

1.0.3 城建档案著录除执行本规范外，尚应执行有关标准规范的规定。

2 术语、符号

2.1 术　语

2.1.1 城建档案（urban construction archive）

在城市规划、建设及其管理活动中直接形成的有价值的各种形式的历史记录。

2.1.2 建设工程项目（construction project）

具有计划任务书和总体设计，经济上实行独立核算，行政上具有独立组织形式的基本建设项目。一个建设项目可以有多个单项工程，也可以只有一个单项工程。

2.1.3 单项工程（single project）

在建设工程项目中，具有独立的设计文件，竣工后可以独立发挥生产能力或工程效益的工程。

2.1.4 工程档案（project archive）

工程档案是在整个工程建设过程中，包括从立项、审批到竣工验收备案等一系列活动中直接形成的文字、图表、声像等各种形式的有价值的历史记录。

2.1.5 案卷（file）

由互有联系的若干文件组成的档案保管单位。

2.1.6 城建档案著录（description of urban construction archive）

编制城建档案目录时，为提取城建档案信息，对城建档案的内容和形式特征进行分析、选择和记录的过程。

2.1.7 城建档案著录项目（item of description for urban construction archive）

揭示城建档案内容和形式特征的记录事项，分大项、小项和单元。大项主要包括题名与责任者、稿本与文种、密级与保管期限、时间、载体与数量、专业记载、附注与提要、排检与编号等八项。各大项下又分若干小项，小项下又分若干单元。

2.1.8　条目（entry）

档案著录的结果，是反映工程（项目）、案卷、文件内容和形式特征的著录项目的组合。

2.1.9　著录格式（description form and format）

著录项目在条目中的排列顺序及其表达方式。

2.1.10　档案目录（catalogue for archives）

按照一定的次序编排而成的条目汇集，是档案管理、检索和报道的工具。

2.2　符　　号

2.2.1　著录用符号

为了区分、识别各著录大项、小项或表达著录内容，著录时，必须使用一些特定的符号，这些特定的符号就是著录用符号。著录用各种符号及用途详见下表：

表 2.2.1　著录用符号及用途

符号	用途
.—	置于下列六大项之前：稿本与文种项、密级与保管期限项、时间项、载体与数量项、专业记载项、附注与提要项，用于区分各大项
=	置于并列题名之前
：	置于下列著录小项之前：文件编号、工程地址、文种、保管期限、数量及单位、规格，以及各专业记载项之间，用于区分各著录小项
/	置于第一责任者之前
；	置于其他责任者之前，多个文件编号之间，用于区分同一著录小项的各著录单元
+	置于每一个附件之前
[]	置于下列著录内容的两端：自拟著录内容、文件编号中的年度、责任者省略时的"等"字
()	置于有关责任者的说明文字的两端，如责任者所属机构名称、责任者真实姓名、责任者职务或身份、外国责任者国别及姓名原文等
？	置于不能确定的著录内容之前，一般与 [] 号配合使用
—	用于下列内容之间：日期起止、档号、电子文档号、缩微号、存放地址号的各层次之间
…	用于节略内容
□	用于每一个残缺文字和未考证出时间的每一数字。未考证出的责任者及难以计数的残缺文字用三个"□"表示

2.2.2　著录用符号使用说明

1. ". —"符号占两格，在回行时不应拆开。"[]"和"（）"左右两半各占一格，其他符号均占一格，前后不再空格。

2. 如某个著录大项缺少第一个著录小项时，应将现在位于首位的小项原规定的著录

145

符号改为". —"。

    3. 不著录的大项、小项或单元，其著录符号应连同该项目一并省略。

3 基 本 规 定

3.1 著录级别与著录详简级次

3.1.1 依据著录对象的不同，可将档案著录划分为工程（项目）级、案卷级、文件级三级。

    1. 工程（项目）级著录是对一个工程（项目）的所有档案的内容及形式特征进行分析、记录。

    2. 案卷级著录是一个案卷的档案内容和形式特征进行分析、记录。

    3. 文件级著录是对一份文件的内容和形式特征进行分析、记录。

3.1.2 著录详简级次指著录的详简程度，分为简要级次和详细级次。

    1. 条目仅著录必要项目的称简要级次。

    必要项目包括：正题名、文件编号、工程（项目）地址、第一责任者、时间、专业记载、档号、缩微号、存放地址号、主题词。

    2. 条目除著录必要项目外，还著录部分或全部选择项目的称详细级次。

    选择项目包括：并列题名、副题名及说明题名文字、其他责任者、附件、稿本与文种、密级、保管期限、载体与数量、附注、提要、档案馆代号、电子文档号。

3.2 著录文字要求

3.2.1 著录用文字必须规范化。

3.2.2 文件编号、时间项、载体与数量项、专业记载项、排检与编号项中的数字一律用阿拉伯数字。

3.2.3 其他语种文字档案著录时必须依照其语种文字书写规则。

3.3 著 录 信 息 源

3.3.1 著录信息来源于被著录的档案。

3.3.2 单份文件著录时，主要依据文头、文尾。

3.3.3 一个案卷著录时，主要依据案卷封面、卷内文件目录、备考表等。

3.3.4 被著录的档案信息不足时，参考其他有关的档案、资料。

4 著 录 项 目

4.1 著录项目划分

4.1.1 城建档案著录项目共分题名与责任者项、稿本项、密级与保管期限项、时间项、载体与数量项、专业记载项、附注与提要项、排检与编号项等八大项，每大项又分若干小项。详见下表：

表 4.1.1 城建档案著录项目划分

序号	著录项目名称	
	大 项	小 项
1	题名与责任者	题名
		文件编号
		工程（项目）地址
		责任者
		附件
2	稿本与文种	稿本
		文种
3	密级与保管期限	密级
		保管期限
4	时间	
5	载体与数量	载体类型
		数量与单位
		规格
6	专业记载	
7	附注与提要	附注
		提要
8	排检与编号	档号
		档案馆代号
		缩微号
		存放地址号
		电子文档号
		主题词

4.1.2 著录小项下又可分为若干著录单元。如著录小项"题名"下，又可分为"正题名"与"并列题名"两个著录单元。

4.2 著录项目细则

4.2.1 题名与责任者项

1. 题名

题名又称标题、题目，是直接表达档案中心内容、形式特征的名称。

1）正题名

正题名是档案的主要题名，一般指单份文件文首的题目名称和案卷封面上的题目名称，工程（项目）级的题名指工程或项目的名称。正题名照原文著录。

2）并列题名

以第二种语言文字书写的与正题名对照并列的题名。必要时并列题名与正题名一并著录。其前加"="号。

3）副题名及说明题名文字

副题名是解释或从属于正题名的另一题名。副题名照原文著录，正题名能够反映档案内容时，副题名不必著录。

说明题名文字是指在题名前后对档案内容、范围、用途等的文字说明。

副题名及说明题名文字前加";"号。

2. 文件编号

文件编号是文件制发机关、团体或个人编写的顺序号，包括发文字号、图号等，按照原文字和符号著录，其前加":"号。对于一个工程来讲，其文件编号大致有以下几种：

1）建设工程项目立项批准文件号

建设工程项目立项批准文件号著录计划部门或主管部门批准该工程项目正式立项的文件编号。

2）建设工程规划许可证号

建设工程规划许可证号著录城市规划主管部门对该建设工程项目核发的建设工程规划许可证的编号。

3）建设工程用地规划许可证号

建设工程用地规划许可证号著录城市规划主管部门对该建设工程项目核发的建设工程用地规划许可证的编号。

4）建设工程用地许可证号

建设工程用地许可证号著录城市土地主管部门对该建设工程项目核发的土地使用证编号。

5）工程设计（勘察）编号

工程设计（勘察）编号著录建筑设计（勘察）部门对该建设工程项目进行设计（勘察）的编号。

6）建设工程施工许可证号

建设工程施工许可证号著录建设行政主管部门对该建设工程项目核发的施工许可证编号。

7）建设工程竣工验收备案登记号

建设工程竣工验收备案登记号是指建设工程竣工验收后，建设单位向建设行政主管部门报送备案材料时，建设行政主管部门赋予该工程的备案登记编号。

8）工程所在地形图号

指工程所在的 1：500 地形图的分幅号。

3. 工程（项目）地址

工程（项目）地址指工程项目的建设地点或征地地址。本市工程著录区（县）、街道（乡、路）、门牌号（村、队）；外地工程著录省、市（县）、街道（路）名。其前加":"号。案卷级和文件著录，不必著录此项。

4. 责任者

责任者指文件材料的形成单位或个人。

1）第一责任者

第一责任者是指列于首位的责任者。著录时其前加"／"号。

2）其他责任者

其他责任者是指除第一责任者以外的责任者，其前加";"号。

3）工程（项目）级责任者著录顺序一般为：建设单位（立卷单位）、建设项目（或事由）批准单位、项目（或事由）申请或实施单位。如建设工程（项目）责任者著录顺序为：建设单位、立项批准单位、设计单位、施工单位、监理单位；建设工程（用地）规划管理档案项目级责任者著录顺序为：立卷单位、申请（用地）单位、批准单位（项目批准单位和用地批准单位）、设计单位（或被征地单位）。

4）案卷级责任者一般只著编制单位。

5. 附件

是指文件正文后的附加材料，各附件题名前均冠以"＋"号。

4.2.2 稿本与文种项

1. 稿本是指档案的文稿、文本和版本，依实际情况著录为正本、副本、草稿、定稿、手稿、草图、原图、底图、蓝图、试行本、修订本、复印件等，其前加".—"号。

2. 文种是指文件种类的名称，依实际情况著录为命令、决议、指示、通知、报告、批复、函、会议纪要、协议书、任务书、施工图、竣工图、鉴定书等。文种前加":"号。

4.2.3 密级与保管期限项

1. 密级

1）密级是指文件保密程度的等级，一般按文件形成时所定密级著录，对已升、降、解密的。应著录新密级。密级前加".—"号。

2）密级按 GB/T 7156—1987 第四章文献保管等级代码表划分为六个级别。名称与代码如下表：

表 4.2.3　文献保密登记代码

名　　　称	数字代码	汉语拼音代码	汉字代码
公开级	0	GK	公开
国内级	1	GN	国内
内部级	2	NB	内部
秘密级	3	MM	秘密
机密级	4	JM	机密
绝密级	5	UM	绝密

3）密级为"公开级"、"国内级"、"内部级"时，一般不必著录。

2. 保管期限

1）保管期限是指根据档案价值确定的档案应该保存的时间，一般分为永久、长期、短期三种。保管期限前加":"。

2）保管期限一般按案卷组成时所定保管期限著录，对已更改的。应著录新的保管期限。

4.2.4 时间项

1. 对文件级著录，时间项著录文件形成时间。

一般文书(通知、报告、批复)的形成时间为发文时间；决议、决定、规定为通过时间或发布时间；合同、协议书为签署时间；报表计划为编制时间；工程设计图纸为设计时间；工程竣工图为编制完成时间，如图上没有签注编制完成时间，则以工程竣工时间代替。

2. 对案卷级著录，时间项著录案卷内文件起止时间。

一般案卷起止时间为卷内文件形成最早、最晚时间。起止时间著录中间用"—"相连，如："1987.07.03—1988.12.14"。

3. 对工程级著录，时间项录工程开、竣工时间或建设工程规划许可证及建设用地规划许可证的批准时间。

4. 著录时间时，年、月、日之间用"."号相隔，如"1985 年 12 月 10 日"著录为"1985.12.10"。时间项前加".—"。

4.2.5 载体类型

1. 载体类型

1）载体类型项著录档案载体的物质形态特征。其前加".—"。

2）载体类型分为底图、缩微片、照片、底片、录音带、录像带、光盘、计算机磁盘、计算机磁带、电影胶片、唱片等。根据档案实际载体类型著录，除底图外，以纸为载体的档案一律不著录本项。

2. 数量及单位

数量用阿拉伯数字，单位用档案物质形态的统计单位，如"页"、"张"、"卷"、"袋"、"册"、"盒"等。著录时其前加":"号。

3. 规格

规格指档案载体的尺寸及型号，著录时其前加":"号，如".—5 页：16 开"，".—2张：A0"。

4.2.6 专业记载项

本项作为城建档案的专业特征记载项，著录于附注项前。根据著录对象不同分为房屋建筑工程专业记载项（含房屋建筑工程规划管理档案）、市政基础设施工程专业记载项（含市政基础设施规划管理档案）、城市管线工程专业记载项、建设工程用地规划管理专业记载项。本项对工程（项目）级档案是必要著录项目，案卷、文件级档案可不著录。各专业记载项之间加":"。

1. 房屋建筑工程专业记载项著录下列内容：

1）建筑面积，2）高度，3）层数，4）结构类型，5）开工时间，6）竣工时间，7）总用地面积，8）总建筑面积，9）幢数，10）工程预算，11）工程决算。

2. 市政基础设施工程专业记载项著录下列内容：

1）长度，2）宽度，3）高度，4）跨径，5）结构类型，6）孔数，7）级别，8）荷载，9）净空，10）开工时间，11）竣工时间，12）总用地面积，13）总建筑面积，14）总长度，15）工程预算，16）工程决算。

3. 城市管线工程专业记载项著录下列内容：

1）长度，2）规格，3）材质，4）荷载，5）起点，6）止点，7）总长度，8）开工时间，9）竣工时间，10）工程预算，11）工程决算。

4. 建设工程规划管理档案专业记载项著录下列内容：

1）建筑面积，2）幢数，3）层数，4）长度，5）宽度，6）高度，7）跨度，8）荷载，9）规格，10）级别，11）净空，12）结构类型，13）工程造价。

5. 建设工程用地规划管理档案专业记载项著录下列内容：

1）征拨分类，2）用地分类，3）原土地分类，4）用地面积。

4.2.7 附注与提要项

1. 附注

1）附注项著录各个项目中需要解释和补充的事项，依各项目的顺序著录，项目以外需要解释和补充的列在最后。

2）每一条附注均以".—"分隔。如每一条附注都分段著录时，可省略该著录符号。

2. 提要

1）提要项是对档案内容的简介和评述，应力求反映其主题内容、重要数据（包括技术参数）。

2）提要项在附注项之后另起一段空两个汉字位置著录，一般不超过 200 字。

4.2.8 排检与编号项

排检与编号项是目录排检和档案馆（室）业务注记项。

1. 档号

档号是档案馆(室)在档案整理过程中对档案的编号。档号包括分类号、项目号、案卷号、件号或页号。档号置于条目左上角第一行。档号中各号之间用"—"号，占一个字节。

1）工程（项目）级的档号由分类号、项目号组成。

2）案卷级的档号由分类号、项目号、案卷号组成。即工程（项目）档号＋案卷号。

3）文件级的档号由分类号、项目号、案卷号、件号或页号组成。即案卷档号＋件号或页号。件号或页号是指案卷内每一文件的顺序号或首页的编号。

2. 档案馆代号

档案馆（室）代号按照国家统一规定填写。置于条目右上角第一行。尚无代号的，暂时不填，但应留出位置，以备将来填写。

3. 缩微号

缩微号是档案馆（室）赋予档案缩微品的编号，著录于条目左上角第二行，与档案馆代码齐头。

4. 电子文档号

电子文档号是档案馆、室管理电子文件的一组符号代码，著录于条目第二行的中间位置。

5. 存放地址号

存放地址号著录档案存放处的编号。一般包括库号、列（排）号、节（柜）号、层号，著录于条目右上角第二行。

6. 主题词

主题词是揭示档案内容的规范化的词或词组。

1）主题词按照 DA/T 19—1999《档案主题标引规则》、《中国档案主题词表》、《城建档案主题词表》等进行标引。

2）主题词著录于附注与提要项之后，另起一段齐头著录。

3）各级著录，一般著录 4 至 6 个主题词。各词之间空一个汉字位置，一个词或词组不得分两行书写。

5 著 录 格 式

5.0.1 著录格式按照其表现形式可分为表格式和段落符号式。

5.0.2 表格著录格式

1. 工程（项目）级条目表格著录格式

按照不同著录对象，工程（项目）级档案表格著录格式分为房屋建筑工程、市政基础设施工程、城市管线工程、建设工程规划管理项目、建设用地规划管理项目、通用工程项目六种。

　　1）房屋建筑工程项目级表格著录格式（示例见附录 A）；

　　2）市政基础设施工程项目级表格著录格式(示例见附录 B)；

　　3）城市管线工程项目级表格著录格式（示例见附录 C）；

　　4）建设工程规划管理档案项目级表格著录格式（示例见附录 D）；

　　5）建设用地规划管理档案项目级表格著录格式(示例附录 E)；

　　6）工程（项目）级通用表格著录格式（示例见附录 F）。

2. 案卷级条目表格著录格式（示例见附录 G）。

文件级条目表格著录格式（示例见附录 H）。

5.0.3 段落符号式著录格式

段落符号式著录格式将著录项目划分为四个段落。第一段落中档号、缩微号分别置于条目左上角的第一、二行，档案馆代号、存放地址号分别置于右上角第一、二行，电子文档号置于第二行的中间位置。第二段落从第三行与档号齐头处依次著录题名与责任者项、稿本与文种项、密级与保管期限项、时间项、载体与数量项、专业记载项、附注项，回行时，齐头著录。第三段落另起一行空两格著录提要，回行时与一、二段落齐头。第四段落另起一行齐头著录主题词，各词之间空一格。

1. 工程（项目）级段落符号式条目著录格式

　　档号　　　　　　　　　　　　　　　　　　　　　　　　档案馆代号

　　缩微号　　　　　　　　　电子文档号　　　　　　　　　存放地址号

　　题名＝并列题名；副题名及说明题名文字：立项批准文号；工程规划许可证号；工程用地规划许可证号；工程用地许可证号；工程设计（勘察）编号；工程施工许可证号；竣工验收备案登记号；地形图号：工程地址/第一责任者；其他责任者．—密级；保管期限．—工程开竣工日期．—载体类型：数量及单位：规格．—专业记载．—附注

　　　　提要

　　主题词

2. 案卷级段落符号式条目著录格式

　　档号　　　　　　　　　　　　　　　　　　　　　　　　档案馆代号

　　缩微号　　　　　　　　　电子文档号　　　　　　　　　存放地址号

　　正题名＝并列题名；副题名及题名说明文字：工程（项目）地址/编制单位．—密级：保管期限．—案卷内文件起止时间．—载体类型：数量

及单位：规格．—附注

　　　　　提要

　　　主题词

3. 文件级段落符号式条目著录格式

　　档号　　　　　　　　　　　　　　　　　　　　档案馆代号

　　缩微号　　　　　　　　　电子文档号　　　　　　存放地址号

　　正题名＝并列题名；副题名及题名说明文字：工程（项目）地址/编制

　　单位．—密级：保管期限．—案卷内文件起止时间．—载体类型：数量

　　及单位：规格．—附注

　　　　　提要

　　　主题词

5.0.4 段落符号式著录条目的形式为卡式时，卡片尺寸一般为 12.5cm×7.5cm，著录时卡片四周均应留 1cm 空隙，如卡片正面著录不完，可接背面连续著录。

附录 A　房屋建筑工程（项目）级著录单

	工程名称						
	工程地点						
责任者	建设单位		文号项	立项批准文号			
	立项批准单位			规划许可证号			
	设计单位			用地规划许可证号			
	勘察单位			用地许可证号			
	监理单位			施工许可证号			

专　业　记　载								
单项工程名称	施工单位	建筑面积（m²）	高度（m）	层　数		结构类型	开工时间	竣工时间
				地下	地上			

总用地面积		总建筑面积		幢数	
工程造价		工程结算			

档　案　状　况										
总卷数		文字（卷）		图纸	卷	底图（张）		照片（张）		底片（张）
					张					
录音带（盒）		录像带（盒）		光盘（盘）		计算机	磁带（盘）		缩微片	盘
							磁盘（盘）			张
保管期限		密级		进馆日期						
移交单位										

排　检　与　编　号			
档　号		缩微号	
存放位置起始号			
附　注			

附录 B 市政基础设施工程(项目)级著录单

	工程名称						
	工程地点						
责任者	建设单位		文号项	立项批准文号			
	立项批准单位			规划许可证号			
	设计单位			用地规划许可证号			
	勘察单位			用地许可证号			
	监理单位			施工许可证号			

专 业 记 载										
单项工程名称	施工单位	结构类型	长度(m)	宽度(m)	高度(m)	跨径	孔数	级别	荷载	净空

总用地面积		总建筑面积		总长度(m)	
开工时间		竣工时间		工程造价	工程结算

档 案 状 况										
总卷数	文字(卷)	图纸	卷	底图(张)		照片(张)		底片(张)		
			张							
录音带(盒)	录像带(盒)	光盘(盘)	计算机	磁带(盘)	缩微片	盘	其他			
				磁盘(盘)		张				
保管期限		密级		进馆日期						
移交单位										

排 检 与 编 号			
档 号		缩微号	
存放位置起始号			

附 注	

附录 C 城市管线工程(项目)级著录单

	工程名称				
	工程地点				
责任者	建设单位		文号项	立项批准文号	
	立项批准单位			规划许可证号	
	设计单位			用地规划许可证号	
	勘察单位			用地许可证号	
	监理单位			施工许可证号	

专 业 记 载

单项工程名称	施工单位	地形图号	长度(m)	规格	材质	荷载

起 点		止 点		总长度(m)	
开工时间		竣工时间		工程造价	工程结算

档 案 状 况

总卷数		文字(卷)		图纸	卷	底图(张)		照片(张)		底片(张)	
					张						
录音带(盒)		录像带(盒)		光盘(盘)		计算机	磁带(盘)	缩微片	盘	其他	
							磁盘(盘)		张		
保管期限		密级			进馆日期						
移交单位											

排 检 与 编 号

档 号		缩微号	
存放位置起始号			
附 注			

155

附录 D 建设工程规划管理档案项目级著录单

工程名称					
工程地点					
责任者	建设单位		文号项	立项批准文号	
	立项批准单位			规划许可证号	
	设计单位			用地规划许可证号	
	施工单位			用地许可证号	
				地形图号	

专 业 记 载							
建筑面积		幢 数		长 度		规 格	
高 度		层 数		宽 度		级 别	
跨 度		净 空		荷 载			
申请时间				工程造价			
批准时间				结构类型			

档 案 状 况							
文字(页)		图纸(张)		光 盘		磁 盘	
保管期限		密 级			进馆日期		
移交单位							

排 检 与 编 号			
档 号		缩微号	
存放位置起始号			
附 注			

附录 E　建设用地规划管理档案项目级著录单

用地项目名称					
征地位置					
责任者	用地单位		文号项	立项批准文号	
	立项批准单位			规划许可证号	
	被征单位			用地规划许可证号	
	规划批准单位			用地许可证号	
				地形图号	
专　业　记　载					
用地分类			征拨分类		
原土地分类			批准时间	用地面积	
档　案　状　况					
文字(页)		图纸(张)		光　盘	磁　盘
保管期限		密　级		进馆日期	
移交单位					
排　检　与　编　号					
档　号			缩微号		
存放位置起始号					
附　注					

附录F 工程(项目)级通用著录单

工程名称							
工程地点							

责任者				文号项			

专 业 记 载			

档 案 状 况										
总卷数		文字(卷)		图纸	卷		底图(张)		照片(张)		底片(张)
					张					
录音带(盒)		录像带(盒)		光盘(盘)		计算机	磁带(盘)		缩微片	盘	其他
							磁盘(盘)			张	

保管期限		密级		进馆日期	
移交单位					

排 检 与 编 号			
档 号		缩微号	
存放位置起始号			
附 注			

附录 G　工程（项目）案卷级通用著录单

档　　号		缩微号	
存放地址		库　列　节（柜层）	
案卷题名			
编制单位			
载体类型		数量/单位	规格
卷内文件起始时间		卷内文件终止时间	
保管期限		密　级	
主题词			
附　注			

附录 H 文件级通用著录单

档　号		缩微号	
存放处	库　　列　　节（柜）层		
文件题名			
责任者			
文（图）号		文　本	
保管期限		密　级	
形成时间		载体类型	
数量/单位		规　格	
提　要			
主题词			
附　注			

附录 J 本规范用词说明

1. 为便于在执行本规范条文时区别对待，对要求严格程度不同的用词，说明如下：

　1）表示很严格，非这样做不可的用词：

　　　正面词采用"必须"；

　　　反面词采用"严禁"。

　2）表示严格，在正常情况下均应这样做的用词：

　　　正面词采用"应"；

　　　反面词采用"不应"或"不得"。

　3）表示允许稍有选择，在条件许可时，首先应这样做的用词：

　　　正面词采用"宜"；

　　　反面词采用"不宜"。

　　　表示有选择，在一定条件下可以这样做的，采用"可"。

2. 条文中指定按其他有关标准、规范执行时，写法为：

"应符合……的规定"或"应按……执行"。

建设工程文件归档整理规范
GB/T 50328—2001

中华人民共和国建设部
国家质量技术监督局　联合发布

根据我部《关于印发〈二〇〇〇至二〇〇一年度工程建设国家标准制订、修订计划〉的通知》（建标［2001］87号）的要求，由建设部会同有关部门共同制订的《建设工程文件归档整理规范》，经有关部门会审，批准为国家标准，编号为GB/T 50328－2001，自2002年5月1日起施行。

本规范由建设部负责管理，建设部城建档案工作办公室负责具体技术内容的解释，建设部标准定额研究所组织中国建筑工业出版社出版发行。

1 总　　则

1.0.1 为加强建设工程文件的归档整理工作，统一建设工程档案的验收标准，建立完整、准确的工程档案，制定本规范。

1.0.2 本规范适用于建设工程文件的归档整理以及建设工程档案的验收。专业工程按有关规定执行。

1.0.3 建设工程文件的归档整理除执行本规范外，尚应执行现行有关标准的规定。

2 术　　语

2.0.1 建设工程项目（construction project）

经批准按照一个总体设计进行施工，经济上实行统一核算，行政上具有独立组织形式，实行统一管理的工程基本建设单位。它由一个或若干个具有内在联系的工程所组成。

2.0.2 单位工程（single project）

具有独立的设计文件，竣工后可以独立发挥生产能力或工程效益的工程，并构成建设工程项目的组成部分。

2.0.3 分部工程（subproject）

单位工程中可以独立组织施工的工程。

2.0.4 建设工程文件（construction project document）

在工程建设过程中形成的各种形式的信息记录，包括工程准备阶段文件、监理文件、施工文件、竣工图和竣工验收文件，也可简称为工程文件。

2.0.5 工程准备阶段文件（seedtime document of a construction project）

工程开工以前，在立项、审批、征地、勘察、设计、招投标等工程准备阶段形成的文件。

2.0.6 监理文件（project management document）

监理单位在工程设计、施工等监理过程中形成的文件。

2.0.7 施工文件（constructing document）

施工单位在工程施工过程中形成的文件。

2.0.8 竣工图（as-build drawing）

工程竣工验收后，真实反映建设工程项目施工结果的图样。

2.0.9 竣工验收文件（handing over document）

建设工程项目竣工验收活动中形成的文件。

2.0.10 建设工程档案（project archive）

在工程建设活动中直接形成的具有归档保存价值的文字、图表、声像等各种形式的历史记录，也可简称工程档案。

2.0.11 案卷（file）

由互有联系的若干文件组成的档案保管单位。

2.0.12 立卷（filing）

按照一定的原则和方法，将有保存价值的文件分门别类整理成案卷，亦称组卷。

2.0.13 归档（putting into record）

文件形成单位完成其工作任务后，将形成的文件整理立卷后，按规定移交档案管理机构。

3 基 本 规 定

3.0.1 建设、勘察、设计、施工、监理等单位应将工程文件的形成和积累纳入工程建设管理的各个环节和有关人员的职责范围。

3.0.2 在工程文件与档案的整理立卷、验收移交工作中，建设单位应履行下列职责：

1 在工程招标及勘察、设计、施工、监理等单位签订协议、合同时，应对工程文件的套数、费用、质量、移交时间等提出明确要求；

2 收集和整理工程准备阶段、竣工验收阶段形成的文件，并应进行立卷归档；

3 负责组织、监督和检查勘察、设计、施工、监理等单位的工程文件的形成、积累和立卷归档工作；也可委托监理单位监督、检查工程文件的形成、积累和立卷归档工作；

4 收集和汇总勘察、设计、施工、监理等单位立卷归档的工程档案；

5 在组织工程竣工验收前，应提请当地的城建档案管理机构对工程档案进行预验收；未取得工程档案验收认可文件，不得组织工程竣工验收；

6 对列入城建档案馆（室）接收范围的工程，工程竣工验收后 3 个月内，向当地城建档案馆（室）移交一套符合规定的工程档案。

3.0.3 勘察、设计、施工、监理等单位应将本单位形成的工程文件立卷后向建设单位移交。

3.0.4 建设工程项目实行总承包的，总包单位负责收集、汇总各分包单位形成的工程档案，并应及时向建设单位移交；各分包单位应将本单位形成的工程文件整理、立卷后及时移交总包单位。建设工程项目由几个单位承包的，各承包单位负责收集、整理立卷其承包项目的工程文件，并应及时向建设单位移交。

3.0.5 城建档案管理机构应对工程文件的立卷归档工作进行监督、检查、指导。在工程竣工验收前，应对工程档案进行预验收，验收合格后，须出具工程档案认可文件。

4 工程文件的归档范围及质量要求

4.1 工程文件的归档范围

4.1.1 对与工程建设有关的重要活动、记载工程建设主要过程和现状、具有保存价值的各种载体的文件，均应收集齐全，整理立卷后归档。

4.1.2 工程文件的具体归档范围应符合本规范附录 A 的要求。

4.2 归档文件的质量要求

4.2.1 归档的工程文件应为原件。

4.2.2 工程文件的内容及其深度必须符合国家有关工程勘察、设计、施工、监理等方面的技术规范、标准和规程。

4.2.3 工程文件的内容必须真实、准确，与工程实际相符合。

4.2.4 工程文件应采用耐久性强的书写材料，如碳素墨水、蓝黑墨水，不得使用易褪色的书写材料，如：红色墨水、纯蓝墨水、圆珠笔、复写纸、铅笔等。

4.2.5 工程文件应字迹清楚，图样清晰，图表整洁，签字盖章手续完备。

4.2.6 工程文件中文字材料幅面尺寸规格宜为 A4 幅面（297mm×210mm）。图纸宜采用国家标准图幅。

4.2.7 工程文件的纸张应采用能够长期保存的韧力大、耐久性强的纸张。图纸一般采用蓝晒图，竣工图应是新蓝图。计算机出图必须清晰，不得使用计算机出图的复印件。

4.2.8 所有竣工图均应加盖竣工图章。

  1 竣工图章的基本内容应包括："竣工图"字样、施工单位、编制人、审核人、技术负责人、编制日期、监理单位、现场监理、总监。

  2 竣工图章示例（附件 1）。

  3 竣工图章尺寸为：50mm×80mm。

  4 竣工图章应使用不易褪色的红印泥，应盖在图标栏上方空白处。

4.2.9 利用施工图改绘竣工图，必须标明变更修改依据；凡施工图结构、工艺、平面布置等有重大改变，或变更部分超过图面 1/3 的，应当重新绘制竣工图。

4.2.10 不同幅面的工程图纸应按《技术制图复制图的折叠方法》（GB/10609.3—89）统一折叠成 A4 幅面（297mm×210mm），图标栏露在外面。

5 工程文件的立卷

5.1 立卷的原则和方法

5.1.1 立卷应遵循工程文件的自然形成规律，保持卷内文件的有机联系，便于档案的保管和利用。

5.1.2 一个建设工程由多个单位工程组成时，工程文件应按单位工程组卷。

5.1.3 立卷可采用如下方法：

1 工程文件可按建设程序划分为工程准备阶段的文件、监理文件、施工文件、竣工图、竣工验收文件 5 部分；

2 工程准备阶段文件可按建设程序、专业、形成单位等组卷；

3 监理文件可按单位工程、分部工程、专业、阶段等组卷；

4 施工文件可按单位工程、分部工程、专业、阶段等组卷；

5 竣工图可按单位工程、专业等组卷；

6 竣工验收文件按单位工程、专业等组卷。

5.1.4 立卷过程中宜遵循下列要求：

1 案卷不宜过厚，一般不超过 40mm。

2 案卷内不应有重份文件；不同载体的文件一般应分别组卷。

5.2 卷内文件的排列

5.2.1 文字材料按事项、专业顺序排列。同一事项的请示与批复、同一文件的印本与定稿、主件与附件不能分开，并按批复在前、请示在后，印本在前、定稿在后，主件在前、附件在后的顺序排列。

5.2.2 图纸按专业排列，同专业图纸按图号顺序排列。

5.2.3 既有文字材料又有图纸的案卷，文字材料排前，图纸排后。

5.3 案 卷 的 编 目

5.3.1 编制卷内文件页号应符合下列规定：

1 卷内文件均按有书写内容的页面编号。每卷单独编号，页号从"1"开始。

2 页号编写位置：单面书写的文件在右下角；双面书写的文件，正面在右下角，背面在左下角。折叠后的图纸一律在右下角。

3 成套图纸或印刷成册的科技文件材料，自成一卷的，原目录可代替卷内目录，不必重新编写页码。

4 案卷封面、卷内目录、卷内备考表不编写页号。

5.3.2 卷内目录的编制应符合下列规定：

1 卷内目录式样宜符合本规范附录 B 的要求。

2 序号：以一份文件为单位，用阿拉伯数字从 1 依次标注。

3 责任者：填写文件的直接形成单位和个人。有多个责任者时，选择两个主要责任者，其余用"等"代替。

4 文件编号：填写工程文件原有的文号或图号。

5 文件题名：填写文件标题的全称。

6 日期：填写文件形成的日期。

7 页次：填写文件在卷内所排的起始页号。最后一份文件填写起止页号。

8 卷内目录排列在卷内文件首页之前。

5.3.3 卷内备考表的编制应符合下列规定：

1 卷内备考表的式样宜符合本规范附录 C 的要求。

2 卷内备考表主要标明卷内文件的总页数、各类文件页数（照片张数），以及立卷单位对案卷情况的说明。

3 卷内备考表排列在卷内文件的尾页之后。

5.3.4 案卷封面的编制应符合下列规定：

1 案卷封面印刷在卷盒、卷夹的正表面，也可采用内封面形式。案卷封面的式样宜符合附录 D 的要求。

2 案卷封面的内容应包括：档号、档案馆代号、案卷题名、编制单位、起止日期、密级、保管期限、共几卷、第几卷。

3 档号应由分类号、项目号和案卷号组成。档号由档案保管单位填写。

4 档案馆代号应填写国家给定的本档案馆的编号。档案馆代号由档案馆填写。

5 案卷题名应简明、准确地揭示卷内文件的内容。案卷题名应包括工程名称、专业名称、卷内文件的内容。

6 编制单位应填写案卷内文件的形成单位或主要责任者。

7 起止日期应填写案卷内全部文件形成的起止日期。

8 保管期限分为永久、长期、短期三种期限。各类文件的保管期限详见附录 A。

永久是指工程档案需永久保存。

长期是指工程档案的保存期限等于该工程的使用寿命。

短期是指工程档案保存 20 年以下。

同一案卷内有不同保管期限的文件，该案卷保管期限应从长。

9 密级分为绝密、机密、秘密三种。同一案卷内有不同密级的文件，应以高密级为本卷密级。

5.3.5 卷内目录、卷内备考表、案卷内封面应采用 70g 以上白色书写纸制作，幅面统一采用 A4 幅面。

5.4 案 卷 装 订

5.4.1 案卷可采用装订与不装订两种形式。文字材料必须装订。既有文字材料，又有图纸的案卷应装订。装订应采用线绳三孔左侧装订法，要整齐、牢固，便于保管和利用。

5.4.2 装订时必须剔除金属物。

5.5 卷盒、卷夹、案卷脊背

5.5.1 案卷装具一般采用卷盒、卷夹两种形式。

1 卷盒的外表尺寸为 310mm×220mm，厚度分别为 20、30、40、50mm。

2 卷夹的外表尺寸为 310mm×220mm，厚度一般为 20～30mm。

3 卷盒、卷夹应采用无酸纸制作。

5.5.2 案卷脊背

案卷脊背的内容包括档号、案卷题名。式样宜符合附录 E。

6 工程文件的归档

6.0.1 归档应符合下列规定：

1 归档文件必须完整、准确、系统，能够反映工程建设活动的全过程。文件材料归档范围详见附表 A。文件材料的质量符合 4.2 的要求。

2 归档的文件必须经过分类整理，并应组成符合要求的案卷。

6.0.2 归档时间应符合下列规定：

1 根据建设程序和工程特点，归档可以分阶段分期进行，也可以在单位或分部工程通过竣工验收后进行。

2 勘察、设计单位应当在任务完成时，施工、监理单位应当在工程竣工验收前，将各自形成的有关工程档案向建设单位归档。

6.0.3 勘察、设计、施工单位在收齐工程文件并整理立卷后，建设单位、监理单位应根据城建档案管理机构的要求对档案文件完整、准确、系统情况和案卷质量进行审查。审查合格后向建设单位移交。

6.0.4 工程档案一般不少于两套，一套由建设单位保管，一套（原件）移交当地城建档案馆（室）。

6.0.5 勘察、设计、施工、监理等单位向建设单位移交档案时，应编制移交清单，双方签字、盖章后方可交接。

6.0.6 凡设计、施工及监理单位需要向本单位归档的文件，应按国家有关规定和本规范附录 A 的要求单独立卷归档。

7 工程档案的验收与移交

7.0.1 列入城建档案馆（室）档案接收范围的工程，建设单位在组织工程竣工验收前，应提请城建档案管理机构对工程档案进行预验收。建设单位未取得城建档案管理机构出具的认可文件，不得组织工程竣工验收。

7.0.2 城建档案管理部门在进行工程档案预验收时，应重点验收以下内容：

1 工程档案齐全、系统、完整；

2 工程档案的内容真实、准确地反映工程建设活动和工程实际状况；

3 工程档案已整理立卷，立卷符合本规范的规定；

4 竣工图绘制方法、图式及规格等符合专业技术要求，图面整洁，盖有竣工图章；

5 文件的形成、来源符合实际，要求单位或个人签章的文件，其签章手续完备；

6 文件材质、幅面、书写、绘图、用墨、托裱等符合要求。

7.0.3 列入城建档案馆（室）接收范围的工程，建设单位在工程竣工验收后 3 个月内，必须向城建档案馆（室）移交一套符合规定的工程档案。

7.0.4 停建、缓建建设工程的档案，暂由建设单位保管。

7.0.5 对改建、扩建和维修工程，建设单位应当组织设计、施工单位据实修改、补充和完善原工程档案。对改变的部位，应当重新编制工程档案，并在工程竣工验收后 3 个月内向城建档案馆（室）移交。

7.0.6 建设单位向城建档案馆（室）移交工程档案时，应办理移交手续，填写移交目录，双方签字、盖章后交接。

附录 A 建设工程文件归档范围和保管期限表

序号	归 档 文 件	保存单位和保管期限				
		建设单位	施工单位	设计单位	监理单位	城建档案馆
工 程 准 备 阶 段 文 件						
一	立项文件					
1	项目建议书	永久				√
2	项目建议书审批意见及前期工作通知书	永久				√
3	可行性研究报告及附件	永久				√
4	可行性研究报告审批意见	永久				√
5	关于立项有关的会议纪要、领导讲话	永久				√
6	专家建议文件	永久				√
7	调查资料及项目评估研究材料	长期				√
二	建设用地、征地、拆迁文件					
1	选址申请及选址规划意见通知书	永久				√
2	用地申请报告及县级以上人民政府城乡建设用地批准书	永久				√
3	拆迁安置意见、协议、方案等	长期				√
4	建设用地规划许可证及其附件	永久				√
5	划拨建设用地文件	永久				√
6	国有土地使用证	永久				√
三	勘察、测绘、设计文件					
1	工程地质勘察报告	永久		永久		√
2	水文地质勘察报告、自然条件、地震调查	永久		永久		√
3	建设用地钉桩通知单（书）	永久				√
4	地形测量和拨地测量成果报告	永久		永久		√
5	申报的规划设计条件和规划设计条件通知书	永久		长期		√
6	初步设计图纸和说明	长期		长期		
7	技术设计图纸和说明	长期		长期		
8	审定设计方案和通知书及审查意见	长期		长期		√
9	有关行政主管部门（人防、环保、消防、交通、园林、市政、文物、通讯、保密、河湖、教育、白蚁防治、卫生等）批准文件或取得的有关协议	永久				√

续表附录 A

序号	归 档 文 件	保 存 单 位 和 保 管 期 限				
		建设单位	施工单位	设计单位	监理单位	城建档案馆
10	施工图及其说明	长期		长期		
11	设计计算书	长期		长期		
12	政府有关部门对施工图设计文件的审批意见	永久		长期		✓
四	招投标文件					
1	勘察设计招投标文件	长期				
2	勘察设计承包合同	长期		长期		✓
3	施工招投标文件	长期				
4	施工承包合同	长期	长期			✓
5	工程监理招投标文件	长期				
6	监理委托合同	长期			长期	✓
五	开工审批文件					
1	建设项目列入年度计划的申报文件	永久				✓
2	建设项目列入年度计划的批复文件或年度计划项目表	永久				✓
3	规划审批申报表及报送的文件和图纸	永久				
4	建设工程规划许可证及其附件	永久				✓
5	建设工程开工审查表	永久				
6	建设工程施工许可证	永久				✓
7	投资许可证、审计证明、缴纳绿化建设费等证明	长期				✓
8	工程质量监督手续	长期				✓
六	财务文件					
1	工程投资估算材料	短期				
2	工程设计概算材料	短期				
3	施工图预算材料	短期				
4	施工预算	短期				
七	建设、施工、监理机构及负责人					
1	工程项目管理机构（项目经理部）及负责人名单	长期				✓
2	工程项目监理机构（项目监理部）及负责人名单	长期			长期	✓
3	工程项目施工管理机构（施工项目经理部）及负责人名单	长期	长期			✓
	监 理 文 件					
1	监理规划					

续表附录 A

序号	归 档 文 件	保 存 单 位 和 保 管 期 限				
		建设单位	施工单位	设计单位	监理单位	城建档案馆
①	监理规划	长期			短期	✓
②	监理实施细则	长期			短期	✓
③	监理部总控制计划等	长期			短期	
2	监理月报中的有关质量问题	长期			长期	✓
3	监理会议纪要中的有关质量问题	长期			长期	✓
4	进度控制					
①	工程开工/复工审批表	长期			长期	✓
②	工程开工/复工暂停令	长期			长期	✓
5	质量控制					
①	不合格项目通知	长期			长期	✓
②	质量事故报告及处理意见	长期			长期	✓
6	造价控制					
①	预付款报审与支付	短期				
②	月付款报审与支付	短期				
③	设计变更、洽商费用报审与签认	长期				
④	工程竣工决算审核意见书	长期				✓
7	分包资质					
①	分包单位资质材料	长期				
②	供货单位资质材料	长期				
③	试验等单位资质材料	长期				
8	监理通知					
①	有关进度控制的监理通知	长期			长期	
②	有关质量控制的监理通知	长期			长期	
③	有关造价控制的监理通知	长期			长期	
9	合同与其他事项管理					
①	工程延期报告及审批	永久			长期	✓
②	费用索赔报告及审批	长期			长期	
③	合同争议、违约报告及处理意见	永久			长期	✓
④	合同变更材料	长期			长期	✓
10	监理工作总结					
①	专题总结	长期			短期	
②	月报总结	长期			短期	
③	工程竣工总结	长期			长期	✓
④	质量评价意见报告	长期			长期	✓

续表附录 A

序号	归 档 文 件	保 存 单 位 和 保 管 期 限				
		建设单位	施工单位	设计单位	监理单位	城建档案馆
施 工 文 件						
一	建筑安装工程					
（一）	土建（建筑与结构）工程					
1	施工技术准备文件					
①	施工组织设计	长期				
②	技术交底	长期	长期			
③	图纸会审记录	长期	长期	长期		√
④	施工预算的编制和审查	短期	短期			
⑤	施工日志	短期	短期			
2	施工现场准备					
①	控制网设置资料	长期	长期			√
②	工程定位测量资料	长期	长期			√
③	基槽开挖线测量资料	长期	长期			√
④	施工安全措施	短期	短期			
⑤	施工环保措施	短期	短期			
3	地基处理记录					
①	地基钎探记录和钎探平面布点图	永久	长期			√
②	验槽记录和地基处理记录	永久	长期			√
③	桩基施工记录	永久	长期			√
④	试桩记录	长期	长期			√
4	工程图纸变更记录					
①	设计会议会审记录	永久	长期	长期		√
②	设计变更记录	永久	长期	长期		√
③	工程洽商记录	永久	长期	长期		√
5	施工材料预制构件质量证明文件及复试试验报告					
①	砂、石、砖、水泥、钢筋、防水材料、隔热保温、防腐材料、轻集料试验汇总表	长期				√
②	砂、石、砖、水泥、钢筋、防水材料、隔热保温、防腐材料、轻集料出厂证明文件	长期				√
③	砂、石、砖、水泥、钢筋、防水材料、轻集料、焊条、沥青复试试验报告文件	长期				√
④	预制构件（钢、混凝土）出厂合格证、试验记录	长期				√
⑤	工程物质选样送审表	短期				

续表附录 A

序号	归 档 文 件	保 存 单 位 和 保 管 期 限				
		建设单位	施工单位	设计单位	监理单位	城建档案馆
⑥	进场物质批次汇总表	短期				
⑦	工程物质进场报验表	短期				
6	施工试验记录					
①	土壤（素土、灰土）干密度试验报告	长期				√
②	土壤（素土、灰土）击实试验报告	长期				√
③	砂浆配合比通知单	长期				√
④	砂浆（试块）抗压强度试验报告	长期				√
⑤	混凝土配合比通知单	长期				√
⑥	混凝土（试块）抗压强度试验报告	长期				√
⑦	混凝土抗渗试验报告	长期				√
⑧	商品混凝土出厂合格证、复试报告	长期				√
⑨	钢筋接头（焊接）试验报告	长期				√
⑩	防水工程试水检查记录	长期				√
⑪	楼地面、屋面坡度检查记录	长期				√
⑫	土壤、砂浆、混凝土、钢筋连接、混凝土抗渗试验报告汇总表	长期				√
7	隐蔽工程检查记录					
①	基础和主体结构钢筋工程	长期	长期			√
②	钢结构工程	长期	长期			√
③	防水工程	长期	长期			√
④	高程控制	长期	长期			√
8	施工记录					
①	工程定位测量检查记录	永久	长期			√
②	预检工程检查记录	短期				
③	冬施混凝土搅拌测温记录	短期				
④	冬施混凝土养护测温记录	短期				
⑤	烟道、垃圾道检查记录	短期				
⑥	沉降观测记录	长期				√
⑦	结构吊装记录	长期				
⑧	现场施工预应力记录	长期				√
⑨	工程竣工测量	长期	长期			√
⑩	新型建筑材料	长期	长期			√
⑪	施工新技术	长期	长期			√
9	工程质量事故处理记录	永久				√
10	工程质量检验记录					

续表附录 A

序号	归 档 文 件	保 存 单 位 和 保 管 期 限				
		建设单位	施工单位	设计单位	监理单位	城建档案馆
①	检验批质量验收记录	长期	长期		长期	
②	分项工程质量验收记录	长期	长期		长期	
③	基础、主体工程验收记录	永久	长期		长期	√
④	幕墙工程验收记录	永久	长期		长期	√
⑤	分部（子分部）工程质量验收记录	永久	长期		长期	√
（二）	电气、给排水、消防、采暖、通风、空调、燃气、建筑智能化、电梯工程					
1	一般施工记录					
①	施工组织设计	长期	长期			
②	技术交底	短期				
③	施工日志	短期				
2	图纸变更记录					
①	图纸会审	永久	长期			√
②	设计变更	永久	长期			√
③	工程洽商	永久	长期			√
3	设备、产品质量检查、安装记录					
①	设备、产品质量合格证、质量保证书	长期				√
②	设备装箱单、商检证明和说明书、开箱报告	长期				
③	设备安装记录	长期	长期			√
④	设备试运行记录	长期				√
⑤	设备明细表	长期				√
4	预检记录	短期				
5	隐蔽工程检查记录	长期	长期			√
6	施工试验记录					
①	电气接地电阻、绝缘电阻、综合布线、有线电视末端等测试记录	长期				√
②	楼宇自控、监视、安装、视听、电话等系统调试记录	长期				√
③	变配电设备安装、检查、通电、满负荷测试记录	长期				√
④	给排水、消防、采暖、通风、空调、燃气等管道强度、严密性、灌水、通水、吹洗、漏风、试压、通球、阀门等试验记录	长期				√
⑤	电气照明、动力、给排水、消防、采暖、通风、空调、燃气等系统调试、试运行记录	长期				√

续表附录 A

序号	归 档 文 件	保 存 单 位 和 保 管 期 限				
		建设单位	施工单位	设计单位	监理单位	城建档案馆
⑥	电梯接地电阻、绝缘电阻测试记录；空载、半载、满载、超载试运行记录；平衡、运速、噪声调整试验报告	长期				√
7	质量事故处理记录	永久	长期			√
8	工程质量检验记录					
①	检验批质量验收记录	长期	长期		长期	
②	分项工程质量验收记录	长期	长期		长期	
③	分部（子分部）工程质量验收记录	永久	长期		长期	√
（三）	室外工程					
1	室外安装（给水、雨水、污水、热力、燃气、电讯、电力、照明、电视、消防等）施工文件	长期				√
2	室外建筑环境（建筑小品、水景、道路、园林绿化等）施工文件	长期				√
二	市政基础设施工程					
（一）	施工技术准备					
1	施工组织设计	短期	短期			
2	技术交底	长期	长期			
3	图纸会审记录	长期	长期			√
4	施工预算的编制和审查	短期	短期			
（二）	施工现场准备					
1	工程定位测量资料	长期	长期			√
2	工程定位测量复核记录	长期	长期			√
3	导线点、水准点测量复核记录	长期	长期			√
4	工程轴线、定位桩、高程测量复核记录	长期	长期			√
5	施工安全措施	短期	短期			
6	施工环保措施	短期	短期			
（三）	设计变更、洽商记录					
1	设计变更通知单	长期	长期			√
2	洽商记录	长期	长期			√
（四）	原材料、成品、半成品、构配件、设备出厂质量合格证及试验报告					
1	砂、石、砌块、水泥、钢筋（材）、石灰、沥青、涂料、混凝土外加剂、防水材料、粘接材料、防腐保温材料、焊接材料等试验汇总表	长期				√

续表附录 A

序号	归 档 文 件	保存单位和保管期限				
		建设单位	施工单位	设计单位	监理单位	城建档案馆
2	砂、石、砌块、水泥、钢筋（材）、石灰、沥青、涂料、混凝土外加剂、防水材料、粘接材料、防腐保温材料、焊接材料等质量合格证书和出厂检（试）验报告及现场复试报告	长期				√
3	水泥、石灰、粉煤灰混合料；沥青混合料、商品混凝土等试验汇总表	长期				√
4	水泥、石灰、粉煤灰混合料；沥青混合料、商品混凝土等出厂合格证和试验报告、现场复试报告	长期				√
5	混凝土预制构件、管材、管件、钢结构构件等试验汇总表	长期				√
6	混凝土预制构件、管材、管件、钢结构构件等出厂合格证书和相应的施工技术资料	长期				√
7	厂站工程的成套设备、预应力混凝土张拉设备、各类地下管线井室设施、产品等汇总表	长期				√
8	厂站工程的成套设备、预应力混凝土张拉设备、各类地下管线井室设施、产品等出厂合格证书及安装使用说明	长期				√
9	设备开箱报告	短期				
（五）	施工试验记录					
1	砂浆、混凝土试块强度、钢筋（材）焊连接、填土、路基强度试验等汇总表	长期				√
2	道路压实度、强度试验记录					
①	回填土、路床压实度试验及土质的最大干密度和最佳含水量试验报告	长期				√
②	石灰类、水泥类、二灰类无机混合料基层的标准击实试验报告	长期				√
③	道路基层混合料强度试验记录	长期				√
④	道路面层压实度试验记录	长期				√
3	混凝土试块强度试验记录					
①	混凝土配合比通知单	短期				
②	混凝土试块强度试验报告	长期				√
③	混凝土试块抗渗、抗冻试验报告	长期				√
④	混凝土试块强度统计、评定记录	长期				√
4	砂浆试块强度试验记录					

续表附录 A

序号	归 档 文 件	保 存 单 位 和 保 管 期 限				
		建设单位	施工单位	设计单位	监理单位	城建档案馆
①	砂浆配合比通知单	短期				
②	砂浆试块强度试验报告	长期				✓
③	砂浆试块强度统计评定记录	长期				✓
5	钢筋（材）焊、连接试验报告	长期				✓
6	钢管、钢结构安装及焊缝处理外观质量检查记录	长期				
7	桩基础试（检）验报告	长期				✓
8	工程物质选样送审记录	短期				
9	进场物质批次汇总表	短期				
10	工程物质进场报验记录	短期				
（六）	施工记录					
1	地基与基槽验收记录					
①	地基钎探记录及钎探位置图	长期	长期			✓
②	地基与基槽验收记录	长期	长期			✓
③	地基处理记录及示意图	长期	长期			✓
2	桩基施工记录					
①	桩基位置平面示意图	长期	长期			✓
②	打桩记录	长期	长期			✓
③	钻孔桩钻进记录及成孔质量检查记录	长期	长期			✓
④	钻孔（挖孔）桩混凝土浇灌记录	长期	长期			✓
3	构件设备安装和调试记录					
①	钢筋混凝土大型预制构件、钢结构等吊装记录	长期	长期			
②	厂（场）、站工程大型设备安装调试记录	长期	长期			✓
4	预应力张拉记录					
①	预应力张拉记录	长期				✓
②	预应力张拉孔道压浆记录	长期				✓
③	孔位示意图	长期				✓
5	沉井工程下沉观测记录	长期				✓
6	混凝土浇灌记录	长期				
7	管道、箱涵等工程项目推进记录	长期				✓
8	构筑物沉降观测记录	长期				✓
9	施工测温记录	长期				
10	预制安装水池壁板缠绕钢丝应力测定记录	长期				✓
（七）	预检记录					

续表附录 A

序号	归 档 文 件	保 存 单 位 和 保 管 期 限				
		建设单位	施工单位	设计单位	监理单位	城建档案馆
1	模板预检记录					
2	大型构件和设备安装前预检记录	短期				
3	设备安装位置检查记录	短期				
4	管道安装检查记录	短期				
5	补偿器冷拉及安装情况记录	短期				
6	支（吊）架位置、各部位连接方式等检查记录	短期				
7	供水、供热、供气管道吹（冲）洗记录	短期				
8	保温、防腐、油漆等施工检查记录	短期				
(八)	隐蔽工程检查（验收）记录	长期	长期			√
(九)	工程质量检查评定记录					
1	工序工程质量评定记录	长期	长期			
2	部位工程质量评定记录	长期	长期			
3	分部工程质量评定记录	长期	长期			√
(十)	功能性试验记录					
1	道路工程的弯沉试验记录	长期				√
2	桥梁工程的动、静载试验记录	长期				√
3	无压力管道的严密性试验记录	长期				√
4	压力管道的强度试验、严密性试验、通球试验等记录	长期				√
5	水池满水试验	长期				√
6	消化池气密性试验	长期				√
7	电气绝缘电阻、接地电阻测试记录	长期				√
8	电气照明、动力试运行记录	长期				√
9	供热管网、燃气管网等管网试运行记录	长期				√
10	燃气储罐总体试验记录	长期				√
11	电讯、宽带网等试运行记录	长期				√
(十一)	质量事故及处理记录					
1	工程质量事故报告	永久	长期			√
2	工程质量事故处理记录	永久	长期			√
(十二)	竣工测量资料					
1	建筑物、构筑物竣工测量记录及测量示意图	永久	长期			√
2	地下管线工程竣工测量记录	永久	长期			√
竣 工 图						
一	建筑安装工程竣工图					

续表附录 A

序号	归 档 文 件	保 存 单 位 和 保 管 期 限				
		建设单位	施工单位	设计单位	监理单位	城建档案馆
（一）	综合竣工图					
1	综合图					√
①	总平面布置图（包括建筑、建筑小品、水景、照明、道路、绿化等）	永久	长期			√
②	竖向布置图	永久	长期			√
③	室外给水、排水、热力、燃气等管网综合图	永久	长期			√
④	电气（包括电力、电讯、电视系统等）综合图	永久	长期			√
⑤	设计总说明书	永久	长期			√
2	室外专业图					
①	室外给水	永久	长期			√
②	室外雨水	永久	长期			√
③	室外污水	永久	长期			√
④	室外热力	永久	长期			√
⑤	室外燃气	永久	长期			√
⑥	室外电讯	永久	长期			√
⑦	室外电力	永久	长期			√
⑧	室外电视	永久	长期			√
⑨	室外建筑小品	永久	长期			√
⑩	室外消防	永久	长期			√
⑪	室外照明	永久	长期			√
⑫	室外水景	永久	长期			√
⑬	室外道路	永久	长期			√
⑭	室外绿化	永久	长期			√
（二）	专业竣工图					
1	建筑竣工图	永久	长期			√
2	结构竣工图	永久	长期			√
3	装修（装饰）工程竣工图	永久	长期			√
4	电气工程（智能化工程）竣工图	永久	长期			√
5	给排水工程（消防工程）竣工图	永久	长期			√
6	采暖通风空调工程竣工图	永久	长期			√
7	燃气工程竣工图	永久	长期			√
二	市政基础设施工程竣工图					
1	道路工程	永久	长期			√

续表附录 A

序号	归 档 文 件	保 存 单 位 和 保 管 期 限				
		建设单位	施工单位	设计单位	监理单位	城建档案馆
2	桥梁工程	永久	长期			√
3	广场工程	永久	长期			√
4	隧道工程	永久	长期			√
5	铁路、公路、航空、水运等交通工程	永久	长期			√
6	地下铁道等轨道交通工程	永久	长期			√
7	地下人防工程	永久	长期			√
8	水利防灾工程	永久	长期			√
9	排水工程	永久	长期			√
10	供水、供热、供气、电力、电讯等地下管线工程	永久	长期			√
11	高压架空输电线工程	永久	长期			√
12	污水处理、垃圾处理处置工程	永久	长期			√
13	场、厂、站工程	永久	长期			√
竣 工 验 收 文 件						
一	工程竣工总结					
1	工程概况表	永久				√
2	工程竣工总结	永久				√
二	竣工验收记录					
(一)	建筑安装工程					
1	单位(子单位)工程质量竣工验收记录	永久	长期			√
2	竣工验收证明书	永久	长期			√
3	竣工验收报告	永久	长期			√
4	竣工验收备案表(包括各专项验收认可文件)	永久				√
5	工程质量保修书	永久	长期			√
(二)	市政基础设施工程					
1	单位工程质量评定表及报验单	永久	长期			√
2	竣工验收证明书	永久	长期			√
3	竣工验收报告	永久	长期			√
4	竣工验收备案表(包括各专项验收认可文件)	永久	长期			√
5	工程质量保修书	永久	长期			√
三	财务文件					
1	决算文件	永久				√
2	交付使用财产总表和财产明细表	永久	长期			√

续表附录 A

序号	归 档 文 件	保 存 单 位 和 保 管 期 限				
		建设单位	施工单位	设计单位	监理单位	城建档案馆
四	声像、缩微、电子档案					
1	声像档案					
①	工程照片	永久				√
②	录音、录像材料	永久				√
2	缩微品	永久				√
3	电子档案					
①	光盘	永久				√
②	磁盘	永久				√

注："√"表示应向城建档案馆移交。

附录 B 卷内目录式样

尺寸单位统一为：mm

比例 1：2

附录C 卷内备考表式样

卷内备考表

本案卷共有文件材料　　页,其中:

文字材料　　页,图样材料　　页,

照片　　张。

说明:

立卷人:

年　月　日

审核人:

年　月　日

尺寸单位统一为:mm

比例1:2

附录 D　案卷封面式样

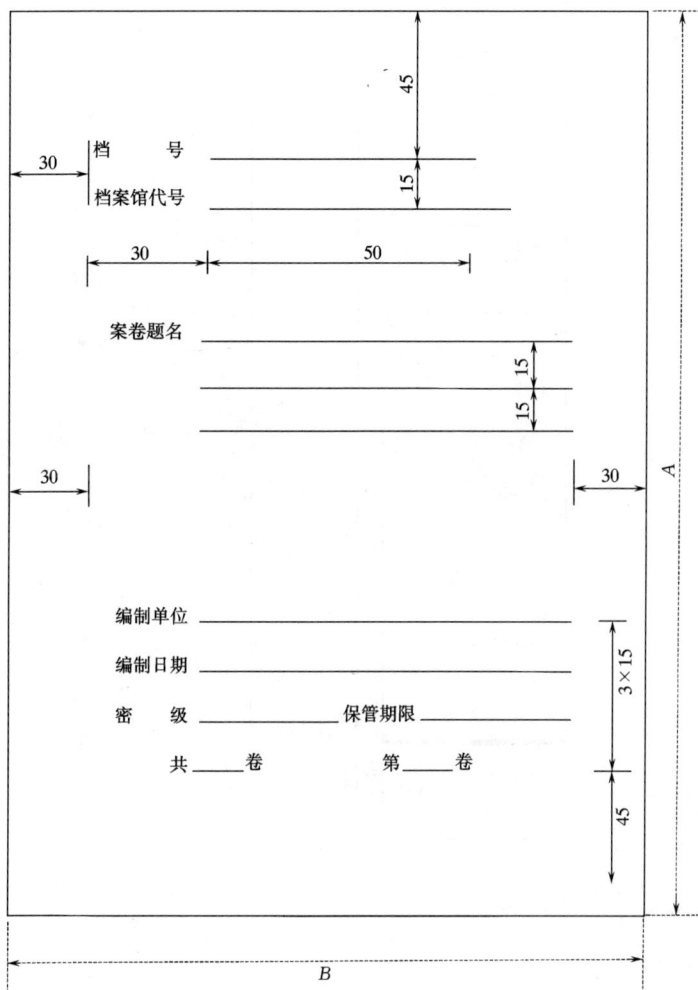

卷盒、卷夹封面 $A \times B = 310 \times 220$
案卷封面 $A \times B = 297 \times 210$
尺寸单位统一为：mm
比例 1：2

附录 E　案卷脊背式样

D=20、30、40、50mm
尺寸单位统一为：mm
比例 1：2

本规范用词说明

1　为便于在执行本规范条文时区别对待，对要求严格程度不同的用词，说明如下：

（1） 表示很严格，非这样做不可的用词：

正面词采用"必须"；

反面词采用"严禁"。

（2） 表示严格，在正常情况下均应这样做的用词：

正面词采用"应";

反面词采用"不应"或"不得"。

(3) 表示允许稍有选择，在条件许可时，首先应这样做的用词：

正面词采用"宜"；

反面词采用"不宜"；

表示有选择，在一定条件下可以这样做的，采用"可"。

2 条文中指定按其他有关标准、规范执行时，写法为：

"应符合……的规定"或"应按……执行"。

技术制图复制图的折叠方法
GB 10609.3—89

1 主题内容与适用范围

本标准规定了技术图样中复制图的折叠方法。

本标准适用于手工折叠或机器折叠的复制图及有关的技术文件,当设计各种归档和管理器具以及设计折叠器时,亦应参照使用。

2 引 用 标 准

GB 4457.1 机械制图图纸幅面及格式

GBJ 1 房屋建筑制图统一标准

3 基 本 要 求

3.1 折叠后的图纸幅面一般应有 A4(210mm×297mm)或 A3(297mm×420mm)的规格。对于需装订成册又无装订边的复制图,折叠后的尺寸可以是 190mm×297mm 或 297mm×400mm。当粘贴上装订胶带(见附录 A)后,仍应具有 A4 或 A3 的规格。

3.2 无论采用何种折叠方法,折叠后复制图上的标题栏均应露在外面。

3.3 根据需要,可从本标准中任选取一种规定的折叠方法。

4 折 叠 方 法

4.1 需装订成册的复制图

4.1.1 有装订边的复制图

首先沿标题栏的短边方向折叠,然后再沿标题栏的长边方向折叠,并在复制图的左上角折出三角形的藏边,最后折叠成 A4 或 A3 的规格,使标题栏露在外面,如表 1 和表 2。

4.1.2 无装订边的复制图

首先沿标题栏的短边方向折叠,然后再沿标题栏的长边方向折叠成 190mm×297mm 或 297mm×400mm 的规格,使标题栏露在外面,并粘贴上装订胶带,如表 3 和表 4。

4.2 不装订成成册的复制图

不装订成册的复制图的折叠方法有以下两张。

4.2.1 第一种折叠方法

首先沿标题栏的长边方向折叠，然后再沿标题栏的短边方向折叠成 A4 或 A3 的规格，使标题栏露在外面，如表 5 和表 6。

4.2.2 第二种折叠方法

首先沿标题栏的短边方向折叠，然后再沿标题栏的长边方向折叠成 A4 或 A3 的规格，使标题栏露在外面，如表 7 和表 8。

4.3 加长幅面复制图的折叠方法

根据标题栏在图纸幅面上的方位，可参照前述方法折叠。

4.3.1 需装订成册的加长幅面复制图

4.3.1.1 有装订边的加长幅面复制图

当标题栏位于复制图的长边时（见表 1 和表 2），可将加长复制图的长边部分先折出 210mm（对 A4）或 420mm（A3），再将其余部分折成等于或小于 185mm（对 A4）或 395mm（对 A3）的尺寸，使标题栏露在外面。

当标题栏位于复制图的短边上时（见表 1 和表 2），可将加长复制图的长边部分折叠成等于或小于 297mm 的尺寸，使标题栏露在外面。

4.3.1.2 无装订边的加长幅面复制图。当标题栏位于复制图的长边上时（见表 3 和表 4），可将加长复制图的长边部分折叠成等于或小于 190mm（对 A4）或 400mm（对 A3）的尺寸，使标题栏露在外面。

当标题栏位于复制图的短边上时，可将加长复制图的长边部分折叠成等于或小于 297mm 的尺寸，使标题栏露在外面。

4.3.2 不需装订成册的加长幅面复制图

当标题栏位于复制图的长边上时（见表 5、表 6、表 7 和表 8），可将加长复制图的加长部分折叠成等于或小于 210mm（对 A4）或 420mm（对 A3）的尺寸，使标题栏露在外面。

当标题栏位于复制图的短边上时（见表 5、表 6、表 7 和表 8），可将加长复制图的长边部分折叠成等于或小于 297mm 的尺寸，使标题栏露在外面。

建设电子文件与电子档案管理规范
CJJ/T 117—2007

中华人民共和国建设部发布

1 总　则

1.0.1 为加强建设电子文件的归档与管理，建立真实、准确、完整、有效的建设电子档案，保障建设电子文件和电子档案的安全保管与有效开发利用，制定本规范。

1.0.2 本规范适用于建设系统业务管理电子文件和建设工程电子文件的归档和管理。

1.0.3 建设电子文件归档与电子档案管理除执行本规范外，尚应执行国家现行有关标准的规定。

2 术　语

2.0.1 建设电子文件　electronic construction records

在城乡规划、建设及其管理活动中通过数字设备及环境生成，以数码形式存储于磁带、磁盘或光盘等载体，依赖计算机等数字设备阅读、处理，并可在通信网络上传送的文件。主要包括建设系统业务管理电子文件和建设工程电子文件两大类。

2.0.2 建设系统业务管理电子文件　electronic records of construction professional administration

建设系统各行业、专业管理部门（包括城乡规划、城市建设、村镇建设、建筑业、住宅房地产业、勘察设计咨询业、市政公用事业等行政管理部门，以及供水、排水、燃气、热力、园林、绿化、市政、公用、市容、环卫、公共客运、规划、勘察、设计、抗震、人防等专业管理单位）在业务管理和业务技术活动中通过数字设备及环境生成的，以数码形式存储于磁带、磁盘或光盘等载体，依赖计算机等数字设备阅读、处理，并可在通信网络上传送的业务及技术文件。

2.0.3 建设工程电子文件　electronic records of construction engineering

在工程建设过程中通过数字设备及环境生成，以数码形式存储于磁带、磁盘或光盘等载体，依赖计算机等数字设备阅读、处理，并可在通信网络上传送的文件。建设工程电子文件主要包括工程准备阶段电子文件、监理电子文件、施工电子文件、竣工图电子文件和竣工验收电子文件。建设工程电子文件可简称为工程电子文件。

2.0.4 建设电子档案　electronic construction archives

具有参考和利用价值并作为档案保存的建设电子文件及相应的支持软件、参数和其他相关数据。主要包括建设系统业务管理电子档案和建设工程电子档案。

2.0.5 真实性 authenticity

电子文件的内容、结构和背景信息等与形成时的原始状况一致。

2.0.6 完整性 integrity

电子文件的内容、结构、背景信息、元数据等无缺损。

2.0.7 有效性 utility

电子文件的可理解性和可被利用性，包括信息的可识别性、存储系统的可靠性、载体的完好性和兼容性等。

2.0.8 元数据 metadata

描述电子文件的背景、内容、结构及其整个管理过程的数据。

2.0.9 在线式归档 on-line filing

通过计算机网络，将电子文件及相关数据向档案部门移交的过程。

2.0.10 离线式归档 off-line filing

将应归档的电子文件及相关数据存储到可脱机存储的载体上向档案部门移交的过程。

2.0.11 固化 fixing

为避免电子文件因动态因素造成信息缺损的现象，而将其转换为一种相对稳定的通用文件格式的过程。

2.0.12 迁移 migration

将源系统中的电子文件向目标系统进行转移存储的方法与过程。

2.0.13 建设电子文件归档与管理系统 filing and management system of electronic construction records

对建设电子文件进行整理归档及管理的信息系统，具有确定归档范围与保管期限、登记、分类、著录、存储、保管、利用及数据交换等功能。该系统包括两个类型，即建设系统业务管理电子文件归档与管理系统和建设工程电子文件归档与管理系统。

3 基 本 规 定

3.0.1 建设系统业务管理电子文件形成单位和建设工程电子文件形成单位应加强对电子文件归档的管理，将电子文件的形成、收集、积累、整理和归档纳入文件管理工作程序，明确责任岗位，指定专人管理。

3.0.2 建设系统业务管理电子文件形成单位的档案部门负责监督和指导本单位建设系统业务管理电子文件的收集、整理和归档，并定期向当地城建档案馆（室）移交建设系统业务管理电子档案。

3.0.3 在建设工程电子文件的整理归档与电子档案的验收移交工作中，建设单位应履行下列职责：

1 在建设工程招标及与勘察、设计、施工、监理等单位签订协议、合同时，对工程电子文件的套数、质量、移交时间等提出明确要求；

2 收集和积累工程准备阶段、竣工验收阶段形成的电子文件，并进行整理归档；

3 组织、监督和检查勘察、设计、施工、监理等单位工程电子文件的形成、积累和整理归档工作；

4 收集和汇总勘察、设计、施工、监理等单位形成的工程电子档案；

5 在组织工程竣工验收前，提请当地建设（城建）档案管理机构对工程纸质档案进行预验收时，应同时提请对工程电子档案进行预验收；

6 对列入城建档案馆（室）接收范围的工程，按规定向当地城建档案馆（室）移交工程电子档案。

3.0.4 勘察、设计、施工、监理及测量等单位应将本单位形成的工程电子文件整理归档后向建设单位移交。建设（城建）档案管理机构应对建设工程电子文件的整理归档工作进行监督、检查、指导和预验收。

3.0.5 对具有永久保存价值的可输出打印型电子文件，建设电子文件形成单位必须将其制成纸质文件或缩微品等。归档时，应同时保存文件的电子版本、纸质版本或缩微品，并在内容、格式、相关说明及描述上保持一致，且二者之间必须建立关联。

3.0.6 建设电子文件形成单位应建立建设电子文件归档与管理系统，实现建设电子文件自形成到归档、保管、利用过程中电子文件及其著录数据、元数据的连续管理。

3.0.7 建设电子文件形成单位和建设电子档案保管单位应采取措施，保证建设电子文件的真实性、完整性、有效性和安全性，并应符合以下规定：

1 应建立规范的制度和工作程序并结合相应的技术措施，从建设电子文件形成开始不间断地对有关处理操作进行管理登记，保证建设电子文件的产生、处理过程符合规范。

2 应采取安全防护技术措施，保证建设电子文件的真实性。

3 应建立建设电子文件完整性管理制度并采取相应的技术措施采集背景信息和元数据。

4 应建立建设电子文件有效性管理制度并采取相应的技术保证措施。

5 建设电子文件的处理和保存应符合国家的安全保密规定，针对自然灾害、非法访问、非法操作、病毒等采取与系统安全和保密等级要求相符的防范对策。

3.0.8 建设电子文件形成单位与建设（城建）档案管理机构应对建设电子文件加强前端控制，实行全过程的管理与监控，保证管理工作的连续性。

3.0.9 建设（城建）档案管理机构应根据建设行业信息化现状，及时提出建设电子文件归档的技术性指导意见。建设电子文件形成单位据此明确规定各类建设电子文件归档的具体要求，保证归档质量。

4 电子文件的代码标识、格式与载体

4.0.1 电子文件的代码应包括稿本代码和类别代码。

1 稿本代码应按表 4.0.1-1 标识。

表 4.0.1-1 稿 本 代 码

稿　　本	代　　码
草稿性电子文件	M
非正式电子文件	U
正式电子文件	F

2 类别代码应按表 4.0.1-2 标识。

表 4.0.1-2　类　别　代　码

文件类别	代　码
文本文件（Text）	T
图像文件（Image）	I
图形文件（Graphics）	G
影像文件（Video）	V
声音文件（Audio）	A
程序文件（Program）	P
数据文件（Data）	D

4.0.2　各种不同类别电子文件的存储应采用通用格式。通用格式应符合表4.0.2的规定。

表 4.0.2　各类电子文件的通用格式

文件类别	通用格式
文本文件	XML、DOC、TXT、RTF
表格文件	XLS、ET
图像文件	JPEG、TIFF
图形文件	DWG
影像文件	MPEG、AVI
声音文件	WAV、MP3

4.0.3　各种不同类别电子文件的存储亦可采用国务院建设行政主管部门和信息化主管部门认可的，能兼容各种电子文件的通用文档格式。

4.0.4　脱机存储电子档案的载体应采用一次写光盘、磁带、可擦写光盘、硬磁盘等。移动硬盘、优盘、软磁盘等不宜作为电子档案长期保存的载体。

5　建设电子文件的收集与积累

5.1　收集积累的范围

5.1.1　凡是在城乡规划、建设及其管理等活动中形成的具有重要凭证、依据和参考价值的电子文件和数据等都应属于建设系统业务管理电子文件的收集范围。

5.1.2　凡是记录与工程建设有关的重要活动、记载工程建设主要过程和现状的具有重要凭证、依据和参考价值的电子文件和相关数据等都应属于建设工程电子文件的收集范围。各类建设工程电子文件的具体收集范围应按照《建设工程文件归档整理规范》（GB/T 50328－2001）规定的收集范围进行。

5.2　收集积累的要求

5.2.1　建设电子文件形成单位必须做好电子文件的收集积累工作。

5.2.2　建设电子文件的内容必须真实、准确。工程电子文件内容必须与工程实际相符合，且内容及其深度必须符合国家有关工程勘察、设计、施工、监理、测量等方面的技术规范、标准和规程。

5.2.3　记录了重要文件的主要修改过程和办理情况，有参考价值的建设电子文件的不同稿本均应保留。

5.2.4 凡是属于收集积累范围的建设电子文件，收集积累时均应进行登记。登记时必须按照本规范附录 A、附录 B 的要求，填写建设电子文件（档案）的案卷级和文件级登记表。

5.2.5 应采取严密的安全措施，保证建设电子文件在形成和处理过程中不被非正常改动。积累过程中更改建设系统业务管理电子文件或建设工程电子文件应按本规范附录 C 的要求，填写《建设电子文件更改记录表》。

5.2.6 应定期备份建设电子文件，并存储于能够脱机保存的载体上。对于多年才能完成的项目，应实行分段积累，宜一年拷贝一次。

5.2.7 对通用软件产生的建设电子文件，应同时收集其软件型号、名称、版本号和相关参数手册、说明资料等。专用软件产生的建设电子文件应转换成通用型建设电子文件。

5.2.8 对内容信息是由多个子电子文件或数据链接组合而成的建设电子文件，链接的电子文件或数据必须一并归档，并保证其可准确还原；当难以保证归档建设电子文件的完整性与稳定性时，可采取固化的方式将其转换为一种相对稳定的通用文件格式。

5.2.9 与建设电子文件的真实性、完整性、有效性、安全性等有关的管理控制信息（如电子签章等）必须与建设电子文件一同收集。

5.2.10 对采用统一套用格式的建设电子文件，在保证能恢复原格式形态的情况下，其内容信息可不按原格式存储。

5.2.11 计算机系统运行和信息处理等过程中涉及与建设电子文件处理有关的著录数据、元数据等必须与建设电子文件一同收集。

5.3 收集积累的程序

5.3.1 收集积累建设电子文件，均需进行登记，并应符合以下规定。

　1 工作人员应按本单位文件归档和保管期限的规定，从电子文件生成起对需归档的电子文件性质、类别、期限等进行标记。

　2 应运用建设电子文件归档与管理系统对每份建设电子文件进行登记，电子文件登记表应与电子文件同时保存。

5.3.2 对已登记的建设电子文件必须进行初步鉴定，并将鉴定结果录入建设电子文件归档与管理系统。

5.3.3 对经过初步鉴定的建设电子文件应进行著录，并将结果录入建设电子文件归档与管理系统。

5.3.4 对已收集积累的建设电子文件，应按业务案件或工程项目来组织存储。

5.3.5 对存储的建设电子文件的命名，宜由三位阿拉伯数字或三位阿拉伯数字加汉字组成，数字是本文件保管单元内电子文件编排顺序号，汉字部分则体现本电子文件的内容及特征或图纸的专业名称和编号。建设电子文件保管单元的命名规则可按照建设电子文件的命名规则进行。

5.3.6 建设电子文件与相应的纸质文件应建立关联，在内容、相关说明及描述上应保持一致。

6 建设电子文件的整理、鉴定与归档

6.1 整 理

6.1.1 建设电子文件的形成单位应做好电子文件的整理工作。

6.1.2 对于建设系统业务管理电子文件或建设工程电子文件，业务案件办理完结或工程项目完成后，应在收集积累的基础上，对该案件或项目的电子文件进行整理。

6.1.3 整理应遵循建设系统业务管理电子文件或建设工程电子文件的自然形成规律，保持案件或项目内建设电子文件间的有机联系，便于建设电子档案的保管和利用。

6.1.4 同一个保管单元内建设电子文件的组织和排序可按相应的建设纸质文件整理要求进行。

6.1.5 建设电子文件的分类应按照《城建档案分类大纲》进行。

6.1.6 建设电子文件的著录应按照《城建档案著录规范》（GB/T50323－2001）进行，同时应按照保证其真实性、完整性、有效性的要求补充建设电子文件特有的著录项目和其他标识信息与数据。

6.2 鉴 定

6.2.1 鉴定工作应贯穿于建设电子文件归档与电子档案管理的全过程。电子文件的鉴定工作，应包括对电子文件的真实性、完整性、有效性的鉴定及确定归档范围和划定保管期限。

6.2.2 归档前，建设电子文件形成单位应按照规定的项目，对建设电子文件的真实性、完整性和有效性进行鉴定。

6.2.3 建设电子文件的归档范围、保管期限应按照国家关于建设纸质文件材料归档范围、保管期限的有关规定执行。建设电子文件元数据的保管期限应与内容信息的保管期限一致。

6.3 归 档

6.3.1 建设电子文件形成单位应定期把经过鉴定合格的电子文件向本单位档案部门归档移交。

6.3.2 归档的建设电子文件应符合下列要求：

1 已按电子档案管理要求的格式将其存储到符合保管要求的脱机载体上。

2 必须完整、准确、系统，能够反映建设活动的全过程。

6.3.3 建设电子文件的归档方式包括在线式归档和离线式归档。可根据实际情况选择其中的一种或两种方式进行电子文件的归档。

6.3.4 建设系统业务管理电子文件的在线式归档可实时进行；离线式归档应与相应的建设系统业务管理纸质或其他载体形式文件归档同时进行。工程电子文件应与相应的工程纸质或其他载体形式的文件同时归档。

6.3.5 建设电子文件形成单位在实施在线式归档时，应将建设电子文件的管理权从网络上转移至本单位档案部门，并将建设电子文件及其元数据等通过网络提交给档案部门。

6.3.6 建设电子文件形成单位在实施离线式归档时，应按下列步骤进行：

1 将已整理好的建设电子文件及其著录数据、元数据、各种管理登记数据等分案件（或项目）按要求从原系统中导出；

2 将导出的建设电子文件及其著录数据、元数据、各种管理登记数据等按照要求存储到耐久性好的载体上，同一案件（或项目）的电子文件及其著录数据、元数据、各种管理登记数据等必须存储在同一载体上。

3 对存储的建设电子文件进行检验。

4 在存储建设电子文件的载体或装具上编制封面。封面内容的填写应符合本规范附录 D 的要求，同时存储载体应设置成禁止写操作的状态。

5 将存储建设电子文件并贴好封面的载体移交给本单位档案部门。

6 归档移交时，交接双方必须办理归档移交手续。档案部门必须对归档的建设电子文件进行检验，并按照本规范附录 E 的要求，填写《建设电子档案移交、接收登记表》。交接双方负责人必须签署审核意见。当文件形成单位采用了某些技术方法保证电子文件的真实性、完整性和有效性时，则应把其技术方法和相关软件一同移交给接收单位。

6.4 检 验

6.4.1 建设系统业务管理电子文件形成部门在向本单位档案部门移交电子文件之前，以及本单位档案部门在接收电子文件之前，均应对移交的载体及其技术环境进行检验，检验合格后方可进行交接。

6.4.2 勘察、设计、施工、监理、测量等单位形成的工程电子档案应由建设单位进行检验。检验审查合格后向建设单位移交。

6.4.3 在对建设电子档案进行检验时，应重点检查以下内容：

1 建设电子档案的真实性、完整性、有效性；

2 建设电子档案与纸质档案是否一致、是否已建立关联；

3 载体有无病毒、有无划痕；

4 登记表、著录数据、软件、说明资料等是否齐全；

6.5 汇 总

6.5.1 建设单位应将勘察、设计、施工、监理、测量等单位移交的工程电子档案及相关数据与本单位形成的工程前期电子档案及验收电子档案一起按项目进行汇总，并对汇总后的工程电子档案按本规范 6.4.3 条的要求进行检验。

7 建设电子档案的验收与移交

7.1 建设系统业务管理电子档案的移交

7.1.1 建设系统业务管理电子档案形成单位应按照有关规定，定期向城建档案馆（室）移交已归档的建设系统业务管理电子档案。移交方式包括在线式和离线式。

7.1.2 凡已向城建档案馆（室）移交建设系统业务管理电子档案的单位，如工作中确实需要继续保存纸质档案的，可适当延缓向城建档案馆（室）移交纸质档案的时间。

7.2 建设工程电子档案的验收与移交

7.2.1 建设单位在组织工程竣工验收前,提请当地建设(城建)档案管理机构对工程纸质档案进行预验收时,应同时提请对工程电子档案进行预验收。

7.2.2 列入城建档案馆(室)接收范围的建设工程,建设单位向城建档案馆(室)移交工程纸质档案时,应当同时移交一套工程电子档案。

7.2.3 停建、缓建建设工程的电子档案,暂由建设单位保管。

7.2.4 对改建、扩建和维修工程,建设单位应当组织设计、施工单位据实修改、补充、完善原工程电子档案。对改变的部位,应当重新编制工程电子档案,并和重新编制的工程纸质档案一起向城建档案馆(室)移交。

7.3 办 理 移 交 手 续

7.3.1 城建档案馆(室)接收建设电子档案时,应按照本规范 6.4.3 条的要求对电子档案再次检验,检验合格后,将检验结果按照本规范附录 E 的要求,填入《建设电子档案移交、接收登记表》,交接双方签字、盖章。

7.3.2 登记表应一式两份,移交和接收单位各存一份。

8 建设电子档案的管理

8.1 脱 机 保 管

8.1.1 建设电子档案的保管单位应配备必要的计算机及软、硬件系统,实现建设电子档案的在线管理与集成管理。并将建设电子档案的转存和迁移结合起来,定期将在线建设电子档案按要求转存为一套脱机保管的建设电子档案,以保障建设电子档案的安全保存。

8.1.2 脱机建设电子档案(载体)应在符合保管条件的环境中存放,一式 3 套,一套封存保管,一套异地保存,一套提供利用。

8.1.3 脱机建设电子档案的保管,应符合下列条件:

 1 归档载体应作防写处理。不得擦、划、触摸记录涂层;

 2 环境温度应保持在 17~20℃之间;相对湿度应保持在 35%~45%之间;

 3 存放时应注意远离强磁场,并与有害气体隔离;

 4 存放地点必须做到防火、防虫、防鼠、防盗、防尘、防湿、防高温、防光;

 5 单片载体应装盒,竖立存放,且避免挤压。

8.1.4 建设电子档案在形成单位的保管,应按照本规范 8.1.3 条的要求执行。

8.2 有 效 存 储

8.2.1 建设电子档案保管单位应每年对电子档案读取、处理设备的更新情况进行一次检查登记。设备环境更新时应确认库存载体与新设备的兼容性,如不兼容,必须进行载体转换。

8.2.2 对所保存的电子档案载体,必须进行定期检测及抽样机读检验,如发现问题应及时采取恢复措施。

8.2.3 应根据载体的寿命，定期对磁性载体、光盘载体等载体的建设电子档案进行转存。转存时必须进行登记，登记内容应按本规范附录 F 的要求填写。

8.2.4 在采取各种有效存储措施后，原载体必须保留三个月以上。

8.3 迁 移

8.3.1 建设电子档案保管单位必须在计算机软、硬件系统更新前或电子文件格式淘汰前，将建设电子档案迁移到新的系统中或进行格式转换，保证其在新环境中完全兼容。

8.3.2 建设电子档案迁移时必须进行数据校验，保证迁移前后数据的完全一致。

8.3.3 建设电子档案迁移时必须进行迁移登记，登记内容应按本规范附录 G 的要求填写。

8.3.4 建设电子档案迁移后，原格式电子档案必须同时保留的时间不少于 3 年，但对于一些较为特殊必须以原始格式进行还原显示的电子档案，可采用保存原始档案的电子图像。

8.4 利 用

8.4.1 建设电子档案保管单位应编制各种检索工具，提供在线利用和信息服务。

8.4.2 利用时必须严格遵守国家保密法规和规定。凡利用互联网发布或在线利用建设电子档案时，应报请有关部门审核批准。

8.4.3 对具有保密要求的建设电子档案采用联网的方式利用时，必须按照国家、地方及部门有关计算机和网络保密安全管理的规定，采取必要的安全保密措施，报经国家或地方保密管理部门审批，确保国家利益和国家安全。

8.4.4 利用时应采取在线利用或使用拷贝件，电子档案的封存载体不得外借。脱机建设电子档案（载体）不得外借，未经批准，任何单位或人员不得擅自复制、拷贝、修改、转送他人。

8.4.5 利用者对电子档案的使用应在权限规定范围之内。

8.5 鉴 定 销 毁

8.5.1 建设电子档案的鉴定销毁，应按照国家关于档案鉴定销毁的有关规定执行。销毁建设电子档案必须在办理审批手续后实施，并按本规范附录 H 的要求，填写《建设电子档案销毁登记表》。

8.6 统 计

8.6.1 建设电子档案保管单位应及时按年度对建设电子档案的接收、保管、利用及鉴定销毁等情况进行统计。

建筑工程资料管理规程
JGJ/T 185—2009

中华人民共和国住房和城乡建设部　发布

1　总　　则

1.0.1　为提高建筑工程管理水平，规范建筑工程资料管理，制定本规程。

1.0.2　本规程适用于新建、改建、扩建建筑工程的资料管理。

1.0.3　本规程规定了建筑工程资料管理的基本要求。当规程与国家法律、行政法规相抵触时，应按国家法律、行政法规的规定执行。

1.0.4　建筑工程资料管理除应符合本规程规定外，尚应符合国家现行有关标准的规定。

2　术　　语

2.0.1　建筑工程资料　engineering document
　　建筑工程在建设过程中形成的各种形式信息记录的统称，简称工程资料。

2.0.2　建筑工程资料管理　engineering document management
　　建筑工程资料的填写、编制、审核、审批、收集、整理、组卷、移交及归档等工作的统称，简称工程资料管理。

2.0.3　工程准备阶段文件　engineering preparatory stage document
　　建筑工程开工前，在立项、审批、征地、拆迁、勘察、设计、招投标等工程准备阶段形成的文件。

2.0.4　监理资料　supervision document
　　建筑工程在工程建设监理过程中形成的资料。

2.0.5　施工资料　construction document
　　建筑工程在工程施工过程中形成的资料。

2.0.6　竣工图　as-built drawings
　　建筑工程竣工验收后，反映建筑工程施工结果的图纸。

2.0.7　工程竣工文件　engineering completion document
　　建筑工程竣工验收、备案和移交等活动中形成的文件。

2.0.8　工程档案　engineering files
　　建筑工程在建设过程中形成的具有归档保存价值的工程资料。

2.0.9　组卷　filing

按照一定的原则和方法，将有保存价值的工程资料分类整理成案卷的过程，亦称立卷。

2.0.10 归档 archiving

工程资料整理组卷并按规定移交相关档案管理部门的工作。

3 基 本 规 定

3.0.1 工程资料应与建筑工程建设过程同步形成，并应真实反映建筑工程的建设情况和实体质量。

3.0.2 工程资料的管理应符合下列规定：

1 工程资料管理应制度健全、岗位责任明确，并应纳入工程建设管理的各个环节和各级相关人员的职责范围；

2 工程资料的套数、费用、移交时间应在合同中明确；

3 工程资料的收集、整理、组卷、移交及归档应及时。

3.0.3 工程资料的形成应符合下列规定：

1 工程资料形成单位应对资料内容的真实性、完整性、有效性负责；由多方形成的资料，应各负其责；

2 工程资料的填写、编制、审核、审批、签认应及时进行，其内容应符合相关规定；

3 工程资料不得随意修改；当需修改时，应实行划改，并由划改人签署；

4 工程资料的文字、图表、印章应清晰。

3.0.4 工程资料应为原件；当为复印件时，提供单位应在复印件上加盖单位印章，并应有经办人签字及日期。提供单位应对资料的真实性负责。

3.0.5 工程资料应内容完整、结论明确、签认手续齐全。

3.0.6 工程资料宜按本规程附录 A 图 A.1.1 中主要步骤形成。

3.0.7 工程资料宜采用信息化技术进行辅助管理。

4 工 程 资 料 管 理

4.1 工 程 资 料 分 类

4.1.1 工程资料可分为工程准备阶段文件、监理资料、施工资料、竣工图和工程竣工文件 5 类。

4.1.2 工程准备阶段文件可分为决策立项文件、建设用地文件、勘察设计文件、招投标及合同文件、开工文件、商务文件 6 类。

4.1.3 监理资料可分为监理管理资料、进度控制资料、质量控制资料、造价控制资料、合同管理资料和竣工验收资料 6 类。

4.1.4 施工资料可分为施工管理资料、施工技术资料、施工进度及造价资料、施工物资资料、施工记录、施工试验记录及检测报告、施工质量验收记录、竣工验收资料 8 类。

4.1.5 工程竣工文件可分为竣工验收文件、竣工决算文件、竣工交档文件、竣工总结文件 4 类。

4.2　工程资料填写、编制、审核及审批

4.2.1　工程准备阶段文件和工程竣工文件的填写、编制、审核及审批应符合国家现行有关标准的规定。

4.2.2　监理资料的填写、编制、审核及审批应符合现行国家标准《建设工程监理规范》GB 50319 的有关规定；监理资料用表宜符合本规程附录 B 的规定；附录 B 未规定的，可自行确定。

4.2.3　施工资料的填写、编制、审核及审批应符合国家现行有关标准的规定；施工资料用表宜符合本规程附录 C 的规定；附录 C 未规定的，可自行确定。

4.2.4　竣工图的编制及审核应符合下列规定：

　1　新建、改建、扩建的建筑工程均应编制竣工图；竣工图应真实反映竣工工程的实际情况。

　2　竣工图的专业类别应与施工图对应。

　3　竣工图应依据施工图、图纸会审记录、设计变更通知单、工程洽商记录（包括技术核定单）等绘制。

　4　当施工图没有变更时，可直接在施工图上加盖竣工图章形成竣工图。

　5　竣工图的绘制应符合国家现行有关标准的规定。

　6　竣工图应有竣工图章及相关责任人签字。

　7　竣工图应按本规程附录 D 的方法绘制，并应按本规程附录 E 的方法折叠。

4.3　工程资料编号

4.3.1　工程准备阶段文件、工程竣工文件宜按本规程附录 A 表 A.2.1 中规定的类别和形成时间顺序编号。

4.3.2　监理资料宜按本规程附录 A 表 A.2.1 中规定的类别和形成时间顺序编号。

4.3.3　施工资料编号宜符合下列规定：

　1　施工资料编号可由分部、子分部、分类、顺序号 4 组代号组成，组与组之间应用横线隔开（图 4.3.3-1）；

$$\underset{①}{\times\times}-\underset{②}{\times\times}-\underset{③}{\times\times}-\underset{④}{\times\times\times}$$

图 4.3.3-1　施工资料编号

①为分部工程代号，可按本规程附录 A.3.1 的规定执行。

②为子分部工程代号，可按本规程附录 A.3.1 的规定执行。

③为资料的类别编号，可按本规程附录 A.2.1 的规定执行。

④为顺序号，可根据相同表格、相同检查项目，按形成时间顺序填写。

　2　属于单位工程整体管理内容的资料，编号中的分部、子分部工程代号可用"00"代替；

　3　同一厂家、同一品种、同一批次的施工物资用在两个分部、子分部工程中时，资料编号中的分部、子分部工程代号可按主要使用部位填写。

4.3.4 竣工图宜按本规程附录 A 表 A.2.1 中规定的类别和形成时间顺序编号。

4.3.5 工程资料的编号应及时填写，专用表格的编号应填写在表格右上角的编号栏中；非专用表格应在资料右上角的适当位置注明资料编号。

4.4 工程资料收集、整理与组卷

4.4.1 工程资料的收集、整理与组卷应符合下列规定：

1 工程准备阶段文件和工程竣工文件应由建设单位负责收集、整理与组卷。

2 监理资料应由监理单位负责收集、整理与组卷。

3 施工资料应由施工单位负责收集、整理与组卷。

4 竣工图应由建设单位负责组织，也可委托其他单位。

4.4.2 工程资料的组卷除应执行本规程第 4.4.1 条的规定外，还应符合下列规定：

1 工程资料组卷应遵循自然形成规律，保持卷内文件、资料内在联系。工程资料可根据数量多少组成一卷或多卷。

2 工程准备阶段文件和工程竣工文件可按建设项目或单位工程进行组卷。

3 监理资料应按单位工程进行组卷。

4 施工资料应按单位工程组卷，并应符合下列规定：

1） 专业承包工程形成的施工资料应由专业承包单位负责，并应单独组卷；

2） 电梯应按不同型号每台电梯单独组卷；

3） 室外工程应按室外建筑环境、室外安装工程单独组卷；

4） 当施工资料中部分内容不能按一个单位工程分类组卷时，可按建设项目组卷；

5） 施工资料目录应与其对应的施工资料一起组卷。

5 竣工图应按专业分类组卷。

6 工程资料组卷内容宜符合本规程附录 A 中表 A.2.1 的规定。

7 工程资料组卷应编制封面、卷内目录及备考表，其格式及填写要求可按现行国家标准《建设工程文件归档整理规范》GB/T 50328 的有关规定执行。

4.5 工程资料移交与归档

4.5.1 工程资料移交归档应符合国家现行有关法规和标准的规定；当无规定时，应按合同约定移交归档。

4.5.2 工程资料移交应符合下列规定：

1 施工单位应向建设单位移交施工资料。

2 实行施工总承包的，各专业承包单位应向施工总承包单位移交施工资料。

3 监理单位应向建设单位移交监理资料。

4 工程资料移交时应及时办理相关移交手续，填写工程资料移交书、移交目录。

5 建设单位应按国家有关法规和标准的规定向城建档案管理部门移交工程档案，并办理相关手续。有条件时，向城建档案管理部门移交的工程档案应为原件。

4.5.3 工程资料归档应符合下列规定：

1 工程参建各方宜按本规程附录 A 中表 A.2.1 规定的内容将工程资料归档保存。

2 归档保存的工程资料，其保存期限应符合下列规定：

1）工程资料归档保存期限应符合国家现行有关标准的规定；当无规定时，不宜少于 5 年。

2）建设单位工程资料归档保存期限应满足工程维护、修缮、改造、加固的需要。

3）施工单位工程资料归档保存期限应满足工程质量保修及质量追溯的需要。

附录 A　工程资料形成、类别、来源、保存及代号索引

A.1　工 程 资 料 形 成

A.1.1　工程资料形成宜符合图 A.1.1 的步骤。

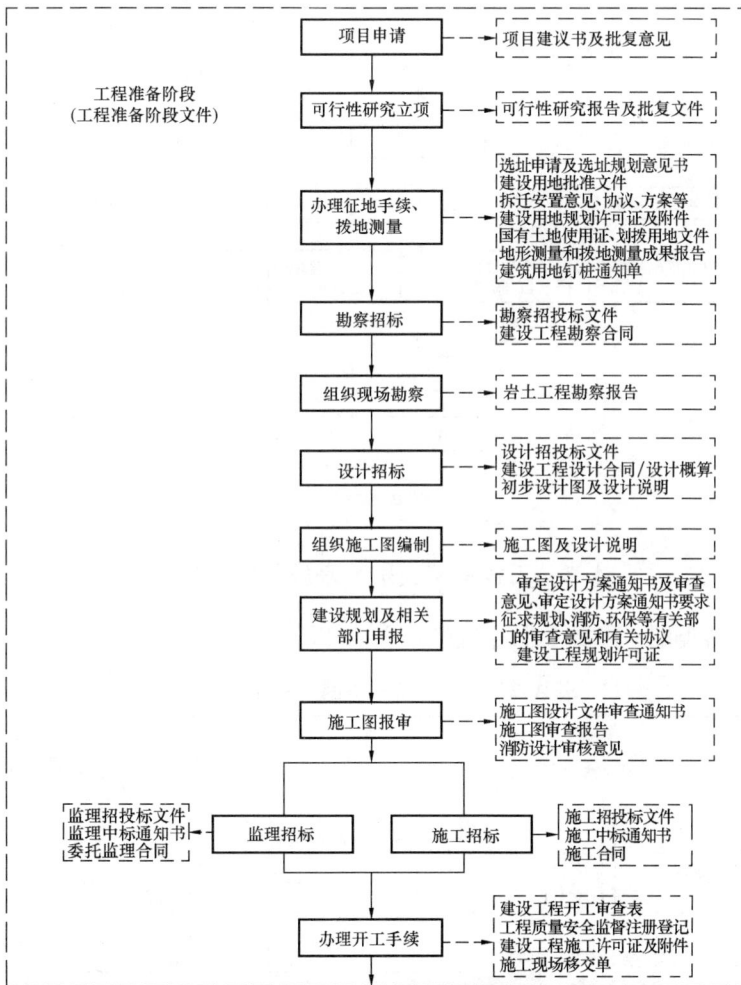

图 A.1.1　工程资料形成

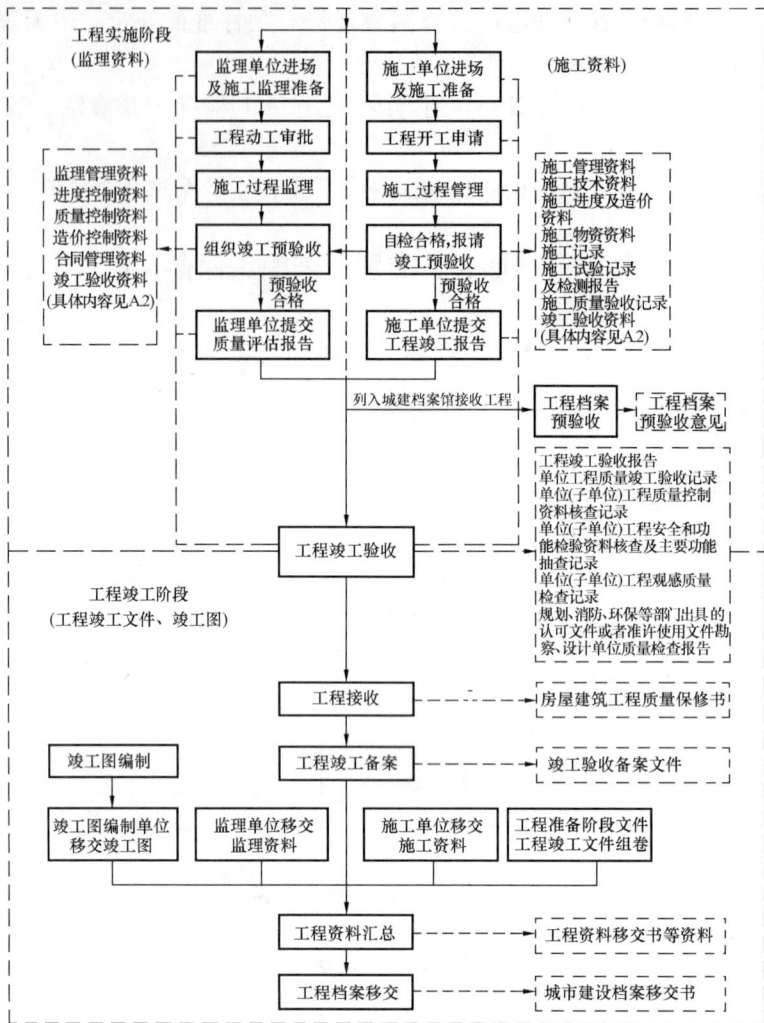

工程实施阶段（监理资料）

监理单位进场及施工监理准备 → 工程动工审批 → 施工过程监理 → 组织竣工预验收 →（预验收合格）监理单位提交质量评估报告

施工单位进场及施工准备 → 工程开工申请 → 施工过程管理 → 自检合格,报请竣工预验收 →（预验收合格）施工单位提交工程竣工报告

（施工资料）

监理管理资料
进度控制资料
质量控制资料
造价控制资料
合同管理资料
竣工验收资料
（具体内容见A.2）

施工管理资料
施工技术资料
施工进度及造价资料
施工物资资料
施工记录
施工试验记录及检测报告
施工质量验收资料
竣工验收资料
（具体内容见A.2）

列入城建档案馆接收工程 → 工程档案预验收 → 工程档案预验收意见

工程竣工验收

工程竣工验收报告
单位工程质量竣工验收记录
单位(子单位)工程质量控制资料核查记录
单位(子单位)工程安全和功能检验资料核查及主要功能抽查记录
单位(子单位)工程观感质量检查记录
规划、消防、环保等部门出具的认可文件或者准许使用文件勘察、设计单位质量检查报告

工程竣工阶段（工程竣工文件、竣工图）

工程接收 → 房屋建筑工程质量保修书

竣工图编制 → 工程竣工备案 → 竣工验收备案文件

竣工图编制单位移交竣工图　监理单位移交监理资料　施工单位移交施工资料　工程准备阶段文件工程竣工文件组卷

工程资料汇总 → 工程资料移交书等资料

工程档案移交 → 城市建设档案移交书

续图 A.1.1

A.2 工程资料类别、来源及保存要求

A.2.1 工程资料类别、来源及保存宜符合表 A.2.1 的规定。

表 A.2.1 工程资料类别、来源及保存

工程资料类别		工程资料名称	工程资料来源	工程资料保存			
				施工单位	监理单位	建设单位	城建档案馆
A类		工程准备阶段文件					
A1类	决策立项文件	项目建议书	建设单位			●	●
		项目建议书的批复文件	建设行政管理部门			●	●
		可行性研究报告及附件	建设单位			●	●
		可行性研究报告的批复文件	建设行政管理部门			●	●
		关于立项的会议纪要、领导批示	建设单位			●	●
		工程立项的专家建议资料	建设单位			●	●
		项目评估研究资料	建设单位			●	●

续表 A.2.1

工程资料类别		工程资料名称	工程资料来源	工程资料保存			
				施工单位	监理单位	建设单位	城建档案馆
A2类	建设用地文件	选址申请及选址规划意见通知书	建设单位规划部门			●	●
		建设用地批准文件	土地行政管理部门			●	●
		拆迁安置意见、协议、方案等	建设单位			●	●
		建设用地规划许可证及其附件	规划行政管理部门			●	●
		国有土地使用证	土地行政管理部门			●	●
		划拨建设用地文件	土地行政管理部门			●	●
A3类	勘察设计文件	岩土工程勘察报告	勘察单位	●	●	●	
		建设用地钉桩通知单(书)	规划行政管理部门	●	●	●	
		地形测量和拨地测量成果报告	测绘单位			●	
		审定设计方案通知书及审查意见	规划行政管理部门			●	●
		审定设计方案通知书要求征求有关部门的审查意见和要求取得的有关协议	有关部门			●	●
		初步设计图及设计说明	设计单位			●	
		消防设计审核意见	公安机关消防机构	○	○	●	●
		施工图设计文件审查通知书及审查报告	施工图审查机构	○	○	●	●
		施工图及设计说明	设计单位	○	○	●	
A4类	招投标及合同文件	勘察招投标文件	建设单位勘察单位			●	
		勘察合同*	建设单位勘察单位			●	●
		设计招投标文件	建设单位设计单位			●	
		设计合同*	建设单位设计单位			●	●
		监理招投标文件	建设单位监理单位		●	●	
		委托监理合同*	建设单位监理单位		●	●	●
		施工招投标文件	建设单位施工单位	●	○	●	
		施工合同*	建设单位施工单位	●	○	●	
A5类	开工文件	建设项目列入年度计划的申报文件	建设单位			●	●
		建设项目列入年度计划的批复文件或年度计划项目表	建设行政管理部门			●	●
		规划审批申报表及报送的文件和图纸	建设单位设计单位			●	
		建设工程规划许可证及其附件	规划部门			●	●
		建设工程施工许可证及其附件	建设行政管理部门	●	●	●	●
		工程质量安全监督注册登记	质量监督机构	○	○	●	
		工程开工前的原貌影像资料	建设单位	●	●	●	●
		施工现场移交单	建设单位	○	○	○	
A6类	商务文件	工程投资估算资料	建设单位			●	
		工程设计概算资料	建设单位			●	
		工程施工图预算资料	建设单位			●	

续表 A.2.1

工程资料类别		工程资料名称	工程资料来源	工程资料保存			
				施工单位	监理单位	建设单位	城建档案馆
	A 类其他资料						
B 类	监理资料						
B1类	监理管理资料	监理规划	监理单位		●	●	●
		监理实施细则	监理单位	○	●	●	●
		监理月报	监理单位		●	●	
		监理会议纪要	监理单位	○	●	●	
		监理工作日志	监理单位		●		
		监理工作总结	监理单位		●	●	●
		工作联系单(表 B.1.1)	监理单位施工单位	○	○		
		监理工程师通知(表 B.1.2)	监理单位	○	○		
		监理工程师通知回复单*(表 C.1.7)	施工单位	○	○		
		工程暂停令(表 B.1.3)	监理单位	○	○	○	●
		工程复工报审表*(表 C.3.2)	施工单位	●	●	●	●
B2类	进度控制资料	工程开工报审表*(表 C.3.1)	施工单位	●	●	●	●
		施工进度计划报审表*(表 C.3.3)	施工单位	○	○		
B3类	质量控制资料	质量事故报告及处理资料	施工单位	●	●	●	●
		旁站监理记录*(表 B.3.1)	监理单位	○	●	●	
		见证取样和送检见证人员备案表(表 B.3.2)	监理单位或建设单位	●	●	●	
		见证记录*(表 B.3.3)	监理单位	●	●	●	
		工程技术文件报审表*(表 C.2.1)	施工单位	○	○		
B4类	造价控制资料	工程款支付申请表(表 C.3.6)	施工单位	○	○	●	
		工程款支付证书(表 B.4.1)	监理单位	○	○	●	
		工程变更费用报审表*	施工单位	○	○	●	
		费用索赔申请表	施工单位	○	○	●	
		费用索赔审批表(表 B.4.2)	监理单位	○	○	●	
B5类	合同管理资料	委托监理合同*	监理单位		●	●	●
		工程延期申请表(表 C.3.5)	施工单位	●	●	●	●
		工程延期审批表(表 B.5.1)	监理单位	●	●	●	●
		分包单位资质报审表*(表 C.1.3)	施工单位	●	●	●	●
B6类	竣工验收资料	单位(子单位)工程竣工预验收报验表*	施工单位	●	●		
		单位(子单位)工程质量竣工验收记录**	施工单位	●	●	●	●
		单位(子单位)工程质量控制资料核查记录*	施工单位	●	●	●	●
		单位(子单位)工程安全和功能检验资料核查及主要功能抽查记录*	施工单位	●	●	●	●

续表 A.2.1

工程资料类别		工程资料名称	工程资料来源	工程资料保存			
				施工单位	监理单位	建设单位	城建档案馆
B6类	竣工验收资料	单位(子单位)工程观感质量检查记录*	施工单位	●	●	●	●
		工程质量评估报告	监理单位	●	●	●	●
		监理费用决算资料	监理单位		○	●	
		监理资料移交书	监理单位		●	●	
	B类其他资料						
C类		施工资料					
C1类	施工管理资料	工程概况表(表C.1.1)	施工单位	●	●	●	●
		施工现场质量管理检查记录*(表C.1.2)	施工单位	○	○		
		企业资质证书及相关专业人员岗位证书	施工单位	○	○		
		分包单位资质报审表*(表C.1.3)	施工单位	●	●	●	
		建设工程质量事故调查、勘查记录(表C.1.4)	调查单位	●	●	●	●
		建设工程质量事故报告书	调查单位	●	●	●	●
		施工检测计划	施工单位	○	○		
		见证记录*	监理单位	●	●	●	
		见证试验检测汇总表(表C.1.5)	施工单位	●	●		
		施工日志(表C.1.6)	施工单位	●			
		监理工程师通知回复单*(表C.1.7)	施工单位	○	○		
C2类	施工技术资料	工程技术文件报审表*(表C.2.1)	施工单位	○	○		
		施工组织设计及施工方案	施工单位	○	○		
		危险性较大分部分项工程施工方案专家论证表(表C.2.2)	施工单位	○	○		
		技术交底记录(表C.2.3)	施工单位	○			
		图纸会审记录**(表C.2.4)	施工单位	●	●	●	●
		设计变更通知单**(表C.2.5)	设计单位	●	●	●	●
		工程洽商记录(技术核定单)**(表C.2.6)	施工单位	●	●	●	●
C3类	进度造价资料	工程开工报审表*(表C.3.1)	施工单位	●	●	●	●
		工程复工报审表*(表C.3.2)	施工单位	●	●	●	●
		施工进度计划报审表*(表C.3.3)	施工单位	○	○		
		施工进度计划	施工单位	○	○		
		人、机、料动态表(表C.3.4)	施工单位	○	○		
		工程延期申请表(表C.3.5)	施工单位	●	●	●	●
		工程款支付申请表(表C.3.6)	施工单位	○	○	●	
		工程变更费用报审表*(表C.3.7)	施工单位	○	○	●	
		费用索赔申请表*(表C.3.8)	施工单位	○	○	●	

203

续表 A.2.1

工程资料类别		工程资料名称	工程资料来源	工程资料保存			
				施工单位	监理单位	建设单位	城建档案馆
C4类	施工物资资料	出厂质量证明文件及检测报告					
		砂、石、砖、水泥、钢筋、隔热保温、防腐材料、轻集料出厂质量证明文件	施工单位	●	●	●	●
		其他物资出厂合格证、质量保证书、检测报告和报关单或商检证等	施工单位	●	○	○	
		材料、设备的相关检验报告、型式检测报告、3C强制认证合格证书或3C标志	采购单位	●	○	○	
		主要设备、器具的安装使用说明书	采购单位	●	○	○	
		进口的主要材料设备的商检证明文件	采购单位	●	○	●	●
		涉及消防、安全、卫生、环保、节能的材料、设备的检测报告或法定机构出具的有效证明文件	采购单位	●	●	●	
		进场检验通用表格					
		材料、构配件进场检验记录*(表C.4.1)	施工单位	○	○		
		设备开箱检验记录*(表C.4.2)	施工单位	○	○		
		设备及管道附件试验记录*(表C.4.3)	施工单位	●	○	●	
		进场复试报告					
		钢材试验报告	检测单位	●	●	●	●
		水泥试验报告	检测单位	●	●	●	●
		砂试验报告	检测单位	●	●	●	●
		碎(卵)石试验报告	检测单位	●	●	●	●
		外加剂试验报告	检测单位	●	●	○	●
		防水涂料试验报告	检测单位	●	○	●	
		防水卷材试验报告	检测单位	●	○	●	
		砖(砌块)试验报告	检测单位	●	●	●	●
		预应力筋复试报告	检测单位	●	●	●	●
		预应力锚具、夹具和连接器复试报告	检测单位	●	●	●	●
		装饰装修用门窗复试报告	检测单位	●	○	●	●
		装饰装修用人造木板复试报告	检测单位	●	○	●	
		装饰装修用花岗石复试报告	检测单位	●	○	●	
		装饰装修用安全玻璃复试报告	检测单位	●	○	●	
		装饰装修用外墙面砖复试报告	检测单位	●	○	●	
		钢结构用钢材复试报告	检测单位	●	●	●	●
		钢结构用防火涂料复试报告	检测单位	●	●	●	●
		钢结构用焊接材料复试报告	检测单位	●	●	●	●
		钢结构用高强度大六角头螺栓连接副复试报告	检测单位	●	●	●	●
		钢结构用扭剪型高强螺栓连接副复试报告	检测单位	●	●	●	●
		幕墙用铝塑板、石材、玻璃、结构胶复试报告	检测单位	●	●	●	●
		散热器、采暖系统保温材料、通风与空调工程绝热材料、风机盘管机组、低压配电系统电缆的见证取样复试报告	检测单位	●	○	●	
		节能工程材料复试报告	检测单位	●	●	●	

续表 A.2.1

工程资料类别		工程资料名称	工程资料来源	工程资料保存			
				施工单位	监理单位	建设单位	城建档案馆
C5类	施工记录	通用表格					
		隐蔽工程验收记录*(表C.5.1)	施工单位	●	●	●	●
		施工检查记录(表C.5.2)	施工单位	○			
		交接检查记录(表C.5.3)	施工单位	○			
		专用表格					
		工程定位测量记录*(表C.5.4)	施工单位	●	●	●	●
		基槽验线记录	施工单位	●	●	●	●
		楼层平面放线记录	施工单位	○	○		
		楼层标高抄测记录	施工单位	○	○		
		建筑物垂直度、标高观测记录*(表C.5.5)	施工单位	●	○	●	
		沉降观测记录	建设单位委托测量单位提供	●	○	●	●
		基坑支护水平位移监测记录	施工单位	○	○		
		桩基、支护测量放线记录	施工单位	○	○		
		地基验槽记录**(表C.5.6)	施工单位	●	●	●	●
		地基钎探记录	施工单位	○		●	●
		混凝土浇灌申请书	施工单位	○	○		
		预拌混凝土运输单	施工单位	○			
		混凝土开盘鉴定	施工单位	○	○		
		混凝土拆模申请单	施工单位	○	○		
		混凝土预拌测温记录	施工单位	○			
		混凝土养护测温记录	施工单位	○			
		大体积混凝土养护测温记录	施工单位	○			
		大型构件吊装记录	施工单位	○	○	●	●
		焊接材料烘焙记录	施工单位	○			
		地下工程防水效果检查记录*(表C.5.7)	施工单位	○	○	●	
		防水工程试水检查记录*(表C.5.8)	施工单位	○	○	●	
		通风(烟)道、垃圾道检查记录*(表C.5.9)	施工单位	○		●	
		预应力筋张拉记录	施工单位	●	○	●	●
		有粘结预应力结构灌浆记录	施工单位	●	○	●	●
		钢结构施工记录	施工单位	●	○	●	
		网架(索膜)施工记录	施工单位	●	○	●	●
		木结构施工记录	施工单位	●	○	●	
		幕墙注胶检查记录	施工单位	●	○		
		自动扶梯、自动人行道的相邻区域检查记录	施工单位	●	○	●	
		电梯电气装置安装检查记录	施工单位	●	○	●	
		自动扶梯、自动人行道电气装置检查记录	施工单位	●	○	●	
		自动扶梯、自动人行道整机安装质量检查记录	施工单位	●	○	●	

续表 A.2.1

工程资料类别		工程资料名称	工程资料来源	工程资料保存			
				施工单位	监理单位	建设单位	城建档案馆
C6类	施工试验记录及检测报告	通用表格					
		设备单机试运转记录*（表C.6.1）	施工单位	●	○	●	●
		系统试运转调试记录*（表C.6.2）	施工单位	●	○	●	●
		接地电阻测试记录*（表C.6.3）	施工单位	●	○	●	●
		绝缘电阻测试记录*（表C.6.4）	施工单位	●	○	●	
		专用表格					
		建筑与结构工程					
		锚杆试验报告	检测单位	●	○	●	●
		地基承载力检验报告	检测单位	●	○	●	●
		桩基检测报告	检测单位	●	○	●	●
		土工击实试验报告	检测单位	●	○	●	●
		回填土试验报告(应附图)	检测单位	●	○	●	●
		钢筋机械连接试验报告	检测单位	●	○	●	●
		钢筋焊接连接试验报告	检测单位	●	○	●	●
		砂浆配合比申请单、通知单	施工单位	○	○		
		砂浆抗压强度试验报告	检测单位	●	○	●	●
		砌筑砂浆试块强度统计、评定记录(表C.6.5)	施工单位	●		●	●
		混凝土配合比申请单、通知单	施工单位	○	○		
		混凝土抗压强度试验报告	检测单位	●	○	●	●
		混凝土试块强度统计、评定记录(表C.6.6)	施工单位	●		●	●
		混凝土抗渗试验报告	检测单位	●	○	●	●
		砂、石、水泥放射性指标报告	施工单位	●		●	●
		混凝土碱总量计算书	施工单位	●		●	●
		外墙饰面砖样板粘结强度试验报告	检测单位	●	○	●	●
		后置埋件抗拔试验报告	检测单位	●	○	●	●
		超声波探伤报告、探伤记录	检测单位	●	○	●	●
		钢构件射线探伤报告	检测单位	●	○	●	●
		磁粉探伤报告	检测单位	●	○	●	●
		高强度螺栓抗滑移系数检测报告	检测单位	●	○	●	●
		钢结构焊接工艺评定	检测单位	○	○		
		网架节点承载力试验报告	检测单位	●	○	●	●
		钢结构防腐、防火涂料厚度检测报告	检测单位	●	○	●	●
		木结构胶缝试验报告	检测单位	●	○	●	●
		木结构构件力学性能试验报告	检测单位	●	○	●	●
		木结构防护剂试验报告	检测单位	●	○	●	●

续表 A.2.1

工程资料类别		工程资料名称	工程资料来源	工程资料保存			
				施工单位	监理单位	建设单位	城建档案馆
C6类	施工试验记录及检测报告	幕墙双组分硅酮结构密封胶混匀性及拉断试验报告	检测单位	●	○	●	●
		幕墙的抗风压性能、空气渗透性能、雨水渗透性能及平面内变形性能检测报告	检测单位	●	○	●	●
		外门窗的抗风压性能、空气渗透性能和雨水渗透性能检测报告	检测单位	●	○	●	●
		墙体节能工程保温板材与基层粘结强度现场拉拔试验	检测单位	●	○	●	●
		外墙保温浆料同条件养护试件试验报告	检测单位	●	○	●	
		结构实体混凝土强度检验记录*(表 C.6.7)	施工单位	●	○	●	
		结构实体钢筋保护层厚度检验记录*(表 C.6.8)	施工单位	●	○	●	
		围护结构现场实体检验	检测单位	●	○	●	
		室内环境检测报告	检测单位	●	○	●	
		节能性能检测报告	检测单位	●	○	●	●
		给排水及采暖工程					
		灌(满)水试验记录*(表 C.6.9)	施工单位	○	○	●	
		强度严密性试验记录*(表 C.6.10)	施工单位	●	○	●	●
		通水试验记录*(表 C.6.11)	施工单位	○	○	●	
		冲(吹)洗试验记录*(表 C.6.12)	施工单位	●	○	●	
		通球试验记录	施工单位	○	○	●	
		补偿器安装记录	施工单位	○	○		
		消火栓试射记录	施工单位	●	○	●	
		安全附件安装检查记录	施工单位	●	○		
		锅炉烘炉试验记录	施工单位	●	○		
		锅炉煮炉试验记录	施工单位	●	○		
		锅炉试运行记录	施工单位	●	○	●	
		安全阀定压合格证书	检测单位	●	○		
		自动喷水灭火系统联动试验记录	施工单位	●	○	●	●
		建筑电气工程					
		电气接地装置平面示意图表	施工单位	●	○	●	●
		电气器具通电安全检查记录	施工单位	○	○	●	
		电气设备空载试运行记录*(表 C.6.13)	施工单位	●	○	●	●
		建筑物照明通电试运行记录	施工单位	●	○	●	●
		大型照明灯具承载试验记录*(表 C.6.14)	施工单位	●	○	●	
		漏电开关模拟试验记录	施工单位	●	○	●	

续表 A.2.1

工程资料类别		工程资料名称	工程资料来源	工程资料保存			
				施工单位	监理单位	建设单位	城建档案馆
C6类	施工试验记录及检测报告	大容量电气线路结点测温记录	施工单位	●	○	●	
		低压配电电源质量测试记录	施工单位	●	○	●	
		建筑物照明系统照度测试记录	施工单位	○	○	●	
		智能建筑工程					
		综合布线测试记录*	施工单位	●	○	●	●
		光纤损耗测试记录*	施工单位	●	○	●	●
		视频系统末端测试记录*	施工单位	●	○	●	●
		子系统检测记录*（表C.6.15）	施工单位	●	○	●	●
		系统试运行记录*	施工单位	●	○	●	●
		通风与空调工程					
		风管漏光检测记录*（表C.6.16）	施工单位	○	○	●	
		风管漏风检测记录*（表C.6.17）	施工单位	●	○	●	
		现场组装除尘器、空调机漏风检测记录	施工单位	○	○		
		各房间室内风量测量记录	施工单位	●	○	●	
		管网风量平衡记录	施工单位	●	○	●	
		空调系统试运转调试记录	施工单位	●	○	●	●
		空调水系统试运转调试记录	施工单位	●	○	●	●
		制冷系统气密性试验记录	施工单位	●	○	●	●
		净化空调系统检测记录	施工单位	●	○	●	●
		防排烟系统联合试运行记录	施工单位	●	○	●	●
		电梯工程					
		轿厢平层准确度测量记录	施工单位	○	○	●	
		电梯层门安全装置检测记录	施工单位	●	○	●	
		电梯电气安全装置检测记录	施工单位	●	○	●	
		电梯整机功能检测记录	施工单位	●	○	●	
		电梯主要功能检测记录	施工单位	●	○	●	
		电梯负荷运行试验记录	施工单位	●	○	●	●
		电梯负荷运行试验曲线图表	施工单位	●	○	●	
		电梯噪声测试记录	施工单位	○	○	○	
		自动扶梯、自动人行道安全装置检测记录	施工单位	●	○	●	
		自动扶梯、自动人行道整机性能、运行试验记录	施工单位	●	○	●	●

续表 A.2.1

工程资料类别		工程资料名称	工程资料来源	工程资料保存			
				施工单位	监理单位	建设单位	城建档案馆
C7类	施工质量验收记录	检验批质量验收记录*（表C.7.1）	施工单位	○	○	●	
		分项工程质量验收记录*（表C.7.2）	施工单位	●	●	●	
		分部(子分部)工程质量验收记录**（表C.7.3）	施工单位	●	●	●	●
		建筑节能分部工程质量验收记录**（表C.7.4）	施工单位	●	●	●	●
		自动喷水系统验收缺陷项目划分记录	施工单位	●	○	○	
		程控电话交换系统分项工程质量验收记录	施工单位	●	○	●	
		会议电视系统分项工程质量验收记录	施工单位	●	○	●	
		卫星数字电视系统分项工程质量验收记录	施工单位	●	○	●	
		有线电视系统分项工程质量验收记录	施工单位	●	○	●	
		公共广播与紧急广播系统分项工程质量验收记录	施工单位	●	○	●	
		计算机网络系统分项工程质量验收记录	施工单位	●	○	●	
		应用软件系统分项工程质量验收记录	施工单位	●	○	●	
		网络安全系统分项工程质量验收记录	施工单位	●	○	●	
		空调与通风系统分项工程质量验收记录	施工单位	●	○	●	
		变配电系统分项工程质量验收记录	施工单位	●	○	●	
		公共照明系统分项工程质量验收记录	施工单位	●	○	●	
		给排水系统分项工程质量验收记录	施工单位	●	○	●	
		热源和热交换系统分项工程质量验收记录	施工单位	●	○	●	
		冷冻和冷却水系统分项工程质量验收记录	施工单位	●	○	●	
		电梯和自动扶梯系统分项工程质量验收记录	施工单位	●	○	●	
		数据通信接口分项工程质量验收记录	施工单位	●	○	●	
		中央管理工作站及操作分站分项工程质量验收记录	施工单位	●	○	●	
		系统实时性、可维护性、可靠性分项工程质量验收记录	施工单位	●	○	●	
		现场设备安装及检测分项工程质量验收记录	施工单位	●	○	●	
		火灾自动报警及消防联动系统分项工程质量验收记录	施工单位	●	○	●	
		综合防范功能分项工程质量验收记录	施工单位	●	○	●	
		视频安防监控系统分项工程质量验收记录	施工单位	●	○	●	
		入侵报警系统分项工程质量验收记录	施工单位	●	○	●	
		出入口控制(门禁)系统分项工程质量验收记录	施工单位	●	○	●	
		巡更管理系统分项工程质量验收记录	施工单位	●	○	●	
		停车场(库)管理系统分项工程质量验收记录	施工单位	●	○	●	

续表 A.2.1

工程资料类别		工程资料名称	工程资料来源	工程资料保存			
				施工单位	监理单位	建设单位	城建档案馆
C7类	施工质量验收记录	安全防范综合管理系统分项工程质量验收记录	施工单位	●	○	●	
		综合布线系统安装分项工程质量验收记录	施工单位	●	○	●	
		综合布线系统性能检测分项工程质量验收记录	施工单位	●	○	●	
		系统集成网络连接分项工程质量验收记录	施工单位	●	○	●	
		系统数据集成分项工程质量验收记录	施工单位	●	○	●	
		系统集成整体协调分项工程质量验收记录	施工单位	●	○	●	
		系统集成综合管理及冗余功能分项工程质量验收记录	施工单位	●	○	●	
		系统集成可维护性和安全性分项工程质量验收记录	施工单位	●	○	●	
		电源系统分项工程质量验收记录	施工单位	●	○	●	
C8类	竣工验收资料	工程竣工报告	施工单位	●	●	●	●
		单位（子单位）工程竣工预验收报验表*（表C.8.1）	施工单位	●	●	●	
		单位（子单位）工程质量竣工验收记录**（表C.8.2-1）	施工单位	●	●	●	●
		单位（子单位）工程质量控制资料核查记录*（表C.8.2-2）	施工单位	●	●	●	●
		单位（子单位）工程安全和功能检验资料核查及主要功能抽查记录*（表C.8.2-3）	施工单位	●	●	●	●
		单位（子单位）工程观感质量检查记录**（表C.8.2-4）	施工单位	●	●	●	
		施工决算资料	施工单位	○	○	●	
		施工资料移交书	施工单位	●		●	
		房屋建筑工程质量保修书	施工单位	●	●	●	
	C类其他资料						
D类	竣工图						
D类	竣工图	建筑与结构竣工图	建筑竣工图	编制单位	●		●	●
			结构竣工图	编制单位	●		●	●
			钢结构竣工图	编制单位	●		●	●
		建筑装饰与装修竣工图	幕墙竣工图	编制单位	●		●	●
			室内装饰竣工图	编制单位	●		●	●
			建筑给水、排水与采暖竣工图	编制单位	●		●	●
			建筑电气竣工图	编制单位	●		●	●

续表 A.2.1

工程资料类别		工程资料名称		工程资料来源	工程资料保存			
					施工单位	监理单位	建设单位	城建档案馆
D类	竣工图	智能建筑竣工图		编制单位	●		●	●
		通风与空调竣工图		编制单位	●		●	●
		室外工程竣工图	室外给水、排水、供热、供电、照明管线等竣工图	编制单位	●		●	●
			室外道路、园林绿化、花坛、喷泉等竣工图	编制单位	●		●	●
	D类其他资料							
E类		工程竣工文件						
E1类	竣工验收文件	单位(子单位)工程质量竣工验收记录＊＊		施工单位	●	●	●	●
		勘察单位工程质量检查报告		勘察单位	○	○		●
		设计单位工程质量检查报告		设计单位	○	○		●
		工程竣工验收报告		建设单位	●	●	●	●
		规划、消防、环保等部门出具的认可文件或准许使用文件		政府主管部门	●	●	●	●
		房屋建筑工程质量保修书		施工单位	●	●	●	
		住宅质量保证书、住宅使用说明书		建设单位			●	
		建设工程竣工验收备案表		建设单位	●	●	●	●
E2类	竣工决算文件	施工决算资料＊		施工单位	○	○	●	
		监理费用决算资料＊		监理单位		○	●	
E3类	竣工交档文件	工程竣工档案预验收意见		城建档案管理部门			●	●
		施工资料移交书＊		施工单位	●		●	
		监理资料移交书＊		监理单位		●	●	
		城市建设档案移交书		建设单位			●	
E4类	竣工总结文件	工程竣工总结		建设单位			●	●
		竣工新貌影像资料		建设单位	●		●	●
	E类其他资料							

注：1 表中工程资料名称与资料保存单位所对应的栏中"●"表示"归档保存"；"○"表示"过程保存"，是否归档保存可自行确定。

2 表中注明"＊"的表，宜由施工单位和监理或建设单位共同形成；表中注明"＊＊"的表，宜由建设、设计、监理、施工等多方共同形成。

3 勘察单位保存资料内容应包括工程地质勘察报告、勘察招投标文件、勘察合同、勘察单位工程质量检查报告以及勘察单位签署的有关质量验收记录等。

4 设计单位保存资料内容应包括审定设计方案通知书及审查意见、审定设计方案通知书要求征求有关部门的审查意见和要求取得的有关协议、初步设计图及设计说明、施工图及设计说明、消防设计审核意见、施工图设计文件审查通知书及审查报告、设计招投标文件、设计合同、图纸会审记录、设计变更通知单、设计单位签署意见的工程洽商记录(包括技术核定单)、设计单位工程质量检查报告以及设计单位签署的有关质量验收记录。

A.3 分部（子分部）工程代号索引

A.3.1 施工资料编制时，分部（子分部）工程代号应按表 A.3.1 填写，表中未明确的分部（子分部）工程代号可依据相关标准自行确定。

表 A.3.1 分部（子分部）工程代号索引表

分部工程代号	分部工程名称	子分部工程代号	子分部工程名称	分项工程名称	备注
01	地基与基础	01	无支护土方	土方开挖、土方回填	
		02	有支护土方	排桩，降水、排水、地下连续墙、锚杆、土钉墙、水泥土桩、沉井与沉箱，钢及混凝土支撑	单独组卷
		03	地基及基础处理	灰土地基、砂和砂石地基、碎砖三合土地基、土工合成材料地基，粉煤灰地基，重锤夯实地基，强夯地基，振冲地基，砂桩地基，预压地基，高压喷射注浆地基，土和灰土挤密桩地基，注浆地基，水泥粉煤灰碎石桩地基，夯实水泥土桩地基	复合地基单独组卷
		04	桩基	锚杆静压桩及静力压桩，预应力离心管桩，钢筋混凝土预制桩，钢桩，混凝土灌注桩（成孔、钢筋笼、清孔、水下混凝土灌注）	单独组卷
		05	地下防水	防水混凝土，水泥砂浆防水层，卷材防水层，涂料防水层，金属板防水层，塑料板防水层，细部构造，喷锚支护，复合式衬砌、地下连续墙、盾构法隧道；渗排水、盲沟排水、隧道、坑道排水；预注浆、后注浆，衬砌裂缝注浆	
		06	混凝土基础	模板、钢筋、混凝土，后浇带混凝土，混凝土结构缝处理	
		07	砌体基础	砖砌体，混凝土砌块砌体，配筋砌体，石砌体	
		08	劲钢（管）混凝土	劲钢（管）焊接，劲钢（管）与钢筋的连接，混凝土	
		09	钢结构	焊接钢结构、栓接钢结构，钢结构制作、钢结构安装，钢结构涂装	单独组卷
02	主体结构	01	混凝土结构	模板，钢筋，混凝土，预应力、现浇结构、装配式结构	
		02	劲钢（管）混凝土结构	劲钢（管）焊接，螺栓连接，劲钢（管）与钢筋的连接，劲钢（管）制作、安装，混凝土	
		03	砌体结构	砖砌体，混凝土小型空心砌块砌体，石砌体，填充墙砌体，配筋砖砌体	
		04	钢结构	钢结构焊接，紧固件连接，钢零部件加工，单层钢结构安装，多层及高层钢结构安装，钢结构涂装、钢构件组装，钢构件预拼装，钢网架结构安装，压型金属板	单独组卷
		05	木结构	方木和原木结构、胶合木结构、轻型木结构、木构件防护	单独组卷
		06	网架和索膜结构	网架制作，网架安装，索膜安装，网架防火，防腐涂料	单独组卷

212

续表 A.3.1

分部工程代号	分部工程名称	子分部工程代号	子分部工程名称	分项工程名称	备 注
03	建筑装饰装修	01	地面	整体面层：基层，水泥混凝土面层，水泥砂浆面层，水磨石面层，防油渗面层，水泥钢（铁）屑面层，不发火（防爆的）面层；板块面层：基层，砖面层（陶瓷锦砖、缸砖、陶瓷地砖和水泥花砖面层），大理石面层和花岗石面层，预制板块面层（预制水泥混凝土、水磨石板块面层），料石面层（条石、块石面层），塑料板面层，活动地板面层，地毯面层；木竹面层：基层，实木地板面层（条材、块材面层），实木复合地板面层（条材、块材面层），中密度（强化）复合地板面层（条材面层），竹地板面层	
		02	抹灰	一般抹灰，装饰抹灰，清水砌体勾缝	
		03	门窗	木门窗制作与安装，金属门窗安装，塑料门窗安装，特种门安装，门窗玻璃安装	
		04	吊顶	暗龙骨吊顶，明龙骨吊顶	
		05	轻质隔墙	板材隔墙，骨架隔墙，活动隔墙，玻璃隔墙	
		06	饰面板(砖)	饰面板安装，饰面砖粘贴	
		07	幕墙	玻璃幕墙，金属幕墙，石材幕墙	单独组卷
		08	涂饰	水性涂料涂饰，溶剂型涂料涂饰，美术涂饰	
		09	裱糊与软包	裱糊、软包	
		10	细部	橱柜制作与安装，窗帘盒、窗台板和暖气罩制作与安装，门窗套制作与安装，护栏和扶手制作与安装，花饰制作与安装	
04	建筑屋面	01	卷材防水屋面	保温层，找平层，卷材防水层，细部构造	
		02	涂膜防水屋面	保温层，找平层，涂膜防水层，细部构造	
		03	刚性防水屋面	细石混凝土防水，密封材料嵌缝，细部构造	
		04	瓦屋面	平瓦屋面，油毡瓦屋面，金属板屋面，细部构造	
		05	隔热屋面	架空屋面，蓄水屋面，种植屋面	

续表 A.3.1

分部工程代号	分部工程名称	子分部工程代号	子分部工程名称	分项工程名称	备 注
05	建筑给水排水及采暖	01	室内给水系统	给水管道及配件安装，室内消火栓系统安装，给水设备安装，管道防腐，绝热	
		02	室内排水系统	排水管道及配件安装、雨水管道及配件安装	
		03	室内热水供应系统	管道及配件安装，辅助设备安装，防腐，绝热	
		04	卫生器具安装	卫生器具安装，卫生器具给水配件安装，卫生器具排水管道安装	
		05	室内采暖系统	管道及配件安装，辅助设备及散热器安装，金属辐射板安装，低温热水地板辐射采暖系统安装，系统水压试验及调试，防腐，绝热	
		06	室外给水管网	给水管道安装，消防水泵接合器及室外消火栓安装，管沟及井室	
		07	室外排水管网	排水管道安装，排水管沟与井池	
		08	室外供热管网	管道及配件安装，系统水压试验及调试，防腐，绝热	
		09	建筑中水系统及游泳池系统	建筑中水系统管道及辅助设备安装，游泳池水系统安装	
		10	供热锅炉及辅助设备安装	锅炉安装，辅助设备及管道安装，安全附件安装，烘炉、煮炉和试运行，换热站安装，防腐，绝热	单独组卷
		11	自动喷水灭火系统	消防水泵和稳压泵安装，消防水箱安装和消防水池施工，消防气压给水设备安装，消防水泵接合器安装，管网安装，喷头安装，报警阀组安装，其他组件安装，系统水压试验，气压试验，冲洗，水源测试，消防水泵调试，稳压泵调试，报警阀组调试，排水装置调试，联动试验	单独组卷
		12	气体灭火系统	灭火剂储存装置的安装、选择阀及信号反馈装置安装、阀驱动装置安装、灭火剂输送管道安装、喷嘴安装、预制灭火系统安装、控制组件安装、系统调试	单独组卷
		13	泡沫灭火系统	消防泵的安装、泡沫液储罐的安装、泡沫比例混合器的安装、管道阀门和泡沫消火栓的安装、泡沫产生装置的安装、系统调试	单独组卷
		14	固定水炮灭火系统	管道及配件安装、设备安装、系统水压试验、系统调试	单独组卷

续表 A.3.1

分部工程代号	分部工程名称	子分部工程代号	子分部工程名称	分项工程名称	备注
06	建筑电气	01	室外电气	架空线路及杆上电气设备安装，变压器、箱式变电所安装，成套配电柜、控制柜（屏、台）和动力、照明配电箱（盘）及控制柜安装，电线、电缆导管和线槽敷设，电线、电缆穿管和线槽敷设，电缆头制作、导线连接和线路电气试验，建筑物外部装饰灯具、航空障碍标志灯和庭院路灯安装，建筑照明通电试运行，接地装置安装	
		02	变配电室	变压器、箱式变电所安装，成套配电柜、控制柜（屏、台）和动力、照明配电箱（盘）安装，裸母线、封闭母线、插接式母线安装，电缆沟内和电缆竖井内电缆敷设，电缆头制作、导线连接和线路电气试验，接地装置安装，避雷引下线和变配电室接地干线敷设	单独组卷
		03	供电干线	裸母线、封闭母线、插接式母线安装，桥架安装和桥架内电缆敷设，电缆沟内和电缆竖井内电缆敷设，电线、电缆导管和线槽敷设，电线、电缆穿管和线槽敷线，电缆头制作、导线连接和线路电气试验	
		04	电气动力	成套配电柜、控制柜（屏、台）和动力、照明配电箱（盘）及安装，低压电动机、电加热器及电动执行机构检查、接线，低压电气动力设备检测、试验和空载试运行，桥架安装和桥架内电缆敷设，电线、电缆导管和线槽敷设，电线、电缆穿管和线槽敷线，电缆头制作、导线连接和线路电气试验，插座、开关、风扇安装	
		05	电气照明安装	成套配电柜、控制柜（屏、台）和动力、照明配电箱（盘）安装，电线、电缆导管和线槽敷设，电线、电缆导管和线槽敷线，槽板配线，钢索配线，电缆头制作、导线连接和线路电气试验，普通灯具安装，专用灯具安装，插座、开关、风扇安装，建筑照明通电试运行	
		06	备用和不间断电源安装	成套配电柜、控制柜（屏、台）和动力、照明配电箱（盘）安装，柴油发电机组安装，不间断电源的其他功能单元安装，裸母线、封闭母线、插接式母线安装，电线、电缆导管和线槽敷设，电线、电缆导管和线槽敷线，电缆头制作、导线连接和线路电气试验，接地装置安装	
		07	防雷及接地安装	接地装置安装，避雷引下线和变配电室接地干线敷设，建筑物等电位连接，接闪器安装	

续表 A.3.1

分部工程代号	分部工程名称	子分部工程代号	子分部工程名称	分项工程名称	备注
07	智能建筑	01	通信网络系统	通信系统，卫星及有线电视系统，公共广播系统	单独组卷
		02	办公自动化系统	计算机网络系统，信息平台及办公自动化应用软件，网络安全系统	单独组卷
		03	建筑设备监控系统	空调与通风系统、变配电系统、照明系统，给排水系统，热源和热交换系统，冷冻和冷却系统，电梯和自动扶梯系统，中央管理工作站与操作分站，子系统通信接口	单独组卷
		04	火灾报警及消防联动系统	火灾和可燃气体探测与火灾报警控制系统，消防联动系统	单独组卷
		05	安全防范系统	电视监控系统，入侵报警系统，巡更系统，出入口控制（门禁）系统，停车管理系统	按分项单独组卷
		06	综合布线系统	综合布线系统	单独组卷
		07	智能化集成系统	集成系统网络，实时数据库，智能化集成系统与功能接口，信息安全	
		08	电源与接地	机房，智能建筑电源，防雷及接地	
		09	环境	空间环境，室内空调环境，视觉照明环境，电磁环境	单独组卷
		10	住宅（小区）智能化系统	火灾自动报警及消防联动系统，安全防范系统（含电视监控系统、入侵报警系统、巡更系统、门禁系统、楼宇对讲系统、住户对讲呼救系统、停车管理系统），物业管理系统（多表现场计量及与远程传输系统、建筑设备监控系统、公共广播系统、小区网络及信息服务系统、物业办公自动化系统），智能家庭信息平台	单独组卷
08	通风与空调	01	送排风系统	风管与配件制作，部件制作，风管系统安装，空气处理设备安装，消声设备制作与安装，风管与设备防腐，风机安装，系统调试	
		02	防排烟系统	风管与配件制作，部件制作，风管系统安装，防排烟风口、常闭正压风口与设备安装，风管与设备防腐，风机安装，系统调试	
		03	除尘系统	风管与配件制作，部件制作，风管系统安装，除尘器及排污设备安装，风管与设备防腐，风机安装，系统调试	
		04	空调风系统	风管与配件制作，部件制作，风管系统安装，空气处理设备安装，消声设备制作与安装，风管与设备防腐，风机安装，风管与设备绝热，系统调试	

续表 A.3.1

分部工程 代号	分部工程 名称	子分部工 程代号	子分部工 程名称	分项工程名称	备 注
08	通风 与 空调	05	净化空 调系统	风管与配件制作，部件制作，风管系统安装，空气处理设备安装，消声设备制作与安装，风管与设备防腐，风机安装，风管与设备绝热，系统调试	
		06	制冷设 备系统	制冷机组安装，制冷剂管道及配件安装，制冷附属设备安装，管道及设备的防腐与绝热，系统调试	
		07	空调水系统	管道冷热（媒）水系统安装，冷却水系统安装，冷凝水系统安装，阀门及部件安装，冷却塔安装，水泵及附属设备安装，管道与设备的防腐与绝热，系统调试	
09	电梯	01	电力驱动的曳引式或强制式电梯安装	设备进场验收，土建交接检验，驱动主机，导轨，门系统，轿厢，对重（平衡重），安全部件，悬挂装置，随行电缆，补偿装置，电气装置，整机安装验收	单独组卷
		02	液压电梯安装	设备进场验收，土建交接检验，液压系统，导轨，门系统，轿厢，平衡重，安全部件，悬挂装置，随行电缆，电气装置，整机安装验收	单独组卷
		03	自动扶梯、自动人行道安装	设备进场验收，土建交接检验，整机安装验收	单独组卷

附录 B 监理资料用表

B.1 监理管理资料用表

B.1.1 监理单位和其他参建单位传递意见、建议、决定、通知等的工作联系单时可采用表 B.1.1 的格式。当不需回复时应有签收记录，并应注明收件人的姓名、单位和收件日期，并由有关单位各保存一份。

表 B.1.1 工作联系单

工程名称		编 号	
致_____（单位）			
事由：			
内容			
		单 位_____ 负责人_____ 日 期_____	

B.1.2 监理工程师通知单应符合现行国家标准《建设工程监理规范》GB 50319 的有关规定。监理单位填写的监理工程师通知单应一式两份，并应由监理单位、施工单位各保存一份。监理工程师通知单宜采用表 B.1.2 的格式。

表 B.1.2　监理工程师通知

工程名称		编　号	

致_____（施工总承包单位/专业承包单位）

事由：关于_____

内容：

附件：

监　理　单　位_____

总/专业监理工程师_____

日　　　　期_____

B.1.3 工程暂停令应符合现行国家标准《建设工程监理规范》GB 50319 的有关规定。监理单位签发的工程暂停令应一式三份，并应由建设单位、监理单位、施工单位各保存一份。工程暂停令宜采用表 B.1.3 的格式。

表 B.1.3　工程暂停令

工程名称		编　号	
致＿＿＿＿＿＿＿＿＿（施工总承包单位/专业承包单位） 　　由于＿＿＿＿＿＿＿＿＿＿＿＿＿＿＿＿＿＿＿＿＿＿原因，现通知你方必须于＿＿年＿＿月＿＿日＿＿时起，对本工程的＿＿＿＿＿＿＿＿＿＿部位（工序）实施暂停施工，并按要求做好下述各项工作： 　　　　　　　　　　　　　　　　　监 理 单 位＿＿＿＿＿＿＿ 　　　　　　　　　　　　　　　　　总监理工程师＿＿＿＿＿＿＿ 　　　　　　　　　　　　　　　　　日　　　　期＿＿＿＿＿＿＿			

B.2　进度控制资料用表

B.2.1 工程开工报审表、施工进度计划报审表内容应符合现行国家标准《建设工程监理规范》GB 50319 的有关规定。

B.3　质量控制资料用表

B.3.1 旁站监理记录应符合现行国家标准《建设工程监理规范》GB 50319 的有关规定。监理单位填写的旁站监理记录应一式三份，并应由建设单位、监理单位、施工单位各保存一份。旁站监理记录宜采用表 B.3.1 的格式。

表 B.3.1　旁站监理记录

工程名称			编　号	
开始时间		结束时间	日期及天气	
监理的部位或工序：				
施工情况：				
监理情况：				
发现问题：				
处理结果：				
备注：				
监理单位名称：＿＿＿＿＿＿＿＿＿ 旁站监理人员（签字）：＿＿＿＿		施工单位名称：＿＿＿＿＿＿＿＿ 质检员（签字）：＿＿＿＿＿＿		

B.3.2 监理单位填写的见证取样和送检见证人员备案表应一式五份，质量监督站、检测单位、建设单位、监理单位、施工单位各保存一份。见证取样和送检见证人员备案表宜采用表 B.3.2 的格式。

表 B.3.2 见证取样和送检见证人员备案表

工程名称		编 号	
质量监督站		日 期	
检测单位			
施工总承包单位			
专业承包单位			
见证人员签字		见证取样和送检印章	
建设单位（章）		监理单位（章）	

B.3.3 监理单位填写的见证记录应一式三份，并应由建设单位、监理单位、施工单位各保存一份。见证记录宜采用表 B.3.3 的格式。

表 B.3.3 见 证 记 录

工程名称		编 号		
样品名称		试件编号	取样数量	
取样部位/地点		取样日期		
见证取样说明				
见证取样和送检印章				
签字栏	取样人员		见证人员	

B.4 造价控制资料用表

B.4.1 工程款支付证书应符合现行国家标准《建设工程监理规范》GB 50319 的有关规定。监理单位填写的工程款支付证书应一式三份，建设单位、监理单位、施工单位各保存一份。工程款支付证书宜采用表 B.4.1 的格式。

表 B.4.1 工程款支付证书

工程名称		编　号	

致_____（建设单位）

　　根据施工合同____条____款的约定，经审核施工单位的支付申请及附件，并扣除有关款项，同意本期支付工程款共（大写）_____（小写：_____）。请按合同约定及时支付。

其中：

1. 施工单位申报款为：_____

2. 经审核施工单位应得款为：_____

3. 本期应扣款为：_____

4. 本期应付款为：_____

附件：

1. 施工单位的工程支付申请表及附件；

2. 项目监理机构审查记录。

监 理 单 位_____

总监理工程师_____

日　　　期_____

B.4.2 费用索赔审批表应符合现行国家标准《建设工程监理规范》GB 50319 的有关规定。监理单位填写的费用索赔审批表应一式三份，并应由建设单位、监理单位、施工单位各保存一份。费用索赔审批表宜采用表 B.4.2 的格式。

表 B.4.2 费用索赔审批表

工程名称		编　号	

致_____（施工总承包/专业承包单位）

　　根据施工合同____条____款的约定，你方提出的_____费用索赔申请（第____号），索赔（大写）_____元，经我方审核评估：

□ 不同意此项索赔。

□ 同意此项索赔，金额为（大写）_____元。

同意/不同意索赔的理由：

索赔金额的计算：

监 理 单 位_____

总监理工程师_____

日　　　期_____

B.5 合同管理资料用表

B.5.1 工程延期审批表应符合现行国家标准《建设工程监理规范》GB 50319 的有关规定。监理单位填写的工程延期审批表应一式四份，并应由建设单位、监理单位、施工单位、城建档案馆各保存一份。工程延期审批表宜采用表 B.5.1 的格式。

表 B.5.1 工程延期审批表

工程名称			编 号	

致_____（施工总承包/专业承包单位）。

　　根据施工合同____条____款的约定，我方对你方提出的_____工程延期申请（第___号）要求延长工期____日历天的要求，经过审核评估：
　　□ 同意工期延长___日历天。使竣工日期（包括已指令延长的工期）从原来的_____年___月___日延迟到_____年___月___日。请你方执行。
　　□ 不同意延长工期，请按约定竣工日期组织施工。

说明：

监 理 单 位_____
总监理工程师_____
日　　　期_____

附录 C　施工资料用表

C.1　施工管理资料用表

C.1.1 施工单位填写的工程概况表应一式四份，并应由建设单位、监理单位、施工单位、城建档案馆各保存一份。工程概况表可采用表 C.1.1 的格式。

表 C.1.1　工 程 概 况 表

工程名称			编 号	
一般情况	建设单位			
	建设用途		设计单位	
	建设地点		勘察单位	
	建筑面积		监理单位	
	工 期		施工单位	
	计划开工日期		计划竣工日期	
	结构类型		基础类型	
	层 次		建筑檐高	
	地上面积		地下面积	
	人防等级		抗震等级	
构造特征	地基与基础			
	柱、内外墙			
	梁、板、楼盖			
	外墙装饰			
	内墙装饰			
	楼地面装饰			
	屋面构造			
	防火设备			
机电系统名称				
其 他				

C.1.2 施工现场质量管理检查记录应符合《建筑工程施工质量验收统一标准》GB 50300 的有关规定；施工单位填写的施工现场质量管理检查记录应一式两份，并应由监理单位、施工单位各保存一份。施工现场质量管理检查记录宜采用表 C.1.2 的格式。

表 C.1.2 施工现场质量管理检查记录

工程名称		施工许可证 （开工证）		编号	
建设单位			项目负责人		
设计单位			项目负责人		
勘察单位			项目负责人		
监理单位			总监理工程师		
施工单位		项目经理		项目技术 负责人	
序号	项 目		内 容		
1	现场质量管理制度				
2	质量责任制				
3	主要专业工种操作上岗证书				
4	专业承包单位资质管理制度				
5	施工图审查情况				
6	地质勘察资料				
7	施工组织设计编制及审批				
8	施工技术标准				
9	工程质量检验制度				
10	混凝土搅拌站及计量设置				
11	现场材料、设备存放与管理制度				
12					
检查结论：					
总监理工程师（建设单位项目负责人）				年 月 日	

C.1.3 分包单位资质报审表应符合现行国家标准《建设工程监理规范》GB 50319 的有关规定。施工总承包单位填报的分包单位资质报审表应一式三份，并应由建设单位、监理单位、施工总承包单位各保存一份。分包单位资质报审表宜采用表 C.1.3 的格式。

表 C.1.3　分包单位资质报审表

工程名称		施工编号	
		监理编号	
		日　期	

致_____（监理单位）

　　经考察，我方认为拟选择的_____（专业承包单位）具有承担下列工程的施工资质和施工能力，可以保证本工程项目按合同的约定进行施工。分包后，我方仍然承担总包单位的责任。请予以审查和批准。

　　附：1. □分包单位资质材料

　　　　2. □分包单位业绩材料

　　　　3. □中标通知书

分包工程名称（部位）	工程量	分包工程合同额	备注
合　计			

施工总承包单位（章）_____

项目经理_____

专业监理工程师审查意见：

专业监理工程师_____

日　期_____

总监理工程师审核意见：

监理单位_____

总监理工程师_____

日　期_____

C.1.4 调查单位填写的建设工程质量事故调查、勘查记录应一式五份，并应由调查单位、建设单位、监理单位、施工单位、城建档案馆各保存一份。建设工程质量事故调查、勘查记录宜采用表C.1.4的格式。

表C.1.4　建设工程质量事故调查、勘查记录

工程名称		编　号	
		日　期	
调(勘)查时间	年　月　日　时　分至　时　分		
调(勘)查地点			
参加人员	单　位	姓　名	职　务	电　话
被调查人				
陪同调(勘)查人员				
调(勘)查笔录			
现场证物照片	□有　□无　共　张　共　页		
事故证据资料	□有　□无　共　条　共　页		
被调查人签字		调(勘)查人签字	

C.1.5 施工单位填写的见证试验检测汇总表应一式两份，并应由监理单位、施工单位各保存一份。见证试验检测汇总表宜采用表C.1.5的格式。

表C.1.5　见证试验检测汇总表

工程名称		编　号	
		填表日期	
建设单位		检测单位	
监理单位		见证人员	
施工单位		取样人员	
试验项目	应试验组/次数	见证试验组/次数	不合格次数	备注
制表人(签字)				

225

C.1.6 施工单位填写的施工日志应一式一份，并应自行保存。施工日志宜采用表 C.1.6 的格式。

表 C.1.6 施 工 日 志

工程名称		编号	
		日期	
施工单位			
天气状况	风力		最高/最低温度
施工情况记录：（施工部位、施工内容、机械使用情况、劳动力情况，施工中存在问题等）			
技术、质量、安全工作记录：（技术、质量安全活动、检查验收、技术质量安全问题等）			
记录人（签字）			

C.1.7 施工单位填报的监理工程师通知回复单应一式两份，并应由监理单位、施工单位各保存一份。监理工程师通知回复单宜采用表 C.1.7 的格式。

表 C.1.7 监理工程师通知回复单

工程名称		施工编号	
		监理编号	
		日 期	

致：_____（监理单位）

　　我方接到编号为_____的监理工程师通知后，已按要求完成了____工作，现报上，请予以复查。

　　详细内容：

专业承包单位_____　　项目经理/责任人_____
施工总承包单位_____　　项目经理/责任人_____

复查意见：

监 理 单 位_____
总/专业监理工程师_____
日 期_____

C.2 施工技术资料用表

C.2.1 施工单位填报的工程技术文件报审表应一式两份，并应由监理单位、施工单位各保存一份。工程技术文件报审表宜采用表 C.2.1 的格式。

表 C.2.1 工程技术文件报审表

工程名称		施工编号	
		监理编号	
		日　　期	

致_____（监理单位）

　　我方已编制完成了_____技术文件，并经相关技术负责人审查批准，请予以审定。
　　附：技术文件__页__册

施工总承包单位_____　　项目经理/责任人_____
　专业承包单位_____　　项目经理/责任人_____

专业监理工程师审查意见：

专业监理工程师_____
日　　期_____

总监理工程师审批意见：

审定结论：　□同意　□修改后再报　□重新编制

监理单位_____
总监理工程师_____
日　　期_____

C.2.2 施工单位填报危险性较大分部分项工程施工方案专家论证表应一式两份，并应由监理单位、施工单位各保存一份。危险性较大分部分项工程施工方案专家论证表可采用表C.2.2的格式。

表 C.2.2 危险性较大分部分项工程施工方案专家论证表

工程名称				编　号		
施工总承包单位				项目负责人		
专业承包单位				项目负责人		
分项工程名称						
专家一览表						
姓名	性别	年龄	工作单位	职务	职称	专业
专家论证意见： 年　月　日						
签字栏	组长： 专家：					

C.2.3 施工单位填写的技术交底记录应一式一份，并由施工单位自行保存。技术交底记录宜采用表C.2.3的格式。

表 C.2.3 技术交底记录

工程名称		编　号	
		交底日期	
施工单位		分项工程名称	
交底摘要		页　数	共　页，第　页
交底内容： 			
签字栏	交底人		审核人
	接受交底人		

C. 2. 4 施工单位整理汇总的图纸会审记录应一式五份，并应由建设单位、设计单位、监理单位、施工单位、城建档案馆各保存一份。图纸会审记录宜采用表 C.2.4 的格式。表中设计单位签字栏应为项目专业设计负责人的签字，建设单位、监理单位、施工单位签字栏应为项目技术负责人或相关专业负责人的签字。

表 C. 2. 4   图纸会审记录

工程名称			编　号	
			日　期	
设计单位			专业名称	
地　点			页　数	共 页，第 页
序　号	图　号	图纸问题	答复意见	
签字栏	建设单位	监理单位	设计单位	施工单位

C. 2. 5   设计单位签发的设计变更通知单应一式五份，并应由建设单位、设计单位、监理单位、施工单位、城建档案馆各保存一份。设计变更通知单宜采用表 C.2.5 的格式。

表 C. 2. 5   设计变更通知单

工程名称			编　号	
			日　期	
设计单位			专业名称	
变更摘要			页　数	共 页，第 页
序　号	图　号	变 更 内 容		
签字栏	建设单位	设计单位	监理单位	施工单位

C.2.6 工程洽商提出单位填写的工程洽商记录应一式五份，并应由建设单位、设计单位、监理单位、施工单位、城建档案馆各保存一份。工程洽商记录宜采用表C.2.6的格式。

表C.2.6 工程洽商记录（技术核定单）

工程名称		编　号	
		日　期	
提出单位		专业名称	
洽商摘要		页　数	共　页，第　页
序　号	图　号	洽商内容	
签字栏	建设单位	设计单位	监理单位	施工单位

C.3　进度造价资料用表

C.3.1 工程开工报审表应符合现行国家标准《建设工程监理规范》GB 50319的有关规定。施工单位填报的工程开工报审表应一式四份，并应由建设单位、监理单位、施工单位、城建档案馆各保存一份。工程开工报审表宜采用表C.3.1的格式。

表C.3.1 工程开工报审表

工程名称		施工编号	
		监理编号	
		日　期	

致_____（监理单位）

　我方承担的_____工程，已完成了以下各项工作，具备了开工条件，特此申请施工，请核查并签发开工指令。

附件：

　　　　　　　　　　　　　　　施工总承包单位（章）_____

　　　　　　　　　　　　　　　项目经理_____

审查意见：

　　　　　　　　　　　　　　　监理单位_____

　　　　　　　　　　　　　　　总监理工程师_____

　　　　　　　　　　　　　　　日　期_____

C.3.2 复工报审表应符合现行国家标准《建设工程监理规范》GB 50319 的有关规定。施工单位填报的工程复工报审表应一式四份，并应由建设单位、监理单位、施工单位、城建档案馆各保存一份。工程复工报审表宜采用表 C.3.2 的格式。

表 C.3.2 工程复工报审表

工程名称		施工编号	
		监理编号	
		日　　期	
致＿＿＿＿＿＿＿＿＿＿（监理单位） 　　根据＿＿＿＿＿号《工程暂停令》，我方已按照要求完成了以下各项工作，具备了复工条件，特此申请，请核查并签发复工指令。 附：具备复工条件的说明或证明 专业承包单位＿＿＿＿＿＿＿＿＿＿　　　　　　　项目经理/责任人＿＿＿＿＿＿＿＿＿ 施工总承包单位＿＿＿＿＿＿＿＿＿＿　　　　　　项目经理/责任人＿＿＿＿＿＿＿＿＿			
审查意见： 　　　　　　　　　　　　　　　　　　　　　　　　　　　监理单位＿＿＿＿＿＿＿＿＿＿ 　　　　　　　　　　　　　　　　　　　　　　专业监理工程师＿＿＿＿＿＿＿＿＿＿ 　　　　　　　　　　　　　　　　　　　　　　总监理工程师＿＿＿＿＿＿＿＿＿＿ 　　　　　　　　　　　　　　　　　　　　　　　　　日　　期＿＿＿＿＿＿＿＿＿＿			

C.3.3 施工单位填报施工进度计划报审表应一式三份，并应由建设单位、监理单位、施工单位各保存一份。施工进度计划报审表宜采用表 C.3.3 的格式。

表 C.3.3 施工进度计划报审表

工程名称		施工编号	
		监理编号	
		日　　期	
致＿＿＿＿＿＿＿＿＿＿（监理单位） 　　我方已根据施工合同的有关约定完成了＿＿＿＿＿＿＿＿工程总/年第＿＿季度＿＿月份工程施工进度计划的编制，请予以审查。 　　附：施工进度计划及说明 施工总承包单位（章）＿＿＿＿＿＿＿＿　　　　　　　项目经理＿＿＿＿＿＿＿＿＿＿			
专业监理工程师审查意见： 　　　　　　　　　　　　　　　　　　　　　　专业监理工程师＿＿＿＿＿＿＿＿＿＿ 　　　　　　　　　　　　　　　　　　　　　　　　　日　　期＿＿＿＿＿＿＿＿＿＿			
总监理工程师审核意见： 　　　　　　　　　　　　　　　　　　　　　　　　　　　监理单位＿＿＿＿＿＿＿＿＿＿ 　　　　　　　　　　　　　　　　　　　　　　总监理工程师＿＿＿＿＿＿＿＿＿＿ 　　　　　　　　　　　　　　　　　　　　　　　　　日　　期＿＿＿＿＿＿＿＿＿＿			

C.3.4 施工单位填报的____年__月人、机、料动态表应一式两份，监理单位、施工单位各保存一份。月度人、机、料动态表宜采用表 C.3.4 的格式。

表 C.3.4 ____年__月人、机、料动态表

工程名称				编号		
				日期		

致_____（监理单位）
根据____年__月施工进度情况，我方现报上____年__月人、机、料统计表。

劳动力	工种					合计
	人数					
	持证人数					

主要机械	机械名称	生产厂家	规格、型号	数量		

主要材料	名称	单位	上月库存量	本月进场量	本月消耗量	本月库存量

附件：

施工单位_____
项目经理_____

C.3.5 施工单位填报的工程延期申请表应一式三份，并应由建设单位、监理单位、施工单位各保存一份。工程延期申请表宜采用表 C.3.5 的格式。

表 C.3.5 工程延期申请表

工程名称		编号	
		日期	

致＿＿＿＿＿＿＿＿＿＿＿＿（监理单位）

　　根据施工合同＿＿＿条＿＿＿款的约定，由于＿＿＿＿＿＿＿＿＿＿＿的原因，我方申请工程延期，请予以批准。

附件：

1. 工程延期的依据及工期计算

　　合同竣工日期：

　　申请延长竣工日期：

2. 证明材料

专业承包单位＿＿＿＿＿＿＿＿＿　　　　　　　项目经理/责任人＿＿＿＿＿＿＿＿

施工总承包单位＿＿＿＿＿＿＿＿　　　　　　　项目经理/责任人＿＿＿＿＿＿＿＿

C.3.6 工程款支付申请表应符合现行国家标准《建设工程监理规范》GB 50319 的有关规定。施工单位填报的工程款支付申请表应一式三份，并应由建设单位、监理单位、施工单位各保存一份。工程款支付申请表宜采用表 C.3.6 的格式。

表 C.3.6 工程款支付申请表

工程名称		编号	
		日期	

致＿＿＿＿＿＿＿＿＿＿＿＿（监理单位）

　　我方已完成了＿＿＿＿＿＿＿＿＿＿＿＿工作，按照施工合同＿＿条＿＿款的约定，建设单位应在＿＿＿年＿＿月＿日前支付该项工程款共（大写）＿＿＿＿＿＿＿＿＿（小写：＿＿＿＿＿），现报上＿＿＿＿＿＿＿＿＿工程付款申请表，请予以审查并开具工程款支付证书。

附件：

　1. 工程量清单；

　2. 计算方法。

施工总承包单位（章）＿＿＿＿＿＿＿＿　　　　　　　项目经理＿＿＿＿＿＿＿＿＿

C.3.7 施工单位填报的工程变更费用报审表应一式三份，并应由建设单位、监理单位、施工单位各保存一份。工程变更费用报审表宜采用表C.3.7的格式。

表 C.3.7 工程变更费用报审表

工程名称		施工编号	
		监理编号	
		日　期	

致＿＿＿＿＿＿＿＿＿＿（监理单位）
　　兹申报第__号工程变更单，申请费用见附表，请予以审核。
附件：工程变更费用计算书

　专业承包单位＿＿＿＿＿＿＿　　　　　　　项目经理/责任人＿＿＿＿＿＿
　施工总承包单位＿＿＿＿＿＿　　　　　　　项目经理/责任人＿＿＿＿＿＿

监理工程师审核意见：

　　　　　　　　　　　　　　　　　　　　监理工程师＿＿＿＿＿＿
　　　　　　　　　　　　　　　　　　　　日　期＿＿＿＿＿＿

总监理工程师审查意见：

　　　　　　　　　　　　　　　　　　　　监理单位＿＿＿＿＿＿
　　　　　　　　　　　　　　　　　　　　总监理工程师＿＿＿＿＿＿
　　　　　　　　　　　　　　　　　　　　日　期＿＿＿＿＿＿

C.3.8 费用索赔申请表应符合现行国家标准《建设工程监理规范》GB 50319的有关规定。施工单位填报的费用索赔申请表应一式三份，并由建设单位、监理单位、施工单位各保存一份。费用索赔申请表宜采用表C.3.8的格式。

表 C.3.8 费用索赔申请表

工程名称		编号	
		日期	

致＿＿＿＿＿＿＿＿＿＿（监理单位）
　　根据施工合同__条__款的约定，由于＿＿＿＿＿＿＿＿＿的原因，我方要求索赔金额（大写）＿＿＿＿元，请予以批准。

附件：
1. 索赔的详细理由及经过

2. 索赔金额的计算

3. 证明材料

　专业承包单位＿＿＿＿＿＿＿　　　　　　　项目经理/责任人＿＿＿＿＿＿
　施工总承包单位＿＿＿＿＿＿　　　　　　　项目经理/责任人＿＿＿＿＿＿

C.4 施工物资资料用表

C.4.1 材料、构配件进场检验记录应符合国家现行有关标准的规定。施工单位填写的材料、构配件进场检验记录应一式两份,并应由监理单位、施工单位各保存一份。材料、构配件进场检验记录宜采用表 C.4.1 的格式。

表 C.4.1 材料、构配件进场检验记录

工程名称						编 号		
						检验日期		
序号	名称	规格型号	进场数量	生产厂家		外观检验项目	试件编号	备注
				质量证明书编号		检验结果	复验结果	
1								
2								
3								
4								
5								

检查意见(施工单位):
附件:共__页

验收意见(监理/建设单位)

□同意　　□重新检验　　□退场　　验收日期:

签字栏	施工单位			专业质检员	专业工长	检验员
	监理或建设单位				专业工程师	

C.4.2 施工单位填写的设备开箱检验记录应一式两份，并应由监理单位、施工单位各保存一份。设备开箱检验记录宜采用表 C.4.2 的格式。

表 C.4.2 设备开箱检验记录

			编 号		
工程名称			检验日期		
设备名称			规格型号		
生产厂家			产品合格证编号		
总数量			检验数量		
进场检验记录					
包装情况					
随机文件					
备件与附件					
外观情况					
测试情况					
缺、损附备件明细					
序号	附备件名称	规格	单位	数量	备注
检查意见（施工单位）： 附件：共__页					
验收意见（监理/建设单位）：					
□同意 　　□重新检验 　　□退场 　　验收日期：					
签字栏	供应单位		责任人		
	施工单位		专业工长		
	监理或建设单位		专业工程师		

C.4.3 设备、阀门、闭式喷头、密闭水箱或水罐、风机盘管、成组散热器及其他散热设备等在安装前按规定进行试验时，均应填写设备及管道附件试验记录，并应由建设单位、监理单位、施工单位各保存一份。设备及管道附件试验记录宜采用表 C.4.3 的格式。

表 C.4.3　设备及管道附件试验记录

工程名称				编　号	
使用部位				试验日期	
试验要求					
设备/管道附件名称					
材质、型号					
规格					
试验数量					
试验介质					
公称或工作压力（MPa）					
强度试验	试验压力（MPa）				
	试验持续时间（s）				
	试验压力降（MPa）				
	渗漏情况				
	试验结论				
严密性试验	试验压力（MPa）				
	试验持续时间（s）				
	试验压力降（MPa）				
	渗漏情况				
	试验结论				
签字栏	施工单位		专业技术负责人	专业质检员	专业工长
	监理或建设单位			专业工程师	

C.5 施工记录用表

C.5.1 隐蔽工程验收记录应符合国家相关标准的规定。施工单位填写的隐蔽工程验收记录应一式四份，并应由建设单位、监理单位、施工单位、城建档案馆各保存一份。隐蔽工程验收记录宜采用表 C.5.1 的格式。

表 C.5.1 隐蔽工程验收记录（通用）

工程名称			编 号		
隐检项目			隐检日期		
隐检部位		层	轴线		标高
隐检依据：施工图号＿＿＿＿＿，设计变更/洽商/技术核定单（编号＿＿＿＿）及有关国家现行标准等。 主要材料名称及规格/型号：＿＿＿＿＿＿＿＿＿＿					
隐检内容：					
检查结论： □同意隐蔽　　□不同意隐蔽，修改后复查					
复查结论： 复查人：　　　　　　复查日期：					
签 字 栏	施工单位		专业技术负责人	专业质检员	专业工长
	监理或建设单位			专业工程师	

C.5.2 施工单位填写的施工检查记录应一式一份，并由施工单位自行保存。施工检查记录宜采用表 C.5.2 的格式。

表 C.5.2 施工检查记录（通用）

工程名称		编 号	
		检查日期	
检查部位		检查项目	
检查依据：			
检查内容：			
检查结论：			
复查结论： 复查人：　　　　　　　　　　复查日期：			
签 字 栏	施工单位		
	专业技术负责人	专业质检员	专业工长

C. 5. 3 交接双方共同填写的交接检查记录应一式三份，并应由移交单位、接收单位和见证单位各保存一份。交接检查记录宜采用表 C. 5. 3 的格式。

表 C. 5. 3　交接检查记录（通用）

工程名称		编　号	
		检查日期	
移交单位		见证单位	
交接部位		接收单位	
交接内容：			
检查结论：			
复查结论（由接收单位填写）：			
复查人：　　　　　　复查日期：			
见证单位意见：			
签字栏	移交单位	接收单位	见证单位

C. 5. 4 施工单位填写的工程定位测量记录应一式四份，并应由建设单位、监理单位、施工单位、城建档案馆各保存一份。工程定位测量记录宜采用表 C. 5. 4 的格式。

表 C. 5. 4　工程定位测量记录

工程名称		编　号	
		图纸编号	
委托单位		施测日期	
复测日期		平面坐标依据	
高程依据		使用仪器	
允许误差		仪器校验日期	
定位抄测示意图：			
复测结果：			
签字栏	施工单位	测量人员岗位证书号	专业技术负责人
	施工测量负责人	复测人	施测人
	监理或建设单位		专业工程师

239

C.5.5 施工单位填写的建筑物垂直度、标高观测记录应一式三份，并应由建设单位、监理单位、施工单位各保存一份。建筑物垂直度、标高观测记录宜采用表C.5.5的格式。

表 C.5.5　建筑物垂直度、标高观测记录

工程名称			编　号	
施工阶段			观测日期	
观测说明（附观测示意图）：				
垂直度测量（全高）		标高测量（全高）		
观测部位	实测偏差（mm）	观测部位	实测偏差（mm）	
结论：				
签字栏	施工单位		专业技术负责人	专业质检员	施测人
	监理或建设单位		专业工程师		

C.5.6 地基验槽记录应符合现行国家标准《建筑地基基础工程施工质量验收规范》GB 50202的有关规定。施工单位填写的地基验槽记录应一式六份，并应由建设单位、监理单位、勘察单位、设计单位、施工单位、城建档案馆各保存一份。地基验槽记录宜采用表C.5.6的格式。

表 C.5.6　地基验槽记录

工程名称			编　号		
验槽部位			验槽日期		
依据：施工图号_____、 设计变更/洽商/技术核定编号_____及有关规范、规程。					
验槽内容： 1. 基槽开挖至勘探报告第_____层，持力层为_____层。 2. 土质情况_____。 3. 基坑位置、平面尺寸_____。 4. 基底绝对高程和相对标高_____。　　　　　　　　　　　　　　　　　　　　申报人：					
检查结论：　　□无异常，可进行下道工序　　□需要地基处理					
签字公章栏	施工单位	勘察单位	设计单位	监理单位	建设单位

C.5.7 地下工程防水效果检查记录应符合现行国家标准《地下防水工程质量验收规范》GB 50208 的有关规定。由施工单位填写的地下工程防水效果检查记录应一式三份，并应由建设单位、监理单位、施工单位各保存一份。地下工程防水效果检查记录宜采用表 C.5.7 的格式。

表 C.5.7　地下工程防水效果检查记录

工程名称		编　号		
检查部位		检查日期		
检查方法及内容：				
检查结论：				
复查结论：				
复查人：　　　　　　复查日期：				
签字栏	施工单位		专业技术负责人	专业质检员	专业工长
	监理或建设单位		专业工程师		

C.5.8 防水工程试水检查记录应符合现行国家标准《建筑地面工程施工质量验收规范》GB 50209、《屋面工程质量验收规范》GB 50207 的有关规定。由施工单位填写的防水工程试水检查记录应一式三份，并由建设单位、监理单位、施工单位各保存一份。防水工程试水检查记录宜采用表 C.5.8 的格式。

表 C.5.8　防水工程试水检查记录

工程名称		编　号		
检查部位		检查日期		
检查方式	□第一次蓄水　　□第二次蓄水	蓄水时间	从_年_月_日_时 至_年_月_日_时	
	□淋水　　　　　□雨期观察			
检查方法及内容：				
检查结论：				
复查结论：				
复查人：　　　　　　复查日期：				
签字栏	施工单位		专业技术负责人	专业质检员	专业工长
	监理或建设单位		专业工程师		

C.5.9 由施工单位填写的通风道、烟道、垃圾道检查记录应一式三份，并应由建设单位、监理单位、施工单位各保存一份。通风道、烟道、垃圾道检查记录宜采用表 C.5.9 的格式。

表 C.5.9 通风道、烟道、垃圾道检查记录

工程名称					编 号		
					检查日期		
检查部位和检查结果						检查人	复检人
检查部位	主烟（风）道		副烟（风）道		垃圾道		
	烟道	风道	烟道	风道			
签字栏	施工单位						
	专业技术负责人		专业质检员			专业工长	

C.6 施工试验记录与检测报告用表

C.6.1 设备单机试运转记录应符合现行国家标准《建筑给水排水及采暖工程施工质量验收规范》GB 50242、《通风与空调工程施工质量验收规范》GB 50243、《建筑节能工程施工质量验收规范》GB 50411 的有关规定。施工单位填写的设备单机试运转记录应一式四份，并应由建设单位、监理单位、施工单位、城建档案馆各保存一份。设备单机试运转记录宜采用表 C.6.1 的格式。

表 C.6.1 设备单机试运转记录（通用）

工程名称		编 号	
		试运转时间	
设备名称		设备编号	
规格型号		额定数据	
生产厂家		设备所在系统	

序号	试验项目	试验记录	试验结论
1			
2			
3			
4			
5			
6			
7			
8			

试运转结论：

签字栏	施工单位		专业技术负责人	专业质检员	专业工长
	监理或建设单位			专业工程师	

243

C.6.2 系统试运转调试记录应符合现行国家标准《建筑给水排水及采暖工程施工质量验收规范》GB 50242、《通风与空调工程施工质量验收规范》GB 50243、《建筑节能工程施工质量验收规范》GB 50411 的有关规定。施工单位填写的系统试运转调试记录应一式四份，并应由建设单位、监理单位、施工单位及城建档案馆各保存一份。系统试运转调试记录宜采用表 C.6.2 的格式。

表 C.6.2　系统试运转调试记录（通用）

工程名称		编　号		
		试运转调试时间		
试运转调试项目		试运转调试部位		
试运转调试内容：				
试运转调试结论：				
签字栏	施工单位	专业技术负责人	专业质检员	专业工长
	监理或建设单位		专业工程师	

C.6.3 接地电阻测试记录应符合现行国家标准《建筑电气工程施工质量验收规范》GB 50303、《智能建筑工程质量验收规范》GB 50339、《电梯工程施工质量验收规范》GB 50310 的有关规定。施工单位填写的接地电阻测试记录应一式四份，并应由建设单位、监理单位、施工单位、城建档案馆各保存一份。接地电阻测试记录宜采用表 C.6.3 的格式。

表 C.6.3　接地电阻测试记录（通用）

工程名称		编　号		
		测试日期		
仪表型号		天气情况	气温（℃）	
接地类型	□ 防雷接地　□ 计算机接地　□ 工作接地 □ 保护接地　□ 防静电接地　□ 逻辑接地 □ 重复接地　□ 综合接地　□ 医疗设备接地			
设计要求	□ ≤10Ω　□ ≤4Ω　□ ≤1Ω □ ≤0.1Ω　□ ≤ Ω　□			
测试部位：				
测试结论：				
签字栏	施工单位			
	专业技术负责人	专业质检员	专业工长	专业测试人
	监理或建设单位		专业工程师	

C.6.4 绝缘电阻测试记录应符合现行国家标准《建筑电气工程施工质量验收规范》GB 50303、《智能建筑工程质量验收规范》GB 50339、《电梯工程施工质量验收规范》GB 50310 的有关规定。施工单位填写的绝缘电阻测试记录应一式三份，并应由建设单位、监理单位、施工单位各保存一份。绝缘电阻测试记录宜采用表 C.6.4 的格式。

表 C.6.4 绝缘电阻测试记录（通用）

工程名称							编　号			
							测试日期		年　月　日	
计量单位						天气情况				
仪表型号				电压			环境温度			
层数	箱盘编号	回路号	相　间			相对零			相对地			零对地
			L_1-L_2	L_2-L_3	L_3-L_1	L_1-N	L_2-N	L_3-N	L_1-PE	L_2-PE	L_3-PE	$N-PE$

测试结论：

签字栏	施工单位			
	专业技术负责人	专业质检员	专业工长	测试人
	监理或建设单位		专业工程师	

C.6.5 施工单位填写的砌筑砂浆试块强度统计、评定记录应一式三份，并应由建设单位、施工单位、城建档案馆各保存一份。砌筑砂浆试块强度统计、评定记录宜采用表 C.6.5 的格式。

表 C.6.5　砌筑砂浆试块强度统计、评定记录

工程名称			编　号	
			强度等级	
施工单位			养护方法	
统计期	年　月　日至　年　月　日		结构部位	
试块组数 n	强度标准值 f_2（MPa）	平均值 $f_{2,m}$（MPa）	最小值 $f_{2,min}$（MPa）	$0.75f_2$

每组强度值（MPa）						

判定式	$f_{2,m}\geqslant f_2$	$f_{2,min}\geqslant 0.75f_2$
结果		

结论：

签字栏	批　准	审　核	统　计
	报告日期		

C.6.6 施工单位填写的混凝土试块强度统计、评定记录应一式三份，并应由建设单位、施工单位、城建档案馆各保存一份。混凝土试块强度统计、评定记录宜采用表 C.6.6 的格式。

表 C.6.6 混凝土试块强度统计、评定记录

工程名称				编 号			
				强度等级			
施工单位				养护方法			
统计期	年 月 日至 年 月 日			结构部位			
试块组 n	强度标准 $f_{cu,k}$ (MPa)	平均值 m_{fcu} (MPa)	标准差 S_{fcu} (MPa)	最小值 $f_{cu,min}$ (MPa)		合格判定系数	
						λ_1	λ_2
每组强度值 (MPa)							
评定界限	□ 统计方法（二）			□ 非统计方法			
	$0.90f_{cu,k}$	$m_{fcu}-\lambda_1 \times S_{fcu}$	$\lambda_2 \times f_{cu,k}$	$1.15f_{cu,k}$		$0.95f_{cu,k}$	
判定式	$m_{fcu}-\lambda_1 \times S_{fcu} \geqslant 0.90f_{cu,k}$	$f_{cu,min} \geqslant \lambda_2 \times f_{cu,k}$		$m_{fcu} \geqslant 1.15f_{cu,k}$		$f_{cu,min} \geqslant 0.95f_{cu,k}$	
结果							
结论：							
签字栏	批 准		审 核		统 计		
	报告日期						

C. 6. 7 结构实体混凝土强度检验记录应符合现行国家标准《混凝土结构工程施工质量验收规范》GB 50204 的有关规定。施工单位填写的结构实体混凝土强度检验记录应一式四份，建设单位、监理单位、施工单位、城建档案馆各保存一份。结构实体混凝土强度检验记录宜采用表 C. 6. 7 的格式。

表 C. 6. 7　结构实体混凝土强度检验记录

工程名称										编　号		
										结构类型		
施工单位										验收日期		
强度等级	试件强度代表值（MPa）									强度评定结果	监理/建设单位验收结果	
结论：												
签字栏	项目专业技术负责人					专业监理工程师 或建设单位项目专业技术负责人						

C.6.8 结构实体钢筋保护层厚度检验记录应符合现行国家标准《混凝土结构工程施工质量验收规范》GB 50204 的有关规定。结构实体钢筋保护层厚度检验记录应一式四份,并应由建设单位、监理单位、施工单位、城建档案馆各保存一份。结构实体钢筋保护层厚度检验记录宜采用表 C.6.8 的格式。

表 C.6.8 结构实体钢筋保护层厚度检验记录

工程名称									编 号		
									结构类型		
施工单位									验收日期		
构件类别	序号	钢筋保护层厚度(mm)							合格点率	评定结果	监理/建设单位验收结果
		设计值	实测值								
梁											
板											
结论:											
签字栏	项目专业技术负责人						专业监理工程师 或建设单位项目专业技术负责人				

C.6.9 非承压管道系统和设备，在安装完毕后，以及暗装、埋地、有绝热层的室内外排水管道进行隐蔽前，应进行灌水、满水试验。施工单位填写的灌水、满水试验记录应一式三份，并应由建设单位、监理单位、施工单位各保存一份。灌水、满水试验记录宜采用表C.6.9的格式。

表 C.6.9 灌水、满水试验记录

工程名称		编 号		
		试验日期		
分项工程名称		材质、规格		
试验标准及要求：				
试验部位	灌（满）水情况	灌（满）水持续时间（min）	液面检查情况	渗漏检查情况
试验结论：				
签字栏	施工单位		专业技术负责人	专业质检员	专业工长
	监理或建设单位			专业工程师	

C.6.10 强度严密性试验记录应符合现行国家标准《建筑给水排水及采暖工程施工质量验收规范》GB 50242、《通风与空调工程施工质量验收规范》GB 50243 的有关规定。室内外输送各种介质的承压管道、承压设备在安装完毕后，进行隐蔽之前，应进行强度严密性试验。施工单位填写的强度严密性试验记录应一式四份，并应由建设单位、监理单位、施工单位、城建档案馆各保存一份。强度严密性试验记录宜采用表 C.6.10 的格式。

表 C.6.10　强度严密性试验记录

工程名称		编　　号	
		试验日期	
分项工程名称		试验部位	
材质、规格		压力表编号	
试验要求：			
试验记录	试验介质		
	试验压力表设置位置		
	强度试验	试验压力（MPa）	
		试验持续时间（min）	
		试验压力降（MPa）	
		渗漏情况	
	严密性试验	试验压力（MPa）	
		试验持续时间（min）	
		试验压力降（MPa）	
		渗漏情况	
试验结论：			

签字栏	施工单位		专业技术负责人	专业质检员	专业工长
	监理或建设单位			专业工程师	

C. 6. 11 通水试验记录应符合现行国家标准《建筑给水排水及采暖工程施工质量验收规范》GB 50242 的有关规定。室内外给水、中水及游泳池水系统、卫生洁具、地漏及地面清扫口及室内外排水系统在安装完毕后，应进行通水试验。施工单位填写的通水试验记录应一式三份，并应由建设单位、监理单位、施工单位各保存一份。通水试验记录宜采用表 C. 6. 11 的格式。

表 C. 6. 11 通 水 试 验 记 录

工 程 名 称		编 号	
		试 验 日 期	
分项工程名称		试 验 部 位	
试验系统简述：			
试验要求：			
试验记录：			
试验结论：			
签字栏	施工单位		专业技术负责人 / 专业质检员 / 专业工长
	监理或建设单位		专业工程师

C. 6. 12 冲洗、吹洗试验记录应符合现行国家标准《建筑给水排水及采暖工程施工质量验收规范》GB 50242、《通风与空调工程施工质量验收规范》GB 50243 的有关规定。室内外给水、中水及游泳池水系统、采暖、空调水、消火栓、自动喷水等系统管道，以及设计有要求的管道在使用前做冲洗试验及介质为气体的管道系统做吹洗试验时，应填写冲洗、吹洗试验记录。施工单位填写的冲洗、吹洗试验记录应一式三份，并应由建设单位、监理单位、施工单位各保存一份。冲洗、吹洗试验记录宜采用表 C. 6. 12 的格式。

表 C. 6. 12 冲洗、吹洗试验记录

工 程 名 称		编 号	
		试 验 日 期	
分项工程名称		试 验 部 位	
试验要求：			
试验记录：			
试验结论：			
签字栏	施工单位		专业技术负责人 / 专业质检员 / 专业工长
	监理或建设单位		专业工程师

C.6.13 施工单位填写的电气设备空载试运行记录应一式四份,并应由建设单位、监理单位、施工单位、城建档案馆各保存一份。电气设备空载试运行记录宜采用表 C.6.13 的格式。

表 C.6.13　电气设备空载试运行记录

工程名称					编　号		
设备名称			设备型号		设计编号		
额定电流			额定电压		填写日期		年　月　日
试运时间		由　日　时　分开始至　日　时　分结束					

<table>
<tr><td rowspan="12">运行负荷记录</td><td rowspan="2">运行时间</td><td colspan="3">运行电压（V）</td><td colspan="3">运行电流（A）</td><td>温度（℃）</td></tr>
<tr><td>L₁—N
（L₁—L₂）</td><td>L₂—N
（L₂—L₃）</td><td>L₃—N
（L₃—L₁）</td><td>L₁ 相</td><td>L₂ 相</td><td>L₃ 相</td><td></td></tr>
<tr><td></td><td></td><td></td><td></td><td></td><td></td><td></td><td></td></tr>
<tr><td></td><td></td><td></td><td></td><td></td><td></td><td></td><td></td></tr>
<tr><td></td><td></td><td></td><td></td><td></td><td></td><td></td><td></td></tr>
<tr><td></td><td></td><td></td><td></td><td></td><td></td><td></td><td></td></tr>
<tr><td></td><td></td><td></td><td></td><td></td><td></td><td></td><td></td></tr>
<tr><td></td><td></td><td></td><td></td><td></td><td></td><td></td><td></td></tr>
<tr><td></td><td></td><td></td><td></td><td></td><td></td><td></td><td></td></tr>
</table>

试运行情况记录：

签字栏	施工单位		专业技术负责人	专业质检员	专业工长
	监理或建设单位		专业工程师		

C.6.14 大型照明灯具承载试验记录应符合现行国家标准《建筑电气工程施工质量验收规范》GB 50303 的有关规定。施工单位填写的大型照明灯具承载试验记录应一式三份，并应由建设单位、监理单位、施工单位各保存一份。大型照明灯具承载试验记录宜采用表C.6.14 的格式。

表 C.6.14 大型照明灯具承载试验记录

工程名称			编　号	
楼层部位			试验日期	
灯具名称	安装部位	数量	灯具自重（kg）	试验载重（kg）
检查结论：				

签字栏	施工单位		专业技术负责人	专业质检员	专业工长
	监理或建设单位			专业工程师	

C.6.15 智能建筑工程子系统检测记录应符合现行国家标准《智能建筑工程施工质量验收规范》GB 50339 的有关规定。施工单位填写的智能建筑工程子系统检测记录应一式四份，并应由建设单位、监理单位、施工单位、城建档案馆各保存一份。智能建筑工程子系统检测记录宜采用表 C.6.15 的格式。

表 C.6.15 智能建筑工程子系统检测记录

系统名称		子系统名称		序号		检测部位	
施工总承包单位						项目经理	
执行标准名称及编号							
专业承包单位						项目经理	

	系统检测内容	检测规范的规定	系统检测评定记录	检测结果		备 注
				合 格	不合格	
主控项目						
一般项目						
强制性条文						

检测机构的检测结论：

检测负责人　　　　　年　月　日

注：1. 在检测结果栏，左列打"√"视为合格，右列打"√"视为不合格。
　　2. 备注栏内填写检测时出现的问题。

255

C.6.16 风管漏光检测记录应符合现行国家标准《通风与空调工程施工质量验收规范》GB 50243 的有关规定。施工单位填写的风管漏光检测记录应一式三份，并应由建设单位、监理单位、施工单位各保存一份。风管漏光检测记录宜采用表 C.6.16 的格式。

表 C.6.16 风管漏光检测记录

工程名称		编 号	
		试验日期	
系统名称		工作压力（Pa）	
系统接缝 总长度(m)		每 10m 接缝为一 检测段的分段数	
检测光源			
分段序号	实测漏光点数 （个）	每 10m 接缝的允许 漏光点数（个/10m）	结 论
1			
2			
3			
4			
5			
6			
7			
8			
合 计	总漏光点数 （个）	每 100m 接缝的 允许漏光点数 （个/100m）	结 论

检测结论：

签 字 栏	施工单位		专业技术负责人	专业质检员	专业工长
	监理或建设单位			专业工程师	

C.6.17 风管漏风检测记录应符合现行国家标准《通风与空调工程施工质量验收规范》GB 50243 的有关规定。施工单位填写的风管漏风检测记录应一式三份，并应由建设单位、监理单位、施工单位各保存一份。风管漏风检测记录宜采用表 C.6.17 的格式。

表 C.6.17　风管漏风检测记录

工程名称		编　号	
		试验日期	
系统名称		工作压力（Pa）	
系统总面积（m²）		试验压力（Pa）	
试验总面积（m²）		系统检测分段数	
检测区段图示：	分段实测数值		
	序号	分段表面积（m²）	试验压力（Pa）	实际漏风量（m³/h）
	1			
	2			
	3			
	4			
	5			
	6			
	7			
	8			
系统允许漏风量[m³/(m²·h)]		实测系统漏风量[m³/(m²·h)]	
检测结论：			
签字栏	施工单位		专业技术负责人	专业质检员	专业工长
	监理或建设单位			专业工程师	

C.7 施工质量验收记录用表

C.7.1 检验批质量验收记录应符合现行国家标准《建筑工程施工质量验收统一标准》GB 50300 的有关规定。施工单位填写的检验批质量验收记录应一式三份，并应由建设单位、监理单位、施工单位各保存一份。检验批质量验收记录宜采用表 C.7.1 的格式。

表 C.7.1 ＿＿＿＿检验批质量验收记录

工程名称						
分项工程名称				验收部位		
施工总承包单位		项目经理			专业工长	
专业承包单位		项目经理			施工班组长	
施工执行标准名称及编号						
施工质量验收规范的规定			施工单位检查评定记录		监理/建设单位验收记录	
主控项目						
一般项目						
施工单位检查评定结果： 质量检查员　　　年　月　日						
监理或建设单位验收结论： 监理工程师或建设单位项目专业技术负责人　　　年　月　日						

C.7.2 分项工程质量验收记录应符合现行国家标准《建筑工程施工质量验收统一标准》GB 50300 的有关规定。施工单位填写的分项工程质量验收记录应一式三份，并应由建设单位、监理单位、施工单位各保存一份。分项工程质量验收记录宜采用表 C.7.2 的格式。

表 C.7.2 _____分项工程质量验收记录

工程名称		结构类型		检验批数	
施工总承包单位		项目经理		项目技术负责人	
专业承包单位		单位负责人		项目经理	
序号	检验批名称及部位、区段		施工单位检查评定结果	监理或建设单位验收意见	
说明:					
检查结论	项目专业技术负责人 年 月 日		验收结论	监理工程师或 建设单位项目专业技术负责人 年 月 日	

C.7.3 分部（子分部）工程质量验收记录应符合现行国家标准《建筑工程施工质量验收统一标准》GB 50300 的有关规定。施工单位填写的分部（子分部）工程质量验收记录应一式四份，并应由建设单位、监理单位、施工单位、城建档案馆各保存一份。分部（子分部）工程质量验收记录宜采用表 C.7.3 的格式。

表 C.7.3 ____分部（子分部）工程质量验收记录

工程名称			结构类型		层数	
施工总承包单位		技术部门 负责人		质量部门 负责人		
专业承包单位		专业承包 单位负责人		专业承包单位 技术负责人		
序号	分项工程名称	（检验批）数	施工单位检查评定		验收意见	
质量控制资料						
安全和功能检验 （检测）报告						
观感质量验收						
验 收 单 位	专业承包单位			项目经理　　年　月　日		
	施工总承包单位			项目经理　　年　月　日		
	勘察单位			项目负责人　　年　月　日		
	设计单位			项目负责人　　年　月　日		
	监理单位或 建设单位		总监理工程师或建设单位项目专业负责人　　年　　月　　日			

C.7.4 建筑节能分部工程质量验收记录应符合现行国家标准《建筑节能工程施工质量验收规范》GB 50411 的有关规定。施工单位填写的建筑节能分部工程质量验收记录应一式五份，并应由建设单位、监理单位、设计单位、施工单位、城建档案馆各保存一份。建筑节能分部工程质量验收记录宜采用表 C.7.4 的格式。

表 C.7.4 建筑节能分部工程质量验收记录表

单位工程名称				结构类型及层数	
施工总承包单位		技术部门负责人		质量部门负责人	
专业承包单位		专业承包单位负责人		专业承包单位技术负责人	
序号	分项工程名称	验收结论		监理工程师签字	备注
1	墙体节能工程				
2	幕墙节能工程				
3	门窗节能工程				
4	屋面节能工程				
5	地面节能工程				
6	采暖节能工程				
7	通风与空气调节节能工程				
8	空调与采暖系统的冷热源及管网节能工程				
9	配电与照明节能工程				
10	监测与控制节能工程				
质量控制资料					
外墙节能构造现场实体检验					
外窗气密性现场实体检验					
系统节能性能检测					
验收结论：					
其他参加验收人员：					

验收单位	专业承包单位	施工总承包单位	设计单位	监理或建设单位
	项目经理	项目经理	项目负责人	总监理工程师或建设单位项目负责人
	年 月 日	年 月 日	年 月 日	年 月 日

C.8　竣工验收资料用表

C.8.1　单位（子单位）工程竣工预验收报验表应符合现行国家标准《建设工程监理规范》GB 50319 的有关规定。施工单位填写的单位（子单位）工程竣工预验收报验表应一式四份，并应由建设单位、监理单位、施工单位、城建档案馆各保存一份。单位（子单位）工程竣工预验收报验表宜采用表 C.8.1 的格式。

表 C.8.1　单位（子单位）工程竣工预验收报验表

工程名称		编　号	
致 ＿＿＿＿＿＿（监理单位） 　我方已按合同要求完成了＿＿＿＿＿＿工程，经自检合格，请予以检查和验收。 附件： 　　　　　　　　　　施工总承包单位（章）＿＿＿＿＿＿ 　　　　　　　　　　项 目 经 理 ＿＿＿＿＿＿ 　　　　　　　　　　日　期＿＿＿＿＿＿			
审查意见： 经预验收，该工程 1. 符合/不符合我国现行法律、法规要求； 2. 符合/不符合我国现行工程建设标准； 3. 符合/不符合设计文件要求； 4. 符合/不符合施工合同要求。 综上所述，该工程预验收合格/不合格，可以/不可以组织正式验收。 　　　　　　　　　　监理单位＿＿＿＿＿＿ 　　　　　　　　　　总监理工程师＿＿＿＿＿＿ 　　　　　　　　　　日期＿＿＿＿＿＿			

C.8.2 单位（子单位）工程质量竣工验收记录、单位（子单位）工程质量控制资料核查记录、单位（子单位）工程安全和功能检验资料核查及主要功能抽查记录、单位（子单位）工程观感质量检查记录应符合现行国家标准《建筑工程施工质量验收统一标准》GB 50300 的有关规定。表格填写应符合下列规定：

  1 施工单位填写的单位（子单位）工程质量竣工验收记录应一式五份，并应由建设单位、监理单位、施工单位、设计单位、城建档案馆各保存一份。单位（子单位）工程质量竣工验收记录宜采用表 C.8.2-1 的格式。

表 C.8.2-1   单 位 （子 单 位） 工 程 质 量 竣 工 验 收 记 录

工程名称			结构类型		层数/建筑面积	
施工单位			技术负责人		开工日期	
项目经理			项目技术负责人		竣工日期	

序号	项 目	验 收 记 录	验收结论
1	分部工程	共 分部，经查 分部 符合标准及设计要求 分部	
2	质量控制资料核查	共 项，经核定符合规范要求 项 经核定不符合规范要求 项	
3	安全和主要使用功能核查及抽查结果	共核查 项，符合要求 项 共抽查 项，符合要求 项 经返工处理符合要求 项	
4	观感质量验收	共抽查 项，符合要求 项 不符合要求 项	
5	综合验收结论		

参加验收单位	建设单位	监理单位	施工单位	设计单位
	（公章） 单位(项目)负责人 年 月 日	（公章） 总监理工程师 年 月 日	（公章） 单位负责人 年 月 日	（公章） 单位(项目)负责人 年 月 日

2 施工单位填写的单位（子单位）工程质量控制资料核查记录应一式四份，并应由建设单位、监理单位、施工单位、城建档案馆各保存一份。单位（子单位）工程质量控制资料核查记录宜采用表 C.8.2-2 的格式。

表 C.8.2-2 单位（子单位）工程质量控制资料核查记录

工程名称				施工单位			
序号	项目		资料名称	份数	核查意见		核查人
1	建筑与结构		图纸会审记录、设计变更通知单、工程洽商记录（技术核定单）				
2			工程定位测量、放线记录				
3			原材料出厂合格证书及进场检（试）验报告				
4			施工试验报告及见证检测报告				
5			隐蔽工程验收记录				
6			施工记录				
7			预制构件、预拌混凝土合格证				
8			地基、基础、主体结构检验及抽样检测资料				
9			分项、分部工程质量验收记录				
10			工程质量事故及事故调查处理资料				
11			新材料、新工艺施工记录				
12							
1	给排水与采暖		图纸会审记录、设计变更通知单、工程洽商记录（技术核定单）				
2			材料、配件出厂合格证书及进场检（试）验报告				
3			管道、设备强度试验、严密性试验记录				
4			隐蔽工程验收记录				
5			系统清洗、灌水、通水、通球试验记录				
6			施工记录				
7			分项、分部工程质量验收记录				
8							
1	建筑电气		图纸会审记录、设计变更通知单、工程洽商记录（技术核定单）				
2			材料、设备出厂合格证书及进场检（试）验报告				
3			设备调试记录				
4			接地、绝缘电阻测试记录				
5			隐蔽工程验收记录				
6			施工记录				
7			分项、分部工程质量验收记录				
8							

续表 C.8.2-2

工程名称					施工单位			
序号	项目	资 料 名 称				份数	核查意见	核查人
1	通风与空调	图纸会审记录、设计变更通知单、工程洽商记录（技术核定单）						
2		材料、设备出厂合格证书及进场检（试）验报告						
3		制冷、空调、水管道强度试验、严密性试验记录						
4		隐蔽工程验收记录						
5		制冷设备运行调试记录						
6		通风、空调系统调试记录						
7		施工记录						
8		分项、分部工程质量验收记录						
9								
1	电梯	图纸会审记录、设计变更通知单、工程洽商记录（技术核定单）						
2		设备出厂合格证书及开箱检验记录						
3		隐蔽工程验收记录						
4		施工记录						
5		接地、绝缘电阻测试记录						
6		负荷试验、安全装置检查记录						
7		分项、分部工程质量验收记录						
8								
1	智能建筑	图纸会审、设计变更、工程洽商记录（技术核定单）、竣工图及设计说明						
2		材料、设备出厂合格证书及技术文件及进场检（试）验报告						
3		隐蔽工程验收记录						
4		系统功能测定及设备调试记录						
5		系统技术、操作和维护手册						
6		系统管理、操作人员培训记录						
7		系统检测报告						
8		分项、分部工程质量验收记录						

结论：

施工总承包单位项目经理

年　月　日

总监理工程师或
建设单位项目负责人

年　月　日

3 施工单位填写的单位（子单位）工程安全和功能检验资料核查及主要功能抽查记录应一式四份，并应由建设单位、监理单位、施工单位、城建档案馆各保存一份。单位（子单位）工程安全和功能检验资料核查及主要功能抽查记录宜采用表 C.8.2-3 的格式。

表 C.8.2-3 单位（子单位）工程安全和功能检验
资料核查及主要功能抽查记录

工程名称			施工单位			
序号	项目	安全和功能检查项目	份数	核查意见	抽查结果	核查（抽查）人
1	建筑与结构	屋面淋水试验记录				
2		地下室防水效果检查记录				
3		有防水要求的地面蓄水试验记录				
4		建筑物垂直度、标高、全高测量记录				
5		抽气（风）道检查记录				
6		幕墙及外窗气密性、水密性、耐风压检测报告				
7		建筑物沉降观测测量记录				
8		节能、保温测试记录				
9		室内环境检测报告				
10						
1	给排水与采暖	给水管道通水试验记录				
2		暖气管道、散热器压力试验记录				
3		卫生器具满水试验记录				
4		消防管道、燃气管道压力试验记录				
5		排水干管通球试验记录				
6						
1	电气	照明全负荷试验记录				
2		大型灯具牢固性试验记录				
3		避雷接地电阻测试记录				
4		线路、插座、开关接地检验记录				
5						
1	通风与空调	通风、空调系统试运行记录				
2		风量、温度测试记录				
3		洁净室洁净度测试记录				
4		制冷机组试运行调试记录				
5						
1	电梯	电梯运行记录				
2		电梯安全装置检测报告				
1	智能建筑	系统试运行记录				
2		系统电源及接地检测报告				
3						

结论：
施工总承包单位项目经理　　　　　　　　总监理工程师或建设单位项目负责人
年　月　日　　　　　　　　　　　　　　　　年　月　日

4 施工单位填写的单位（子单位）工程观感质量检查记录应一式四份，并应由建设单位、监理单位、施工单位、城建档案馆各保存一份。单位（子单位）工程观感质量检查记录宜采用表 C.8.2-4 的格式。

表 C.8.2-4　单位（子单位）工程观感质量检查记录

工程名称			施工单位										质量评价		
序号		项　目	抽　查　质　量　状　况										好	一般	差
1	建筑与结构	室外墙面													
2		变形缝													
3		水落管、屋面													
4		室内墙面													
5		室内顶棚													
6		室内地面													
7		楼梯、踏步、护栏													
8		门窗													
1	给排水与采暖	管道接口、坡度、支架													
2		卫生器具、支架、阀门													
3		检查口、扫除口、地漏													
4		散热器、支架													
1	建筑电气	配电箱、盘、板、接线盒													
2		设备器具、开关、插座													
3		防雷、接地													
1	通风与空调	风管、支架													
2		风口、风阀													
3		风机、空调设备													
4		阀门、支架													
5		水泵、冷却塔													
6		绝热													
1	电梯	运行、平层、开关门													
2		层门、信号系统													
3		机房													
1	智能建筑	机房设备安装及布局													
2		现场设备安装													
3															
观感质量综合评价															
检查结论	施工总承包单位项目经理 年　月　日			总监理工程师或建设单位项目负责人 年　月　日												

附录 D　竣 工 图 绘 制

D.0.1 竣工图按绘制方法不同可分为以下几种形式：利用电子版施工图改绘的竣工图、利用施工蓝图改绘的竣工图、利用翻晒硫酸纸底图改绘的竣工图、重新绘制的竣工图。

D.0.2 编制单位应根据各地区、各工程的具体情况，采用相应的绘制方法。

D.0.3 利用电子版施工图改绘的竣工图应符合下列规定：

1 将图纸变更结果直接改绘到电子版施工图中，用云线圈出修改部位，按表 D.0.3 的形式做修改内容备注表；

表 D.0.3 修改内容备注表

设计变更、洽商编号	简要变更内容

2 竣工图的比例应与原施工图一致；

3 设计图签中应有原设计单位人员签字；

4 委托本工程设计单位编制竣工图时，应直接在设计图签中注明"竣工阶段"，并应有绘图人、审核人的签字；

5 竣工图章可直接绘制成电子版竣工图签，出图后应有相关责任人的签字。

D.0.4 利用施工图蓝图改绘的竣工图应符合下列规定：

1 应采用杠（划）改或叉改法进行绘制；

2 应使用新晒制的蓝图，不得使用复印图纸。

D.0.5 利用翻晒硫酸纸图改绘的竣工图应符合下列规定：

1 应使用刀片将需更改部位刮掉，再将变更内容标注在修改部位，在空白处做修改内容备注表；修改内容备注表样式可按表 D.0.3 执行；

2 宜晒制成蓝图后，再加盖竣工图章。

D.0.6 当图纸变更内容较多时，应重新绘制竣工图。重新绘制的竣工图应符合本规程第 4.2.4 条第 5 款、D.0.3 条第 2 款、第 3 款的规定。

附录 E 竣工图图纸折叠方法

E.0.1 图纸折叠应符合下列规定：

1 图纸折叠前应按图 E.0.1 所示的裁图线裁剪整齐，图纸幅面应符合表 E.0.1 的规定；

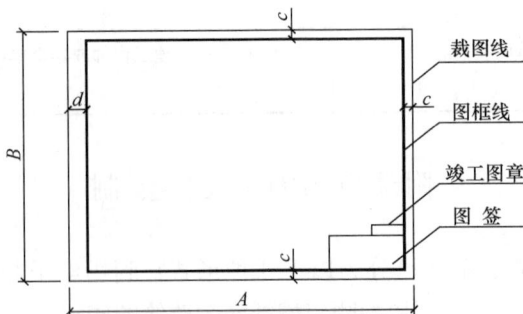

图 E.0.1 图框及图纸边线尺寸示意

表 E.0.1 图幅代号及图幅尺寸

基本图幅代号	0#	1#	2#	3#	4#
B (mm) $\times A$ (mm)	841×1189	594×841	420×594	297×420	297×210
c (mm)	10			5	
d (mm)	25				

2 折叠时图面应折向内侧成手风琴风箱式；

3 折叠后幅面尺寸应以 4# 图为标准；

4 图签及竣工图章应露在外面；

5 3#～0# 图纸应在装订边 297mm 处折一三角或剪一缺口，并折进装订边。

E.0.2 3#～0# 图不同图签位的图纸，可分别按图 E.0.2-1、图 E.0.2-2、图 E.0.2-3、图 E.0.2-4 所示方法折叠。

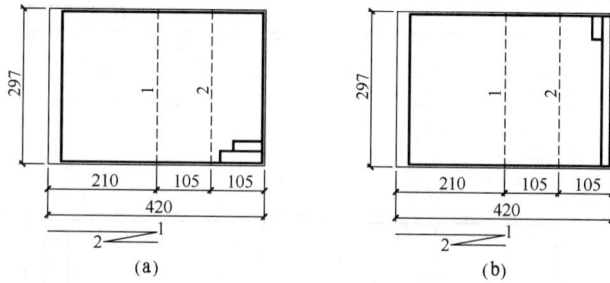

E.0.2-1 3# 图纸折叠示意

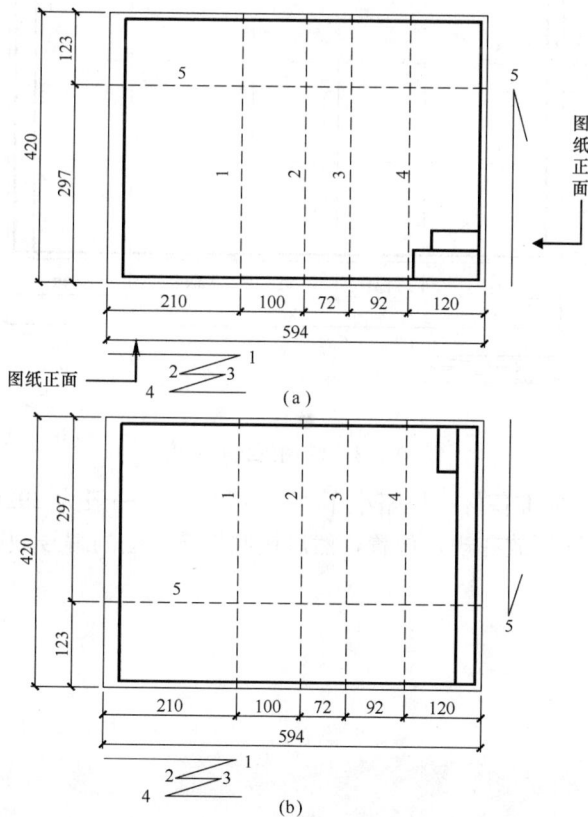

E.0.2-2 2# 图纸折叠示意

(a)

(b)

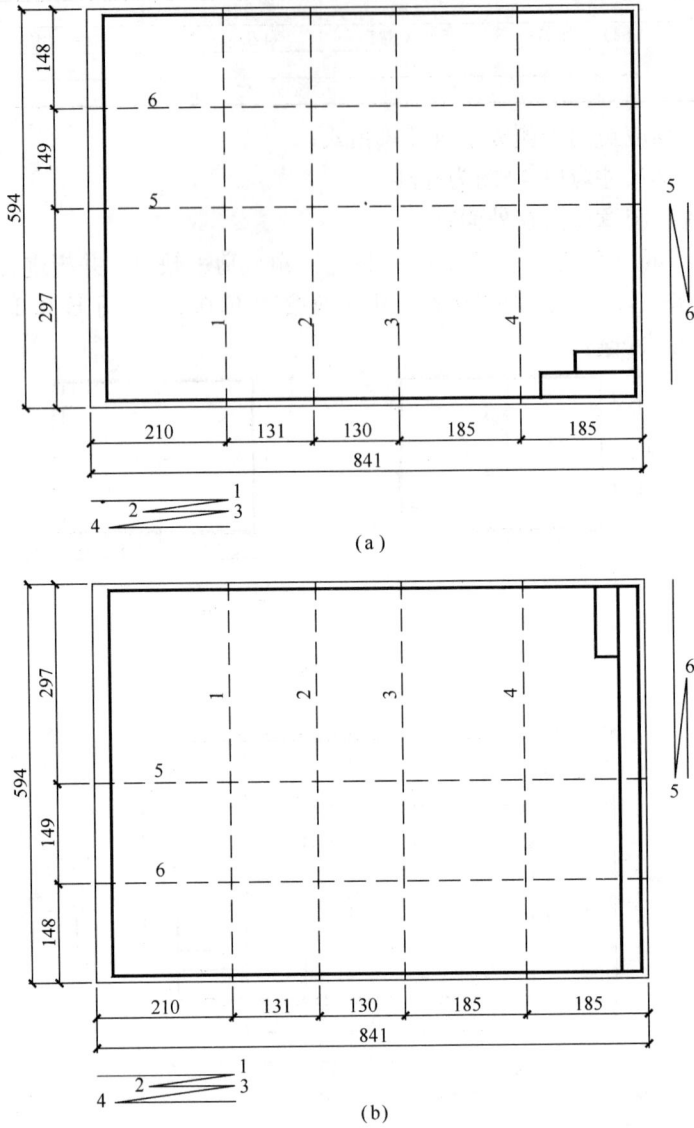

E.0.2-3　1# 图纸折叠示意

E.0.3　图纸折叠前，应准备好一块略小于 4# 图纸尺寸（一般为 292mm×205mm）的模板。折叠时，应先把图纸放在规定位置，然后按照折叠方法的编号顺序依次折叠。

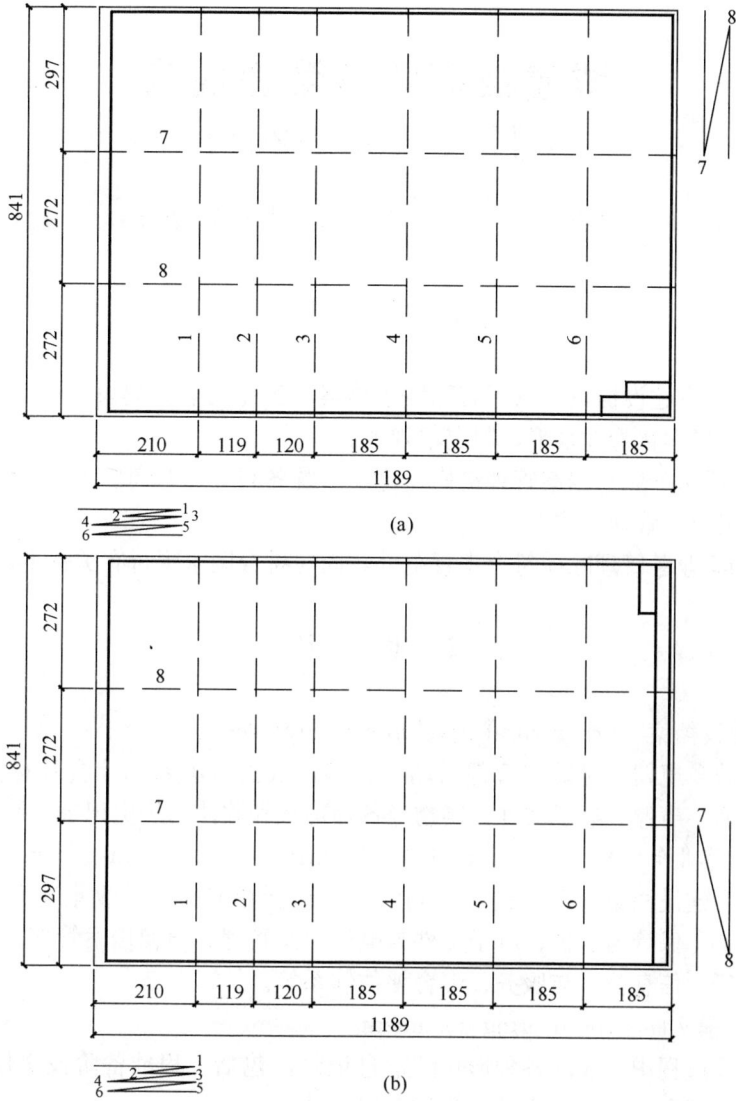

E.0.2-4　0# 图纸折叠示意

城建档案业务管理规范
CJJ/T 158—2011

中华人民共和国住房和城乡建设部　发布

1　总　　则

1.0.1　为加强城乡建设档案（以下简称城建档案）工作的业务建设，提高城建档案的标准化、规范化、科学化管理水平，制定本规范。

1.0.2　本规范适用于城建档案管理机构、建设系统各行业管理部门和建设工程档案形成单位的城建档案业务管理工作。

1.0.3　城建档案业务管理除应符合本规范外，尚应符合国家现行有关标准的规定。

2　术　　语

2.0.1　城乡建设档案　urban-rural development archives

　　在住房和城乡规划、建设和管理活动中直接形成的对国家和社会具有保存价值的文字、图纸、图表、声像、电子文件、实物等各种形式和载体的历史记录，简称城建档案。

2.0.2　城建档案业务管理　urban-rural development archives management

　　为管理城乡建设档案而开展的一系列活动，包括业务指导、收集与移交、整理、编目、统计、鉴定、保管与保护、电子文件与电子档案管理、声像档案管理、信息化和信息安全、档案编研、信息公开与服务、综合评估体系等。

2.0.3　建设工程文件　engineering document

　　在工程建设过程中形成的各种形式的信息记录，包括工程准备阶段文件、监理文件、施工文件、竣工图和竣工验收文件，简称工程文件。

2.0.4　建设工程档案　engineering archive

　　在工程建设活动中直接形成的具有保存价值的文字、图纸、图表、声像、电子文件、实物等各种形式和载体的历史记录，简称工程档案。

2.0.5　建设系统业务管理档案　administration archives of construction system

　　建设系统各行业管理部门（包括城乡规划、城市建设、村镇建设、建筑业、住宅房地产业、勘察设计咨询业、市政公用事业等行政管理部门，以及供水、排水、燃气、热力、园林、绿化、市容、环卫、规划、勘测、设计、监理、抗震、人防、拆迁等专业管理单位）在业务管理和业务技术活动中形成的对国家和社会具有保存价值的不同形式的历史记录。

2.0.6　城乡建设声像档案　audio-visual archives generated from urban and rural development

　　记录反映城乡面貌和城乡规划、建设和管理活动，具有保存价值的，用照片、影片、录音带、录像带、光盘、硬盘等记载的声音、图片和影像等历史记录。

2.0.7 城建档案管理机构　urban-rural development archives organization

指城乡建设（或规划）行政主管部门设置的负责管理本地区城建档案事业的机构，或者受城乡建设（或规划）行政主管部门委托管理本地区城建档案工作的机构，以及收集、保管和提供利用本地区城建档案的城建档案馆、城建档案室。

2.0.8 业务指导　guidance for archival works

城建档案管理机构依据有关城建档案的法律、法规、规章和业务标准，对下级城建档案机构、建设系统各行业管理部门、建设工程档案形成单位的档案形成、积累、整理、编目、归档、移交等业务，进行登记、告知、督促、检查、验收以及提供咨询、培训、示范等的过程。

2.0.9 接收　receive

城建档案馆或城建档案室按照规定收存有关单位移交的城建档案和有价值的历史资料的过程。

2.0.10 移交　transfer

建设系统各行业管理部门和建设工程档案形成单位按规定将城建档案报送城建档案管理机构保存的过程。

2.0.11 工程档案移交责任书　contract for transfering engineering archive

建设单位在办理建设工程规划许可证或建设工程施工许可证前，与当地城建档案管理机构签订的关于工程档案移交内容、移交期限、有关要求、双方责任等内容的协议。

2.0.12 建设工程档案预验收　pre-acceptance of enginering archive

城建档案管理机构按照有关规定，在工程竣工验收前，对建设工程档案的完整、准确、系统性进行验收和评价的过程，也可称工程档案专项验收。

2.0.13 建设工程档案接收证明书　certificate of receiving engineering archive

城建档案管理机构在接收到建设单位所移交的符合规定要求的建设工程档案后，向建设单位出具的档案交接文据。

2.0.14 征集　collection

城建档案管理机构向社会征收、收集散存与散失的城建档案和其他相关文献的活动。

2.0.15 总目录　sequential catalogue

城建档案管理机构按档案接收时间的先后顺序进行登记而形成的目录。

2.0.16 必备目录　pre-requisite catalogue

为确保在脱离计算机状况下仍能查找、检索档案，城建档案管理机构必须具备的档案目录。

2.0.17 城建档案信息化　informatization of urban-rural development archives

通过计算机管理软件的开发或商品软件的选用、硬件设备的配备、网络体系的建设（包括局域网的建设、与政府网的连接、国际互联网的利用）、管理方式的转变，以及工作流程的规范，应用现代信息技术，对档案信息资源进行全面收集、科学管理、系统开发，为社会提供方便、快捷、全面、系统的信息利用服务。

2.0.18 城建档案数字化　digitization of records

用计算机技术将传统的档案信息，包括文字、字符、数字、声音、图形、图像等转换为存储在磁带、磁盘、光盘等载体上并能被计算机识别的数字信号的处理过程。

2.0.19 城建档案编研 compilation and research

以城建档案为主要研究对象，对城市规划、建设和管理中经常需要利用的信息，按照一定题目，经过选材、加工、分析、编辑和研究，汇总成一定专题资料的研究性工作。

2.0.20 技术服务 technical service

根据用户需求，利用档案管理技术、数字化处理设备、声像设备和人才资源，为用户提供档案整理编目、档案数字化和声像档案制作等服务活动。

2.0.21 信息咨询服务 information consultation service

根据用户委托，利用各种信息处理技术，通过收集、加工、整理、汇总、分析馆藏档案信息和其他各类信息，提供档案信息增值服务，满足用户提出的信息需求的经济活动。

3 基 本 规 定

3.0.1 城建档案管理机构的业务工作应包括下列内容：

1 业务指导；

2 档案收集与移交；

3 档案整理；

4 档案编目；

5 档案管理情况统计；

6 档案鉴定；

7 档案保管与保护；

8 电子文件与电子档案管理；

9 声像档案管理；

10 档案信息化建设与信息安全；

11 档案编研；

12 档案信息公开与服务；

13 档案管理综合评估。

3.0.2 城建档案馆、城建档案室应重点管理下列档案：

1 城乡建设工程档案，包括下列内容：

  1） 工业与民用建筑工程档案；

  2） 市政基础设施工程档案；

  3） 公用基础设施工程档案；

  4） 交通基础设施工程档案；

  5） 园林建设、风景名胜建设工程档案；

  6） 市容环境卫生设施建设工程档案；

  7） 城市防洪、抗震、人防工程档案；

  8） 军事工程中，除军事禁区和军事管理区以外的穿越城乡行政区域的地下管线走向和有关隐蔽工程的位置图。

2 建设系统各行业管理部门形成的建设系统业务管理档案和业务技术档案。

3 有关城乡规划、建设和管理的方针、政策、法规、计划方面的文件、科学研究成果和城乡历史、自然、经济等方面的基础资料。

3.0.3 城建档案管理机构除应配备工程建设、勘察测绘等专业人才外，还宜配备计算机、声像制作等专业技术人才。

3.0.4 建设系统各行业管理部门的档案机构应负责本单位城建档案的收集、积累、归档、保管和提供利用工作，并应将需要长期和永久保存的城建档案向城建档案管理机构移交。城市房地产权属档案由房地产权属档案管理机构负责管理。

3.0.5 工程勘测、设计、施工、监理等单位应做好工程档案的收集、积累、归档、保管等工作，并及时交建设单位汇总。

3.0.6 工程建设单位应设置档案保管场所，配备城建档案工作人员，及时收集、妥善保管工程建设过程中产生的档案材料，并应按有关规定向当地城建档案管理机构移交。

3.0.7 城建档案管理机构、建设系统各行业管理部门和建设工程档案形成单位配备的档案工作人员应定期接受岗位培训。

4 业 务 指 导

4.1 原 则 与 要 求

4.1.1 业务指导应遵循统一、分级、分类和重点指导的原则。

4.1.2 业务指导应符合下列要求：

1 执行国家的法律、法规和规章，贯彻有关标准规范；

2 以服务基层、方便用户为导向，改进工作方式，加强调查研究；

3 采用现代化手段，不断提高公共管理水平和效能，为社会提供高效优质的服务。

4.2 类 型 与 内 容

4.2.1 业务指导应包括下列三种类型：

1 上级建设或规划行政主管部门的城建档案管理机构对下级城建档案管理机构的指导；

2 城建档案管理机构对建设系统各行业管理部门城建档案工作的指导；

3 城建档案管理机构对建设工程档案形成单位的城建档案工作的指导。

4.2.2 上级建设或规划行政主管部门的城建档案管理机构对下级城建档案管理机构的业务指导应包括下列内容：

1 指导、帮助下级城建档案管理机构了解、掌握国家有关档案工作、城建档案工作的法律、法规和规章，掌握业务监督、检查和指导的基本方法；

2 帮助下级城建档案管理机构理解和掌握各项业务标准、技术规范，指导建立、健全和组织实施城建档案工作的各项规章制度与业务标准、技术规范；

3 对下级城建档案机构的具体业务工作进行协调、监督、检查和指导；

4 对下级城建档案机构的工作开展情况进行综合评估，并对存在的问题提出整改意见和建议；

5 对下级城建档案机构其他各项工作的指导，包括对城建档案理论与科学技术研究的指导、对城建档案工作人员培训和继续教育的指导、对城建档案宣传、出版工作的指导等。

4.2.3 城建档案管理机构对建设系统各行业管理部门的指导应包括下列内容：

1 指导各部门、各单位全面理解和掌握国家有关城建档案工作的方针政策和法律法规；

2 帮助各部门、各单位全面理解和掌握城建档案工作基本知识和业务标准、技术规范，对其档案工作人员进行业务培训；

3 指导制定城建文件材料管理工作的计划、制度、办法；

4 指导、检查文件材料的形成、积累和立卷工作；

5 指导案卷的归档与整理；

6 参加重要活动文件材料的收集和验收；

7 指导城建档案移交工作。

4.2.4 城建档案管理机构对建设工程档案形成单位的城建档案工作的指导应包括下列内容：

1 帮助各单位全面理解和掌握国家有关城建档案工作的法律、法规和规章，使各单位了解和掌握应承担的责任与要求；

2 与工程档案形成单位签订建设工程档案移交责任书，并事先告知工程档案移交的有关要求；工程档案移交责任书可按本规范附录 A 的内容签订；

3 帮助各单位理解和掌握城建档案工作基本知识和业务标准、技术规范，督促、指导各单位收集、汇总勘测、设计、施工、监理等过程中所形成的建设工程文件材料，并应符合国家现行标准《建设工程文件归档整理规范》GB/T 50328 和《建设电子文件与电子档案管理规范》CJJ/T 117 的规定；

4 指导建设、勘测、设计、施工、监理等单位落实档案管理人员，设置档案保管场所，建立健全档案工作制度，做好工程文件材料的形成、积累工作；

5 在建设工程竣工验收前，对建设工程档案进行预验收，审核其内在质量和外在质量，对预验收合格的，出具建设工程档案预验收认可文件（建设工程档案预验收意见书），作为建设工程规划验收、竣工验收和办理建设工程竣工备案手续的条件之一；对不符合要求的提出限期整改意见；建设工程档案预验收意见书可按本规范附录 B 填写；

6 指导档案预验收合格的建设单位办理档案移交手续，出具建设工程档案接收和移交证明书，工程档案接收和移交证明书可按本规范附录 C 开具，所附移交档案目录可按本规范附录 D 填写。

5 收 集 与 移 交

5.1 形成、积累与归档要求

5.1.1 城建档案形成单位的档案收集工作应按下列分工进行：

1 工程建设、勘测、设计、施工、监理等单位负责收集本单位在工程建设活动中形成的应归档的工程文件；

2 建设单位负责收集和汇总勘测、设计、施工、监理等单位移交的工程文件；

3 建设系统各行业管理部门的档案室负责收集本单位产生的应归档的业务管理文件。

5.1.2 城建档案形成单位应建立健全文件材料的形成、积累与归档的规章制度，明确归档途径与方法。

5.1.3 建设单位在工程招标及与勘测、设计、施工、监理等单位签订协议、合同时，应对工程文件的套数、费用、质量、移交时间等提出明确要求。

5.1.4 工程文件形成单位应将文件的形成、积累和归档纳入工程建设管理的各个环节，纳入有关人员的职责范围和考核内容中。

5.1.5 工程文件形成单位应明确专人负责收集和积累工程文件，做到工程文件的收集、整理、归档与建设工程的进度保持同步。

5.1.6 建设单位的档案部门应参加建设工程的竣工验收，检查档案的真实性、完整性、准确性和系统性，检查文件材料是否符合归档要求。

5.1.7 城建档案管理机构收集本行政区域内形成的建设工程档案、建设系统各行业管理部门形成的应永久和长期保管的业务管理档案，收集与归档的范围按本规范第 3.0.2 条执行。

5.1.8 归档文件应为原件，内容必须真实、准确，与工程实际相符。

5.1.9 归档文件的质量应符合下列规定：

1 归档文件的纸张应采用能够长期保存的韧性大、耐久性强的纸张；

2 归档文件应采用耐久性强的书写材料，不得使用易褪色的书写材料；

3 计算机输出文字和图件应使用激光打印，不宜使用色带式打印机、水性墨打印机和热敏打印机；

4 归档文件应字迹清楚，图样清晰，图表整洁，签字盖章手续应完备；

5 归档文件材料幅面尺寸规格宜为 A4 幅面，图纸宜采用国家标准图幅；

6 归档文件必须经过分类整理，并组成符合要求的案卷（册、盒）。

5.2 接 收 与 移 交

5.2.1 城建档案管理机构对建设系统业务管理档案的接收可按下列步骤进行：

1 拟定年度接收工作任务目标；

2 确定接收工作的重点及对象；

3 组织实施人员分工；

4 对拟接收档案的单位开展接收前的业务指导和服务；

5 审核准备移交的档案内容；

6 审核档案的内、外在质量；

7 核对移交清单与实物，填写建设系统业务管理档案接收和移交证明书，接收和移交证明书可按本规范附录 E 填写，所附移交档案目录可按本规范附录 D 填写；

8 双方在建设系统业务管理档案接收和移交证明书上签名盖章。

5.2.2 城建档案管理机构对建设工程档案的接收应按下列步骤进行：

1 核对档案移交目录和档案实物，填写建设工程档案接收和移交证明书，证明书可按本规范附录 C 开具，所附移交档案目录可按本规范附录 D 填写；

2 办理接收手续，双方在建设工程档案接收和移交证明书上签名盖章。

5.2.3 城建档案形成单位移交档案的时间应符合下列规定：

1 建设工程的勘测、设计、施工、监理等单位应在本单位承担的工程任务完成后，将本工程形成的文件立卷后向建设单位和本单位的档案机构移交；

2 建设单位对列入城建档案管理机构接收范围的工程，应在工程竣工验收后3个月内向当地城建档案管理机构移交；

3 地下管线工程档案应在工程竣工验收备案前向城建档案管理机构移交；

4 建设系统各行业管理部门形成的各种业务管理档案，应及时向本单位档案机构移交，并应在本单位保存使用1年～5年后，将需要永久和长期保管的档案向城建档案管理机构移交；

5 城市地下管线普查和测绘形成的地下管线档案，应在普查、探测结束后3个月内向城建档案管理机构移交；

6 地下管线专业管理单位每年应向城建档案管理机构报送一次更改、报废、补测部分或修测的地下管线现状图和资料。

5.2.4 接收和移交档案必须办理交接手续。

5.2.5 交接手续应符合下列规定：

1 交接双方必须根据档案移交目录核对，核对无误后在移交书上签名盖章；

2 建设系统业务管理档案接收和移交证明书、工程档案接收和移交证明书一式两份，一份由移交单位保存，一份由接收单位保存。

5.3 征　集

5.3.1 城建档案管理机构对散存、散失的具有永久保存价值的城建档案，应予以征集，征集范围可包含下列内容：

1 历代形成的反映本城市（镇）自然面貌、发展变迁，记录各项工程建设的档案史料，包括图纸、图表、图书、报刊、画册、文件、报表、照片、录像带、电影拷贝、模型等；

2 对国家和社会具有保存价值或者应保密的档案；

3 城市历史、自然、经济等方面的基础资料。

5.3.2 城建档案征集的对象可包括有关部门、大专院校、科研部门、图书馆、史志办等相关单位，以及长期从事城乡规划、建设和管理活动的领导、专家、工程技术人员等。

5.3.3 城建档案管理机构征集档案可采用下列方法进行：

1 发布征集广告；

2 走访有关单位和相关人员；

3 接受捐赠；

4 接受寄存、代为保管；

5 收购、征购；

6 其他合法方式。

5.3.4 城建档案管理机构开展征集工作应符合下列规定：

1 应有2名以上工作人员共同进行；

2 征集城建档案时，征集人员应主动出示表明身份和工作任务的证明文件；

3 征集人员应自征集完成之日起 10 日内将征集到的城建档案交城建档案管理机构；

4 城建档案管理机构应将征集的档案登记造册；

5 对征集到的档案真伪或者价值有异议的，城建档案管理机构或者档案所有人可以提请城建档案鉴定委员会鉴定、评估；

6 城建档案鉴定委员会由当地城建档案管理机构聘请有相关知识的专家组成；鉴定、评估档案应有 3 名以上相关专家共同进行。

5.3.5 城建档案管理机构应鼓励单位和个人捐赠档案，可采用下列方式进行：

1 向捐赠者颁发档案捐赠证明；

2 明确捐赠者有优先和无偿利用所捐赠档案的权利；

3 明确在一定的时间范围内捐赠者对所捐赠档案有限制他人利用的权利。

6 整 理

6.1 整理的原则和内容

6.1.1 城建档案整理应遵循城建文件材料的自然形成规律，保持文件材料之间的有机联系，充分尊重和利用原有的整理基础，便于保管和提供利用。

6.1.2 整理工作应包括下列内容：

1 分类；

2 立卷；

3 案卷排列。

6.2 分 类

6.2.1 分类应遵循下列原则：

1 符合城建档案形成单位及其专业活动的性质和特点；

2 根据文件材料的内容，选择和运用适当的分类方法；

3 遵循文件材料的形成规律，保持文件材料的有机联系。

6.2.2 分类可采用下列方法：

1 年度分类法；

2 专业分类法；

3 工程（项目）分类法；

4 程序分类法；

5 问题分类法；

6 载体分类法；

7 权属分类法。

6.2.3 当文件材料较多时，应将年度、专业、工程（项目）、程序、问题等分类方法结合运用。可将年度、专业、工程（项目）相结合，形成"年度—专业—工程（项目）"分类法；也可将工程（项目）、程序、专业相结合，形成"工程（项目）—程序—专业"分类法。

6.2.4 业务管理档案宜采用"年度—专业—工程（项目）"分类法，或"年度—工程（项目）"、"年度—问题"分类法。

6.2.5 工程档案宜采用"工程（项目）—程序—专业"分类法。

6.3 立 卷

6.3.1 立卷应遵循下列原则：

1 遵循城建文件材料的形成规律，最大限度地保持卷内文件材料的完整、准确和系统；

2 遵循案卷内文件材料保存价值及密级大体相同的原则；

3 案卷不宜过厚，文字材料卷厚度不宜超过 20mm，图纸卷厚度不宜超过 50mm；

4 案卷内不应有重份文件，不同载体的文件应分别组卷。

6.3.2 立卷应按下列程序进行：

1 根据立卷原则，确定归入案卷的文件材料；

2 排列卷内文件材料；

3 案卷编目。

6.3.3 卷内文件材料的排列可采用下列方法：

1 按重要程度排列；

2 按时间顺序排列；

3 按文件材料之间的逻辑关系排列；

4 按文件材料的客观形成过程排列；

5 按文件材料所反映的对象在工程程序上的衔接关系排列。

6.3.4 卷内图纸的排列可采用下列方法：

1 按专业排列，同专业图纸按图号顺序排列；

2 按总体和局部的关系排列，反映总体、全局、系统的图纸在前，反映局部、单项的在后；

3 按比例尺排列。

6.3.5 文图混合组卷的，文字材料应排列在前，图纸应排列在后。

6.3.6 案卷的编目包括卷内文件页号、卷内目录、卷内备考表、案卷封面的编制等内容。具体编目方法应按现行国家标准《建设工程文件归档整理规范》GB/T50328 的要求进行。

6.4 案 卷 的 排 列

6.4.1 单个工程的案卷，文件卷应排在前面，图纸卷排在后面；文件材料卷应按问题、时间或重要程度排列；图纸卷应按单位工程、分部工程和专业排列。

6.4.2 业务管理案卷可按文号（项目号）、程序、时间等排列。

7 编 目

7.1 编目工作的内容

7.1.1 城建档案管理机构、建设工程档案形成单位档案室、建设系统各行业管理部门档案室应对所存档案进行编目。

7.1.2 编目工作应包括城建档案著录、标引、目录组织等内容。

7.1.3 目录应包括下列种类：

    1 工程（项目）目录、案卷目录和文件目录；

    2 计算机机读目录、缩微目录、卡片式目录、书本式目录；

    3 题名目录、责任者目录、分类目录、主题目录；

    4 总目录、部门目录、特藏目录、联合目录；

    5 公开目录、内部管理目录。

7.2 著 录

7.2.1 著录项目的划分与细则应按现行国家标准《城市建设档案著录规范》GB/T 50323 的要求实施。

7.2.2 著录级别与著录详简级次、著录文字要求、著录信息来源等，应按现行国家标准《城市建设档案著录规范》GB/T 50323 的要求实施。

7.2.3 著录格式应符合现行国家标准《城市建设档案著录规范》GB/T 50323 的要求。

7.2.4 城建档案管理机构、建设工程档案形成单位档案室、建设系统行业（专业）管理部门档案室可根据城建档案信息管理、开发利用的需求，增加著录项目，加大著录深度，扩大著录范围。

7.2.5 城建档案管理机构、工程档案形成单位档案室、建设系统专业管理部门档案室的著录工作的组织管理应按下列方法进行：

    1 应以现行国家标准《城市建设档案著录规范》GB/T 50323 为基础，根据馆藏特点制定本单位的著录细则；

    2 选择适当的著录级别，保证档案的检索深度；

    3 确定恰当的工作环节开展著录工作，保证著录工作的正常开展。

7.3 档 案 标 引

7.3.1 档案标引可包括分类标引和主题标引。

7.3.2 分类标引应遵循下列原则：

    1 以国家机构、社会组织从事社会实践活动的职能分工为基础，结合档案记述和反映的事物属性关系，并兼顾档案的其他特征；

    2 城建档案管理机构应以城市建设档案分类大纲为依据，编制科学、切实可行的分类法则；

    3 建设系统业务管理档案以及工程建设、勘测、设计、施工、监理等单位管理的城建档案分类由形成单位按照本单位制定的分类体系进行；

    4 档案分类标引应充分考虑实际的检索需求和检索方式，根据档案的具体内容和社会需求，选定适当的标引深度；

    5 档案分类标引必须按专指性的要求，分入恰当的类目，不得分入较宽的上位类或较窄的下位类；

    6 档案分类标引应保持一致性。

7.3.3 主题标引应遵循下列规则：

1 应以现行国家标准《文献主题标引规则》GB/T 3860 为依据，以《中国分类主题词表》为补充；

2 标引深度不宜超过 10 个主题词；

3 城建档案的主题标引对象应分为工程（项目）、案卷和文件三个层次；

4 主题标引应客观地揭示出城建档案所记载或论述的对象的主题概念；

5 城建档案的主题概念，是标引的主要概念和主要对象；

6 应采取概括的整体标引和重点性的分析标引相结合的原则，进行适度标引；

7 应尽可能保持中心主题标引与该档案主要分类标引的匹配；

8 使用关键词标引应严格控制。

7.3.4 标引应按下列步骤进行：

1 进行主题分析，包含下列内容：

  1） 审读档案；

  2） 阅读题名；

  3） 浏览正文；

  4） 查阅档案的外部特征。

2 进行概念转换，包含下列内容：

  1） 对分类标引进行概念转换，赋予分类标识；

  2） 对主题标引进行概念转换，赋予主题词或关键词。

3 进行审校。

7.3.5 档案标引应加强质量管理，保证标引的客观性、专指性、全面性、一致性与适当的标引深度。

7.3.6 保证标引工作质量可采取下列措施：

1 科学的组织管理标引工作；

2 提高标引人员的业务水平；

3 提高标引工具本身的质量。

7.4 目录的编制与组织

7.4.1 城建档案管理机构、建设工程档案形成单位档案室、建设系统各行业管理部门档案室对城建档案应建立一套科学合理的目录体系。

7.4.2 目录检索体系，应由两种以上目录（检索工具）构成，每一种目录应具有其他目录所不能替代的功能，形成覆盖馆藏全部档案的检索系统。

7.4.3 目录系统应能够从不同层次来揭示档案信息，提供方便、快捷、多途径的查询手段。各种目录特别是机读目录应简明易懂，使不同文化水平的利用者都能运用。

7.4.4 目录的编制应及时、准确，做到账物相符。

7.4.5 城建档案管理机构应根据需要编制各种专题目录。

7.4.6 工程档案形成单位档案室、建设系统专业管理部门档案室应结合管理与利用工作的需要编制分类目录、总目录、专题目录等。

7.4.7 城建档案管理机构对所保存的城建档案必须编制必备目录。必备目录必须打印成册，妥善保管，并应及时更新。

7.5 必 备 目 录

7.5.1 城建档案必备目录应包括城建档案总目录和城建档案分类目录。

7.5.2 城建档案总目录应按档案接收进城建档案馆或城建档案室的先后顺序，以工程（项目）或案卷为单位进行编制。城建档案总目录包括工程（项目）级总目录和案卷总目录两种，编制单位可根据实际情况选择其中一种。

工程（项目）级总目录应按本规范附录 F 编制；案卷总目录应按本规范附录 G 编制。

7.5.3 城建档案分类目录应包括工程（项目）级分类目录和案卷分类目录两种，编制单位可根据实际情况选择其中一种。

工程（项目）级分类目录应按本规范附录 H 编制；案卷分类目录应按本规范附录 J 编制。

7.5.4 工程档案形成单位和建设系统各行业主管部门的分类目录应根据国家和本单位有关规定编制；城建档案管理机构的分类目录应按城市建设档案分类大纲编制。

8 统　　计

8.1 统计工作的任务和内容

8.1.1 统计工作的基本任务应为：对城建档案和城建档案工作的开展情况进行统计调查、整理、分析，提供统计数据和分析资料。

8.1.2 统计工作应包括下列主要内容：

1 统计调查；

2 统计整理；

3 统计分析；

4 统计年报。

8.2 统计工作的要求

8.2.1 城建档案统计工作应建立健全工作制度，指派专人从事城建档案统计工作。

8.2.2 城建档案统计数据应确保准确、真实。

8.2.3 统计工作应按照上级部门规定的统一方法、计量单位、报表格式进行。

8.2.4 统计报表应字迹工整、清晰，并应按上级部门规定的时间要求及时报送。

8.2.5 填写统计报表应认真、严谨，不得伪造。

8.2.6 各类档案统计报表及综合统计报表，除报上级部门外，本单位应留一份存档备查。

8.3 统计工作的步骤和方法

8.3.1 统计工作应按统计调查、统计资料整理、统计分析、汇总上报四个步骤进行。

8.3.2 统计调查应包括下列两种情况：

1 常规性统计，即对城建档案的构成数量、保管状况、鉴定情况，利用情况及机构队伍等基本情况进行的定期统计调查；

2 专门组织的统计，即为完成某种调查任务的需要而专门组织的一次性全面调查统计。

8.3.3 统计资料整理应包括下列内容:

1 城建档案统计分组,将被研究的城建档案工作现象总体按照一定的标志划分为若干个不同类型的组进行整理;

2 形成城建档案统计表。

8.3.4 统计分析可采用专题分析、综合分析、对比分析、分组分析等方法。

8.3.5 统计材料的汇总上报可根据要求采取下列方法:

1 逐级汇总上报;

2 集中汇总上报;

3 越级汇总上报。

8.4 主要统计报表

8.4.1 统计报表应包括城建档案工作基本情况统计报表、馆藏档案分类统计表、城建档案接收、移出、销毁统计表、城建档案鉴定情况统计表、城建档案整理情况统计表、城建档案利用情况统计表等,城建档案管理机构、建设工程档案形成单位档案室、建设系统行业(专业)管理部门档案室可根据工作需要选用。

8.4.2 城建档案工作基本情况统计报表内容应包括组织机构、人员状况、馆库面积、馆藏等情况统计,城建档案管理机构应按本规范附录 K 进行填写。

8.4.3 馆藏档案分类统计表内容应包括各类档案、资料的数量,可按本规范附录 L 填写。

8.4.4 城建档案接收、移出、销毁、现存情况统计表内容应包括各类城建档案的接收、移出、销毁、现存等数量的统计,可按本规范附录 M 填写。

8.4.5 城建档案鉴定情况统计表内容应包括各类城建档案的鉴定时间、划定的保管期限和密级、现有档案数量、已鉴定数量、未鉴定数量和销毁档案等,可按本规范附录 N 填写。

8.4.6 城建档案整理情况统计表内容应包括各类馆藏档案的数量及整理、鉴定情况,可按本规范附录 P 填写。

8.4.7 城建档案利用情况统计表内容应包括查档数量、查档单位分类、查档人员分类、查档用途分类等情况,以及出具证明、复制数量等情况,可按本规范附录 Q 填写。

9 鉴 定

9.1 鉴定工作的内容

9.1.1 档案价值鉴定工作应包括下列主要内容:

1 制定价值鉴定的统一标准及各类档案的保管期限表;

2 具体分析档案的价值,划分和确定不同档案的保管期限;

3 将无保存价值的和保管期满的档案予以销毁;

4 确定归档文件的密级;

5 定期对所保管的档案进行降密与解密;

6 围绕上述工作而开展的一系列鉴定组织工作。

9.2 鉴定工作的要求

9.2.1 鉴定应从国家和社会的整体利益出发，用全面的、历史的、发展的观点判定档案的价值。

9.2.2 应对档案进行鉴定，可按本规范附录 R 填写城建档案鉴定表。

9.2.3 城建档案保存单位应定期开展鉴定工作，优化馆藏档案质量和馆藏结构。

9.3 鉴定的基本工作方法

9.3.1 档案鉴定宜采用直接鉴定法，即城建档案的鉴定人员通过直接审查城建档案材料的内容及各种特征来鉴定其保存价值和密级。

9.3.2 档案鉴定应依据城建档案保管期限表、档案密级及控制利用范围的规定，结合档案自身特点和状况，以及社会利用的需要等进行。

9.3.3 档案的价值可从下列方面进行分析：

1 档案的内容；

2 档案的来源、时间和形式等；

3 档案的完整程度。

9.4 档案室鉴定工作

9.4.1 建设系统各行业（专业）管理部门档案室、建设工程档案形成单位档案室的鉴定工作包括归档时对文件材料的鉴定和对所保管档案的鉴定两种工作。

9.4.2 档案鉴定工作应由档案室会同本单位技术负责部门、业务部门共同进行。

9.4.3 档案室应会同本单位技术负责部门、业务部门制定本单位文件材料归档范围、档案密级与保管期限表，经单位领导人批准后执行，并据此进行档案鉴定工作。

9.4.4 归档的案卷封面上必须注明密级与保管期限。

9.4.5 档案室在检查归档案卷质量时，应检查其密级与保管期限的准确性。

9.4.6 档案室应根据保管期限规定，每年或按规定时间将保管期满的档案调出，经本单位技术负责部门、业务部门、主管领导审阅，认定无需继续保存的，即可销毁。

9.4.7 档案室应根据保密规定，每 3 年～5 年对档案密级进行一次鉴定，根据经济社会和科技发展形势，将可解密或降低密级的档案拣出，经主管部门和保密部门审阅批准后，方可解密或降密。

9.5 城建档案管理机构鉴定工作

9.5.1 城建档案管理机构的档案鉴定可包括对接收进馆档案的鉴定和对馆藏档案的鉴定两部分。

9.5.2 城建档案管理机构在档案接收进馆时，应对档案的密级、保管期限等进行审核鉴定。

9.5.3 城建档案馆的馆藏档案鉴定工作，应由专门的鉴定工作小组和鉴定委员会进行。

9.5.4 鉴定工作小组应由城建档案馆工作人员组成，其主要任务应包括下列内容：

    1   根据城建档案保管期限表和有关法律、法规、规章和标准，制定详细的鉴定标准和工作方案；

    2   对馆藏档案进行具体的鉴定工作；

    3   列具拟降密、解密档案清册、拟销毁档案清册、拟开放档案目录、拟划控使用档案目录等；

    4   撰写鉴定工作报告，写明鉴定工作过程、鉴定工作标准、拟降密解密档案内容分析、拟销毁档案内容分析、拟开放档案内容分析、拟划控使用档案内容分析，以及对重点、难点问题的处理意见等。

9.5.5   鉴定委员会由城建档案馆馆长、馆内有关业务人员、相关专业管理部门的代表以及与被鉴定档案有关的单位负责人（或代表）、有关专家参加。

9.5.6   鉴定委员会的工作应包括下列内容：

    1   讨论、审查鉴定工作标准和工作方案；

    2   讨论、审查鉴定工作报告和拟降密、解密档案清册、拟销毁档案清册、拟开放档案目录、拟划控使用档案目录等，必要时，还应直接审查或抽查有关档案；

    3   形成鉴定委员会审查意见。

9.5.7   城建档案管理机构应将鉴定委员会审查意见、鉴定工作报告、拟降密或解密档案清册、拟销毁档案清册、拟开放档案目录、拟划控使用档案目录等，送档案形成单位征求意见。

9.5.8   档案形成单位反馈意见后，形成鉴定结果。

9.5.9   根据鉴定结果，对拟降密、解密、销毁的档案必须编制拟降密、解密、销毁档案报告和销毁清册，并应报有关部门审查；档案的降密、解密或销毁必须得到有关部门的批准。

9.6   档案的降密、解密与销毁

9.6.1   降密、解密、销毁和保管期限变更档案清册被批准后，应在相应的案卷封面上重新标注新的保管期限和密级，并应更改相应的各种目录、数据库记录等，使其与鉴定结果相一致。对确定失去保存价值的城建档案，按规定程序报批后，可剔除销毁。

9.6.2   降密、解密、销毁和保管期限变更档案清册应一式两份，一份留在城建档案管理机构永久保存，一份报上级主管机关及业务主管机关。

9.6.3   准备销毁的档案，在未批准前，应单独保管，以便审批时检查。

9.6.4   城建档案馆对确定销毁的城建档案应设定 1 年~2 年的待销期，以免误销。

9.6.5   销毁时应在 2 名及以上监销人监督下，送指定单位销毁。销毁工作应注意保密与安全。销毁完毕后，监销人应在销毁报告上签字。

9.6.6   城建档案销毁后，应将销毁的档案从各种目录及数据库中注销。

10   保 管 与 保 护

10.1   档案室库房要求

10.1.1   建设系统各行业管理部门档案室应设有档案库房，库房面积应满足档案存储的需

求。库房应与办公、查阅等用房分置。

10.1.2 库房应有良好的适宜保管档案的环境和条件，并应符合防火、防盗、防震、防高温、防潮、防霉、防尘、防光、防有害气体、防有害生物等要求。

10.1.3 库房应配置足够数量的档案柜、档案架，档案装具应符合现行行业标准《档案装具》DA/T 6 的规定。

10.1.4 库房应配置吸尘器、温湿度测量仪、去湿机、空调等必要的保管设备。

10.2 工程建设中文件材料管理要求

10.2.1 工程现场或工程管理部门应设置临时档案库房，保管工程建设中产生的各种文件材料。

10.2.2 档案库房应符合防火、防盗、防潮、防高温、防鼠、防尘等要求，并应配置必要的、满足需要的档案装具。

10.2.3 工程现场或工程管理部门应配置满足档案收集、整理、保管、利用等工作开展的必要设备和工具。

10.3 城建档案管理机构用房、设备、装具要求

10.3.1 城建档案馆建筑设计应按现行行业标准《档案馆建筑设计规范》JGJ 25 执行。

10.3.2 城建档案管理机构应按防火、防盗、防震、防高温、防潮、防霉、防尘、防光、防有害气体、防有害生物等要求配备档案防护设备。

10.3.3 城建档案管理机构应配备声像制作、电子档案管理等技术设备。

10.3.4 档案装具的制作应符合国家现行标准《建设工程文件归档整理规范》GB/T 50328 和《档案装具》DA/T 6 的规定。

10.4 城建档案管理机构日常设备管理要求

10.4.1 所有设备应登记造册，建立设备档案，统一管理，加强维护保养。

10.4.2 各种设备应确定专人使用和保养，应制定设备使用和维护保养制度，建立岗位责任制。

10.4.3 设备的维护保养制度应包括下列内容：

   1 防火、防盗设备的定期检查、检测；

   2 档案装具的定期除尘和检查维修；

   3 消毒设备的定期检查维修以及防虫防霉药剂的更新；

   4 声像设备的定期维护保养；

   5 电子计算机系统的定期维护保养以及更新升级；

   6 复印机、扫描仪等设备的定期维护保养。

10.4.4 设备的维修保养情况应作记录，并应存入设备档案备查。

10.4.5 各种设备的使用、操作人员应具有相应的专业知识或经过专业培训，确保设备正常使用，避免因操作不当而损坏设备。

10.4.6 各种设备用房均应配置通风及空调设备，安装防盗门窗，确保设备完好无损。

10.4.7 城建档案管理机构应加强电源线路的检查维修，避免因电源故障而损坏设备，当

遇雷雨天气时，应及时断开相关设备的电源。

10.5　城建档案管理机构库房管理

10.5.1 库房管理工作应有专人负责。

10.5.2 库房应采取防火、防盗、防潮、防高温、防虫、防光、防鼠、防有害气体等防护措施。

10.5.3 有两个及以上库房的城建档案管理机构应进行库房编号，编号应采用流水号顺序编排。

10.5.4 库房内档案架、档案柜的排放和编号应符合下列规定：

　　1 应根据档案库房大小、形状、朝向合理排放和布置档案架、档案柜，应方便存放、便于通风和自然采光；

　　2 档案架、档案柜排列应与窗户垂直，架侧、柜侧与墙壁间距不应小于 60cm，架背、柜背与墙壁之间的距离不应小于 10cm，前排与后排间距应保持 1.0m～1.2m 左右；

　　3 库内的档案架、档案柜应统一编号。编号宜自门口起从左至右流水编号，每个档案架、档案柜的栏也宜从左向右编号，每栏的格宜自上而下编号，并以标签的形式在架、柜上标出编号。

10.5.5 城建档案管理机构应编制档案存放位置索引，每个库房档案柜、档案架内档案存放的实际情况应绘成平面示意图，供保管和调卷人员使用。

10.5.6 调阅档案宜实行档案代卷卡制度，档案出库后将代卷卡放在被暂时移出档案的位置上，用以掌握档案的流动情况和随时做好安全检查工作。

10.5.7 城建档案装入档案柜或密集架时均应采用分类排列法或顺序排列法进行。

10.5.8 档案的排架和存放应符合下列规定：

　　1 绝密、重要以及珍贵的档案应与其他档案分开存放；

　　2 不同载体形式的档案应分库存放；

　　3 底图、地形图等应采用平放方式保存，板图可装在袋内或保护夹内，竖立放置或平放在柜架上；

　　4 录音录像、磁盘等磁性载体的档案应放入专门的档案柜中保管。

10.5.9 档案的摆放可分别采用下列方法：

　　1 竖放；

　　2 平放；

　　3 卷放。

10.6　保　　护

10.6.1 不同载体档案的库房温湿度应符合表 10.6.1 的规定。

表 10.6.1　档案库房温湿度控制标准

档案类型	温度	相对湿度	昼夜温度变化	相对湿度昼夜变化
纸质档案	14℃～24℃	45%～60%	±2℃	±5%
底片档案	13℃～15℃	35%～45%	±3℃	±5%

续表 10.6.1

档案类型	温度	相对湿度	昼夜温度变化	相对湿度昼夜变化
照片档案	14℃～24℃	45%～60%	±3℃	±5%
磁性载体档案	17℃～20℃	35%～45%	±3℃	±5%
光盘档案	14℃～24℃	45%～60%	±2℃	±5%

10.6.2 库房应进行不间断的温湿度测量、记录，温湿度记录应按本规范附录 S 登记。

10.6.3 控制档案库房温度、湿度，可分别采取下列措施：

1 当库内温度、湿度高于控制标准而库外温湿度较低时，应开窗通风，或使用通风机、风扇等进行通风；

2 当库内温度、湿度符合控制标准而库外温湿度较高时，应密闭窗门；

3 当库内湿度大于控制标准时，应采取通风、开启去湿机等方式减湿；

4 当库内湿度小于控制标准时，应使用加湿器、地面洒水等方式增湿；

5 当库内温度高于控制标准时，应使用空调设备降温；

6 当库内温度低于控制标准时，应使用空调设备增温。

10.6.4 新建库房竣工后，应经 6～12 个月干燥后方可投入使用。

10.6.5 档案防光应采取下列措施：

1 在档案的整理、保管和利用过程中应采取防光措施，减小光辐射的强度和辐照时间，以避光保存为宜，严禁在阳光下曝晒档案；

2 档案库房宜使用乳白色防爆灯罩的白炽灯，照度宜为 30lx～50lx 为宜，阅览室宜为 75lx～100lx 为宜。当采用荧光灯时，应有过滤紫外线和安全防火措施；

3 库房的窗洞面积应符合现行行业标准《档案馆建筑设计规范》JGJ 25 的要求，窗户应采取不透光的窗帘、遮阳板、防紫外线玻璃等遮阳措施；

4 不宜在强光下长时间利用档案，珍贵档案原件复印次数不宜过多。

10.6.6 档案库房应采取防尘、防空气污染措施，并应符合下列规定：

1 当新建库房选址时，应远离锅炉房、厨房、有污染的车间等场所，并应提高档案库房周围的绿化覆盖率；档案库房所处地区及周围环境空气的质量，不应低于二级质量标准；

2 档案库房门窗应加装密封条，库房进风口处应设置净化空气装置和阻隔性质的微粒过滤器，净化和过滤库房空气；

3 库房维护结构的内层应选用质地坚硬耐磨的材料，或采用高分子涂料喷刷库房地面和墙面；

4 档案入库前应进行除尘消毒处理，工作人员入库应更换工作服；

5 应制定卫生清洁制度，清洁库房卫生应使用吸尘器，先吸门窗、地板，后吸柜架。

10.6.7 档案库房应采取防虫、防霉和防鼠害措施，并应符合下列规定：

1 档案入库前应进行灭菌消毒，防止带菌的档案入库污染其他档案；库房内严禁堆放杂物，严禁把食物带入库房内；新库房和新柜架启用前，应先使用药物进行密闭消毒；

2 加强库房温、湿度的控制和调节，库房温度、湿度应控制在本规范第 10.6.1 条规定的范围；

    3 库房和办公用房应分设；

    4 库房应使用防霉剂等药剂防霉；

    5 库房应经常放置和定期更换防虫药物；

    6 库房应安装纱门、纱窗，门窗应严密；

    7 应做好库房虫情、鼠情观察记录工作，并应采取适当的消杀措施。

10.6.8 档案库房应采取防火、防盗措施，并应符合下列规定：

    1 应加强防火意识教育，使每一位工作人员掌握防火、灭火知识和技术；

    2 应制定防火、防盗制度，配备足够有效的灭火装置，安装防盗门和防盗栏，安装自动防火防盗报警系统；

    3 库房内外严禁堆放易燃易爆物品，库房内严禁吸烟，严禁闲人进入；

    4 应定期检查库内电器和电线老化程度，防止电器、电线老化引起火灾。

10.6.9 城建档案管理机构应对水灾、火灾、偷盗等突发事件制定应急预案。应急预案应包括领导小组及其职责、应急队伍及任务、应变程序启动及组织、抢救档案的先后顺序、搬运路线、转移后的管理及保护等内容。

10.7 缩 微

10.7.1 缩微拍摄的城建档案文件和图纸应为原件。通过数字胶片打印机制作缩微片时，应保证所用数据为原始数据。

10.7.2 城建档案缩微宜采用 35mm 卷片拍摄，工程图纸原件和拍摄工作应符合现行国家标准《技术图样与技术文件的缩微摄影 第 1 部分：操作程序》GB/T 17739.1 的要求。

10.7.3 缩微拍摄前应对原件的质量和数量进行审核。

10.7.4 缩微拍摄前应编制缩微目录。

10.7.5 缩微拍摄的影像排列顺序应分为片头区、原件区和片尾区。

10.7.6 需补拍时应作出更正说明；接续片的片尾片头应做拍摄标识符号；接片应符合现行国家标准《缩微摄影技术 有影像缩微胶片的连接》GB/T 12355 的规定。

10.7.7 缩微拍摄后应对缩微片进行质量检查，检查项目应包括密度值、解像力、硫代硫酸盐残留量和外观。其质量应符合现行国家标准《技术图样与技术文件的缩微摄影 第 2 部分：35mm 银—明胶型缩微品的质量准则与检验》GB/T 17739.2 和《缩微摄影技术源文件第一代银—明胶型缩微品密度规范与测量方法》GB/T 6160 的规定。

10.7.8 向城建档案管理机构报送的城建档案缩微品应包含缩拍目录、补拍说明、更正说明、执行的技术标准。

10.7.9 缩微片应保存两套，一套为用于长期保存的母片，另一套为用于复制和使用的二代拷贝片。

10.7.10 缩微品的保管环境应保持恒温恒湿，其保存应符合现行国家标准《缩微摄影技术 银—明胶型缩微品的冲洗与保存》GB/T 15737 的要求，每年应抽取保管总量的 20%对缩微片的情况进行检查。

10.8 修 复

10.8.1 档案修复应符合现行行业标准《档案修裱技术规范》DA/T 25 的规定，并应符合下列要求：

　　1 保持档案原貌；

　　2 不损坏档案原件；

　　3 有利于延长档案寿命。

10.8.2 档案修复前应做好下列准备工作：

　　1 登记；

　　2 检查；

　　3 除尘；

　　4 制定修复方案。

10.8.3 去污可采取下列方法：

　　1 机械去污；

　　2 水洗去污；

　　3 有机溶剂去污；

　　4 氧化去污。

10.8.4 去酸可采用下列方法：

　　1 液相去酸；

　　2 气相去酸。

10.8.5 档案加固可采用下列方法：

　　1 涂料加固；

　　2 丝网加固；

　　3 塑料薄膜加固。

10.8.6 档案修裱材料和技术方法应符合下列规定：

　　1 修裱应使用黏性适中、化学性能稳定、中性或微碱性、不易生虫、不易长霉、色白或无色透明，具有可逆性的粘合剂；

　　2 修裱用纸应选择有害杂质少、有较好的耐久性、纤维交织均匀、纸张薄而柔软、有一定强度、纸张呈中性或弱碱性的接近档案原件颜色的纸张；宜使用宣纸、毛边纸、棉纸、韩纸、云母原纸、卷烟纸等手工纸；

　　3 应针对档案残缺、破损情况采取适当的修裱方法，可选用补缺、溜口、加边、接后背、托裱等修裱方法；

　　4 修裱后的档案应经过干燥、修整。

10.8.7 档案字迹恢复可采用下列方法：

　　1 物理法显示字迹；

　　2 化学法恢复字迹。

10.8.8 档案修裱设备、工具、材料的准备与选择、修裱前期准备工作，以及档案修补技术、揭补技术、托裱技术、丝网加固技术、地图托裱技术等，应按现行行业标准《档案修裱技术规范》DA/T 25 执行。

11　电子文件与电子档案管理

11.1　电子文件与电子档案管理的基本要求

11.1.1　档案形成单位应制定电子文件管理制度和技术措施，明确规定本单位电子文件归档的时间、范围、方式、技术环境、相关软件、版本、数据类型、格式、元数据、检测数据等归档要求，确保归档电子文件的质量。

11.1.2　档案形成单位档案机构工作人员应对电子文件的形成、收集、积累、鉴定、归档及归档后电子档案的保管、利用实行全过程管理与监控，保证管理工作的连续性，确保电子文件的真实性、完整性、有效性和安全性。

11.1.3　电子文件形成部门和个人应积极协助和支持本单位档案机构开展电子文件归档管理的日常监督、指导及电子档案的保管、利用等工作。

11.1.4　城建档案管理机构配置的计算机等数字设备和应用软件，应能有效读取归档的电子文件。

11.1.5　档案形成、保管单位应确保电子文件真实性、完整性和有效性，并应采取下列措施：

　　1　从制度上和技术上采取与系统安全和保密等级要求相符的网络设备安全保证、数据安全保证、操作安全保证、身份识别方法等防范对策；

　　2　从电子文件形成开始，不间断地对有关处理操作进行登记管理；

　　3　通过软件系统设置采集元数据。

11.1.6　电子文件形成部门和个人应将已归档的电子文件保存至少1年。

11.1.7　归档的电子文件和电子档案应定期备份。

11.1.8　城建档案管理机构应对工程档案、业务管理档案形成单位电子文件的归档与管理工作进行监督和指导，并适时组织检查。

11.2　电子文件的收集与积累

11.2.1　建设电子文件的收集积累范围、要求、程序等，应按国家现行标准《建设工程文件归档整理规范》GB/T 50328和《建设电子文件与电子档案管理规范》CJJ/T 117的规定执行。

11.2.2　建设电子文件的代码标识、格式与载体要求，应按现行行业标准《建设电子文件与电子档案管理规范》CJJ/T 117的规定执行。

11.2.3　电子文件的元数据应同电子文件一同收集。

11.2.4　对套用统一模板的电子文件，在保证能恢复原形态的情况下，其内容信息可脱离套用模板进行存储，被套用模板作为电子文件的元数据保存。

11.3　电子文件整理与归档的方式及要求

11.3.1　建设电子文件的整理、鉴定、归档、验收、移交等应按国家现行标准《建设工程文件归档整理规范》GB/T 50328和《建设电子文件与电子档案管理规范》CJJ/T 117的规定执行。

11.3.2 电子文件的保管期限和密级等级划分，应按现行国家标准《建设工程文件归档整理规范》GB/T 50328 执行。电子文件的背景信息和元数据的保管期限应与内容信息的保管期限一致。

11.3.3 电子文件整理时，每个工程（项目）应建立多级文件夹。

11.3.4 多级文件夹的建立可采用下列方法：

    1 根据传统档案的立卷建立与之相应的文件夹；

    2 按现行国家标准《建设工程文件归档整理规范》GB/T 50328 确定的文件次序建立多级文件夹。

11.3.5 文件夹及电子文件的命名应符合下列规定：

    1 工程（项目）级文件夹应以该工程或项目的正式名称命名；

    2 案卷级文件夹应以序号加案卷名称命名，序号为该案卷在该工程或项目档案中的排列次序，用 3～5 位数表示，不足以上位数的，填 0 补齐；

    3 卷内电子文件应以序号加文件题名的方式命名，序号为该份（件）文件在本案卷（文件夹）中的排列次序号，用 3 位数表示，不足以上位数的，填 0 补齐，文件题名为该文件的题名或图名。

11.3.6 以工程或项目名命名的文件夹，应实际存放该工程或项目的所有电子案卷，每一个电子案卷文件夹内应存放该案卷的所有文件。

11.3.7 案卷的电子文件夹内除存放电子文件外，还应建立案卷封面、卷内文件目录和卷内备考表三个电子文件。卷内文件目录与卷内电子文件宜建立超级链接。

11.4 电子档案的管理与利用

11.4.1 电子档案的保管、存储、迁移、鉴定、利用、销毁、统计等管理应按现行行业标准《建设电子文件与电子档案管理规范》CJJ/T 117 的规定执行。

12 声 像 档 案 管 理

12.1 收集范围与内容

12.1.1 城建档案管理机构应收集下列范围的声像档案：

    1 记录城市规划、建设和管理的重大活动和事件的声像档案；

    2 记录重要人物在本地区各种城市建设工作中的重大活动的声像档案；

    3 记录国际间城市建设的各种交流活动的声像档案；

    4 记录具有历史意义的建筑物、构筑物、名胜古迹、市容市貌的声像档案；

    5 记录城市地理风貌特征，城乡建设前后面貌、景观，城市变迁及社会风情的声像档案；

    6 记录自然灾害、城乡突发事件、抢险救灾的声像档案；

    7 记录重大工程建设活动的声像档案；

    8 其他具有长期保存价值的声像档案。

12.1.2 工程建设活动的声像档案收集范围，应包括下列内容：

    1 反映工程原址、原貌及周边状况的声像档案；

2 记录工程建设活动的重大活动、重大事件，如拆迁情况、招商引资、签约仪式、工程招标与投标、奠基仪式等的声像档案；

3 记录基础施工过程中工程测量、放线、打桩、基槽开挖、桩基处理等关键工序的声像档案；

4 记录主体工程施工过程中施工现场整体情况，钢筋、模板、混凝土施工，隐蔽工程施工，内外装修装饰的声像档案；

5 反映工程采用的各种新技术、新材料、新工艺的声像档案；

6 记录工程重大事故第一现场、事故指挥和处理措施、处理结果等情况的声像档案；

7 记录工程验收情况、竣工典礼的声像档案；

8 反映竣工后的工程面貌的声像档案。

12.2 照片档案收集与归档要求

12.2.1 照片应主题明确，画面清晰完整，色彩还原准确，被摄主体不应有明显失真变形现象。

12.2.2 照片与底片应同时归档，归档的照片与底片影像应一致，且应有文字说明。

12.2.3 照片宜洗印成 5 英寸～7 英寸的彩色照片。

12.2.4 数码照片的采集应使用 RAW、JPEG 或 TIFF 格式，其分辨率不得小于 500 万有效像素。

12.2.5 归档的数码照片不得经过后期加工。

12.2.6 数码照片的归档保存应选用一次性写入光盘作为载体，载体材料不能有磨损、划伤。

12.2.7 建设工程归档照片的数量视工程项目规模或性质而定，不宜少于 10 张。

12.3 录音、录像档案归档要求

12.3.1 录音录像档案归档前应进行筛选和鉴别，选择声音、画面清晰、完整，图像稳定、色彩真实，体现主题内容、主要人物、场景特色等主要因素的录音录像材料归档。

12.3.2 录像磁带制作应采用 PAL 制式和 MPEG-2 或 AVI 格式；录音应采用 MP3 或 WAV 格式。

12.3.3 向城建档案管理机构移交的录音、录像档案应为配有说明的原始素材，以及编辑后的录像专题片，载体为录音、录像带或光盘。

12.3.4 录音、录像材料的图像、声音质量应符合现行行业标准《标准清晰度数字电视节目录像磁带录制规范》GY/T 223 的规定。

12.3.5 专题录像片应结构完整，片长不应少于 10min，并应附有解说词稿。

12.3.6 录音、录像载体应材质完好，不得有变形、断裂、发霉及磁粉脱落、磨损、划伤现象。

12.3.7 录音录像档案归档时，应经过相应设备的检测。

12.3.8 录音录像档案移交时，应按本规范第 5 章的规定执行。

12.4 声像档案整理

12.4.1 胶片照片的整理应符合现行国家标准《照片档案管理规范》GB/T 11821 的规定，并应符合下列规定：

1 照片的整理按单张或组（若干张有联系的照片）进行。

2 照片放置在照片档案袋中或固定在芯页上，底片装入半透明中性纸袋后再袋装或固定在芯页。

3 照片档案袋、芯页应填写题名、照片号、底片号、参见号、时间、摄影者、文字说明等内容，填写应符合下列规定：

    1）题名应简明概括、准确反映照片的基本内容，可包括人物、时间、地点、事由等要素；

    2）照片号应按照片保管单位制定的编目、分类法则进行编制；若采用照片、底片合一编号法，可不填写底片号；

    3）底片号应按底片保管单位制定的编目、分类法则进行编制；没有底片的，可不填写；

    4）参见号应填写与本张照片有密切联系的其他载体档案的档号；照片档案由档案室移交至档案馆后，应对其参见号进行核对，对与实况不符的应及时调整；

    5）时间应填写照片的拍摄时间；

    6）摄影者应填写个人姓名，必要时可加写单位；

    7）文字说明应综合运用事由、时间、地点、人物、背景、摄影者等要素，概括揭示照片影像所反映的全部信息；或对题名未及内容作出补充。

4 胶片照片的分类组卷可选择采用下列方法进行：

    1）按专题、事项或工程项目进行分类组卷；

    2）按年度—事项或工程项目进行分类组卷；

    3）按单张或组（若干张有联系的）进行分类组卷。

5 册内、卷内目录的编制应符合下列规定：

    1）册内、卷内照片目录应由照片号、题名、时间、页号、底片号、备注等项目组成；

    2）册内、卷内目录的条目应按照片号排序；

    3）册内、卷内目录应位于册内最前面。

12.4.2 数码照片的整理应符合下列规定：

1 数码照片的整理可按专题——年度、事项——年度、工程项目——年度，或按年度——专题、年度——事项、年度——工程项目等建立分类方案，设置文件夹；每个文件夹下可以按具体的需要设置多级文件夹，最低一级文件内存放一组联系密切的数码照片；

2 对同一文件夹内的下一级文件夹可按专题、事项、工程项目或年度编号，并以序号加题名作为文件夹名称；

3 最低一级文件夹内的数码照片按形成的先后顺序进行重新编号，并以序号加照片题名作为文件名称；

4 数码照片归档时按年度刻制光盘，每张光盘中应编制文件夹目录、文件夹内照片目录、光盘说明文件。光盘说明文件应说明本光盘保存的内容、照片数量、密级、制作日期、制作者、光盘类型（CD-R、DVD）、光盘编号等。

12.4.3 录音、录像档案的整理应符合现行行业标准《磁性载体档案管理与保护规范》DA/T 15 的规定，并应符合下列规定：

  1 录音、录像档案以一卷（盒）为一个保管单位；

  2 每一个保管单位加以必要的文字说明，并与档案载体一同放在声像档案保管单位内；文字说明应包括：档号、题名、责任者（录制单位或个人）、录制时间、密级、保管期限等内容；

  3 每一个保管单位内以单个专题片或每段录像素材、每段录音等为单位，填写卷内文件目录；

  4 卷内文件目录应包括序号、责任者、内容、长度、地点、时间，并应符合下列规定：

    1） 序号填写盘内单份录音录像文件的排列顺序号；

    2） 责任者填写盘内单份录音录像文件的录制者（单位）；

    3） 内容填写盘内单份录音录像文件的内容名称；

    4） 长度填写该分镜头或录音文件的时间长度；

    5） 时间填写盘内各项内容的拍摄时间；

    6） 位置填写该项内容在盘中的具体位置，以分、秒、帧表示；

    7） 地点填写该录像文件的拍摄地点。

12.5 声像档案编目

12.5.1 照片档案应以照片的自然张或若干张（一组）为单位进行著录。

12.5.2 照片档案的著录项目应包括题名、照片号、底片号、时间、摄影者、备注、参见号、册号、页号、组内张数、主题词或关键词、密级、保管期限、类型规格、档案馆代号、文字说明等。

12.5.3 组合照片的著录应符合下列规定：

  1 以一组照片为单位著录时，题名应根据题名拟写要素，简明概括、准确反映一组照片的基本内容；

  2 以一组照片为单位著录时，照片号、底片号、页号均应著录起止号；时间应著录起止时间；参见号、摄影者可以著录多个。

12.5.4 录音、录像档案可按一卷（盒）或若干卷（盒）有联系的录音、录像带为一个单位进行著录，也可以按每段录像素材为单位，即以文件为单位著录。

12.5.5 录音、录像档案的著录项目应包括档号、题名、责任者、录制时间、长度、位置、地点、磁带编号、磁带规格、密级、保管期限、档案馆代号、主题词或关键词等。

12.5.6 声像档案著录与标引的方法和要求应按现行国家标准《城市建设档案著录规范》GB/T 50323 和本规范第 7 章的规定执行。

12.5.7 声像档案应编制必备目录、分类目录、主题目录、摄影者目录等。

12.5.8 照片档案的必备目录应由照片号、题名、时间、摄影者、底片号、备注等基本项目组成；录音、录像档案的必备目录应由档案号、题名、时间、长度、磁带编号、备注等组成。

12.6 声像档案保管

12.6.1 声像档案保管单位应购置相应的设备，为声像档案的保管提供良好的环境和条件。

12.6.2 声像档案入库前应进行检查，对已被污损的，应进行必要的技术处理。

12.6.3 录音、录像带、光盘等均应竖放在专用防磁柜内。

12.6.4 长期保存且不常用的录音、录像带应做到定期检查和重绕。

12.6.5 照片档案应定期检查，如发现有发黄、发霉、变质等现象，应及时采取措施加以补救。

12.6.6 珍贵的或经常使用的录音、录像档案以及录像专题片，应实行两套制保管，一套长期保管，另一套提供利用。

12.6.7 声像档案的保管和保护应按本规范第10章的规定执行。

13 信息化与信息安全

13.1 信息化建设的目标与要求

13.1.1 城建档案信息化建设的总体目标应以数字化城建档案管理机构建设为方向，以城建档案管理网络化建设为基础，以数字信息资源建设为核心，以城建档案信息资源的集成、可视化利用为目的，逐步建立起物理分散、逻辑集中、数量充足、内容丰富、结构合理、质量优化、富有特色的档案信息资源体系和社会服务体系。

13.1.2 城建档案信息化建设工作应与城乡建设和经济发展相适应，应与本地区的信息化工作相协调。

13.1.3 城建档案行业主管部门应制定信息化工作专项规划，城建档案管理机构应制定实施计划，做到统筹规划，分步实施。

13.1.4 信息化建设应做到应用技术先进、成熟，经济上合理可行，系统安全稳定可靠。

13.1.5 信息化建设应积极采用国际、国家标准，逐步建立城建档案信息化标准体系和管理规范。

13.1.6 城建档案的形成、保管单位应根据信息化建设工作的需要配置计算机设备、软件与网络设施，设置相应的岗位和管理人员，并建立计算机网络、设备、软件和数据库的运行管理制度，以及计算机系统和数据的安全、保密制度。

13.1.7 计算机等设备的配置应符合下列要求：

1 采用主流技术产品设备，性能稳定可靠，有良好的市场声誉和完善的售后服务；

2 产品具有良好的通用性、兼容性和可扩展性，易于系统升级和扩容；

3 产品易于维护；

4 关键硬件设备应有适当备份，主设备发生故障应不影响正常业务工作。

13.1.8 城建档案的形成单位应建立收集和移交电子档案的制度，并应明确专人负责电子文件积累、鉴定、著录、归档等工作，保证电子文件的原始、真实、完整、安全，及时整理形成电子档案。

13.1.9 城建档案管理机构应积极创造条件接收电子档案，重视和做好电子档案的保管和迁移工作，保证电子档案在保管期限内完整、真实、可用。

13.1.10 城建档案管理机构应定期对内部工作人员和城建档案形成单位的档案业务人员进行信息技术和相关法律法规及标准的培训。

13.1.11 城建档案管理部门应建立自己的档案网站。网站应提供政策法规、办事指南、开放档案目录查询等基本功能。

13.2　城建档案管理系统

13.2.1 城建档案的形成、保管单位应逐步开发、引进城建档案管理系统软件，开展城建档案工作管理和档案管理，管理系统的建设应符合下列要求：

1 城建档案管理系统的开发研制与功能设计应符合国家有关城建档案工作和计算机信息系统管理的法律法规和业务标准；

2 城建档案管理系统的研制、安装和使用，必须符合国家有关安全、保密法规与标准；

3 城建档案管理系统应具有良好的实用性、通用性及可扩展性，并做到界面友好，用语规范，操作简单，使用方便，功能齐全；

4 城建档案管理系统应考虑档案管理电子化、远程化、协同化、图文一体化的发展要求，加强系统开发集成，强化电子档案管理、远程管理、在线归档、与地理信息系统相结合等功能或预留相应接口；

5 城建档案管理系统应具备较强的数据独立性，确保在软、硬件环境发生变化时数据的完整、安全迁移及有效利用；

6 城建档案管理系统应具有完备的安装与使用技术资料；

7 城建档案管理系统应能够适应信息化工作的发展变化，其功能应逐步由单一的档案管理向本单位办公自动化、信息管理系统集成化发展；

8 城建档案管理系统应适应电子文件管理和数字城建档案馆建设的总体要求。

13.2.2 城建档案管理系统软件应具有以下基本功能：

1 具备数据管理、整理编目、检索查询、实体管理、安全保密、系统维护等基本功能，覆盖城建档案管理的接收、整理、保管、利用、鉴定、统计六大环节；

2 具有对纸质、缩微、声像等实体档案辅助管理功能，实现业务过程控制和计算机辅助作业；

3 具有接收电子文件和管理电子档案的能力，并具有保证电子文件真实性、完整性、有效性和安全性的措施；

4 应能管理现行行业标准《建设电子文件与电子档案管理规范》CJJ/T 117 所列格式的数据；

5 应能支持不同载体档案的数字化，可通过数据接口导入数据，可对不同格式的数据进行编辑处理，支持拷贝、打印、绘图等方式的数据输出；

6 城市地下综合管线数据管理系统应能管理城市基本比例尺地形图数据、地下综合管线图形与属性数据、规划路的红线数据、符号数据。其功能应以满足用户需要为标准，能实现地下管线数据随时更新，保证城市地下管线资料动态管理。

13.3 信息资源建设

13.3.1 城建档案的形成、保管单位应建立档案目录数据库,逐步实现馆藏档案的计算机检索。

13.3.2 城建档案管理机构应逐步建立本地区城建档案目录中心。

13.3.3 城建档案管理机构应以数字信息资源建设为基础,通过接收电子档案、档案著录、信息摘录、馆藏档案数字化等多种手段,逐步建立下列专题数据库:

    1 城市基础地理信息数据库;

    2 地下综合管线信息数据库;

    3 建设用地规划审批档案数据库;

    4 建设工程规划审批档案数据库;

    5 房屋建筑工程档案信息数据库;

    6 市政工程档案信息数据库;

    7 城市规划成果数据库;

    8 城市应急(民生)信息数据库;

    9 声像资料数据库。

13.3.4 专题数据库建设应根据信息资源共建共享的原则,围绕城市规划、建设和管理的需要,与有关方面共同合作,充分利用已有的数据资源,实现城建档案信息资源建设与开发的优化。

13.4 城建档案数字化

13.4.1 城建档案管理机构应制定馆藏数字化计划,根据实际需要和经济能力,采取重点选择某类档案数字化、珍贵档案数字化等方式,把现有的实体档案资源转变成数字信息资源。

13.4.2 纸质档案数字化工作应符合下列规定:

    1 扫描色彩模式采用黑白二值、彩色或灰度模式;

    2 扫描分辨率参数大小应大于 100dpi,以扫描后的图像清晰、完整、不影响图像的利用效果为准;

    3 采用黑白二值模式扫描的图像文件,应采用 TIFF 格式存储,用 Group4 压缩;采用灰度模式和彩色模式扫描的文件,应采用 JPEG 格式存储;单份多页文件扫描图像、提供网络查询的扫描图像可存储 PDF 格式;

    4 在保证扫描图像清晰可读的前提下,应选择适当的压缩率,尽量减小存储容量。

13.4.3 照片档案数字化应符合下列规定:

    1 照片可按灰度或彩色模式进行扫描:黑白照片宜采用灰度模式扫描,彩色照片宜采用彩色模式扫描;

    2 照片扫描分辨率必须大于或等于 400dpi;底片扫描分辨必须大于或等于 1500dpi;

    3 采用灰度模式扫描的照片图像应以 TIFF 格式存储,采用 LZW 无损压缩;采用彩色模式扫描的照片图像应以 JPEG 格式存储,并应根据图像用途,选择适当的压缩率;

    4 照片档案也可采用数码相机进行数字化,其分辨率不应低于 500 万像素。

13.4.4 音频视频档案数字化应符合下列规定：

1 音频档案数字化应选用 44.1kHz 作为声音采样标准，DVD 中的声音应选用 48kHz，文件存储应为 WAV 或 MP3 格式；

2 视频档案数字化应选用 AVI、MPEG-2 格式作为存储格式，分辨率（像素）宜为 720×576，帧数宜为 25 帧/s，数据传输率不宜低于 4Mb/s；

3 视频档案数字化宜使用非线性编辑机。

13.4.5 档案数字化应包括下列基本程序：

1 前期准备；

2 转换处理；

3 后期数据整理；

4 数据质检；

5 数据验收。

13.5 信 息 安 全

13.5.1 采用计算机管理城建档案的单位和部门，必须从组织制度、技术手段、管理手段上采取措施，保障城建档案的信息安全。

13.5.2 各单位和部门应采取下列措施，从组织和制度上保障信息安全：

1 设立计算机系统安全保密领导小组，对计算机系统安全保密工作进行领导、检查和监督；

2 建立、健全计算机系统运行与安全保密管理制度，有应对突发事件的预案，对关键岗位和人员建立相应的管理办法。

13.5.3 各单位和部门应采取下列技术和管理手段确保信息安全：

1 计算机机房建设应按国家有关标准进行设计、施工、安装，经有关部门验收合格后投入使用；计算机房应具备防盗、防火、防水、防雷、防磁、防鼠害等措施；

2 计算机机房应有出入管理制度，非机房管理人员进出应履行相关手续；

3 应对计算机及网络设备定期维护检修，有设备检修、维护记录，保证设备处于最佳运行状态；

4 内部局域网与外部互联网要进行物理隔离，计算机应安装杀毒软件；

5 软件使用前应进行全面的测试，软件应具备良好的容错能力，以确保发生误操作时计算机系统数据不被破坏和数据不发生丢失；

6 主要业务服务器宜双机热备份；数据应定期进行多重备份和异地存放，保证在发生不可预见故障后能及时、完整地恢复；

7 系统应能对提供利用过程跟踪监控，自动进行相关记录；

8 对数据库的用户应实行权限等级管理，严禁越权操作；密码应定期更换，对数据库的所有操作应有记录；机密数据应加密后传输；

9 数据提供利用时不宜向利用者提供全部利用方式；制作拷贝时必须在有效的监控下进行，不完全开放的档案数据不宜以拷贝方式提供利用。

13.5.4 系统安全管理人员应具有高度的责任意识和综合性知识，及时掌握新技术，提高处理计算机及网络故障的能力。

14 档案编研

14.1 档案编研的原则与要求

14.1.1 城建档案编研工作应紧密结合本地区规划、建设、管理和社会发展实际情况，分析研究本地区规划、设计、建设、管理以及社会公众对城建档案信息的需求状况、需求范围、需求类型、需求特点、需求程度，以此确定城建档案信息资源的建设内容，满足城市规划、建设、管理工作和社会公众的需要。

14.1.2 编研工作应充分应用信息技术手段，利用信息化建设的成果，发挥馆藏档案、专题数据库、计算机、网络的作用，利用相关部门和互联网上的信息资源，通过信息资源的有效整合，不断提高编研的水平和效能。

14.1.3 编研工作应确保国家科学技术机密和公共安全，处理好信息开发与知识产权保护的关系。

14.2 档案编研的内容和程序

14.2.1 城建档案编研可采取下列形式：

    1 提供二次、三次文献服务；

    2 开展统计汇编，即围绕某一专题、课题或根据某方面工作的需要，对原始数据进行综合、归纳、分析、筛选，提供反映规律性、本质性的信息；

    3 开展定题汇编，根据用户需求，确定信息采集的范围和内容，并为用户提供有用信息汇编；

    4 举办展览与陈列。

14.2.2 编研工作应按下列基本程序进行：

    1 选择题目；

    2 制定开发方案；

    3 选择材料；

    4 考证材料；

    5 加工编排；

    6 撰写序言；

    7 编写文字注释；

    8 审查与校核；

    9 审定批准；

    10 校对出版或公布。

15 信息公开与服务

15.1 城建档案信息公开

15.1.1 城建档案管理机构应与建设或规划行政主管部门政府信息公开工作主管机构联

系，把城建档案管理机构作为政府信息公开的场所纳入本地区建设或规划行业政府信息公开工作体系。

15.1.2 城建档案管理机构应加强政府信息公开服务制度建设，明确服务程序、公开范围、公开方式和时限要求，切实保障公民、法人或者其他组织利用政府公开信息的权利。

15.1.3 城建档案管理机构应建立以现行公开文件为核心的建设系统政府信息收集制度和送交机制，明确建设系统各部门政府信息送交范围、内容、时间、渠道、形式、格式和手续，确保本地区建设或规划行政主管部门的政府信息能够全面、准确、及时接收入馆。

15.1.4 城建档案管理机构应采取下列措施提高信息公开工作水平：

    1 设置信息公开查阅室；

    2 编制建设系统政府信息目录；

    3 配备计算机等现代化设施、设备；

    4 以设立资料索取点、信息公告栏、电子信息屏等形式公开政府信息，不断优化查阅环境，提高服务水平；

    5 加强档案网站建设和电子文件数据库建设，提供现场查阅及互联网查阅等手段。

15.2 城建档案的开放与控制利用

15.2.1 城建档案管理机构应根据国家关于档案保密、信息公开的有关规定和公共安全的有关要求，合理划定城建档案的开放和控制利用范围。

15.2.2 城建档案管理机构所藏档案，除未解密或需要控制使用的档案外，一般自形成之日起满30年应向社会开放，并公布开放档案目录。

15.2.3 对城建档案管理机构保存的涉及国家秘密、商业秘密、个人隐私、国家安全、公共安全、经济安全的档案，以及与城建档案形成单位和个人另有约定的，应实行控制利用。

15.3 提 供 利 用 服 务

15.3.1 提供利用服务可采取下列方式：

    1 档案馆内阅览；

    2 档案复制；

    3 档案证明；

    4 档案展览与陈列；

    5 网上发布档案信息；

    6 档案信息咨询服务。

15.3.2 城建档案管理机构应设置业务部门和专职人员，配备阅览室和阅览设施，建立健全档案利用制度，编制必要的检索工具，为利用者利用档案提供方便。

15.3.3 城建档案管理机构对利用服务应定期进行定量统计，总结利用数量、利用效益，及时研究利用工作的特点和规律。

15.3.4 城建档案管理机构提供社会利用的档案，应逐步实现以复制件代替原件。复制形式的档案载有档案收藏单位法定代表人签名或者印章标记的，具有与档案原件同等的法律效力。

15.3.5 城建档案管理机构对寄存档案的提供利用，应征得档案所有者的同意。

15.3.6 提供控制利用范围的档案，除查验个人身份证之外，还应查验相关证明材料：

    1 建筑物所有权人，利用其取得所有权的建筑物档案，应持有建筑物权属证明；

    2 司法机关、行政机关在法定职责范围内利用城建档案，应出具单位介绍信；

    3 建设单位、科研单位因工程建设、科学研究需利用建设项目及其周边或者沿线建筑物、构筑物、城市基础设施等未开放城建档案的，查阅人应出具单位介绍信和建设项目的审批文件；

    4 国家与地方对提供控制利用范围的档案利用有法律规定的，应从其规定。

15.3.7 港、澳、台同胞和海外华侨利用已开放的城建档案，应经市有关行政主管部门介绍，说明利用人身份、利用档案的目的和范围；外国组织和个人利用已开放的城建档案，应按国家有关规定办理。

15.3.8 提供利用档案，应按下列程序办理：

    1 查验利用者身份证明和其他相关证明文件；

    2 要求利用者按本规范附录 T 填写城建档案资料查阅登记表；

    3 检索、调档；

    4 利用者阅览、复制；

    5 要求利用者对档案利用效果进行登记或反馈。

15.4 技 术 服 务

15.4.1 城建档案管理机构应充分利用自身拥有的档案信息数字化处理设备、先进的声像设备和人才资源，为用户提供档案信息咨询、档案整编、电子档案制作和声像档案制作等技术服务。

15.4.2 开展技术服务可采取下列形式：

    1 城建档案信息咨询服务；

    2 工程档案整编技术服务；

    3 档案数字化加工和整编服务；

    4 声像档案制作和编辑服务。

16 综 合 评 估 体 系

16.1 综 合 评 估 内 容

16.1.1 城建档案管理综合评估的主要对象应包括城建档案管理机构和建设系统各专业管理部门档案室或档案馆。

16.1.2 综合评估的内容应包括组织管理、档案干部队伍建设、业务指导、档案收集、档案整理、档案编目、档案统计、档案鉴定、档案保管、档案信息开发、信息化与信息安全、电子档案与声像工作、服务与利用、馆库设备管理等 14 个评估项目。

16.1.3 各评估项目的评估标准应按表 16.1.3 执行。

表 16.1.3　各评估项目的评估标准

评估项目	评估标准		所占分值
1　组织管理	1.1　设置了专门的城建档案管理机构	1	7
	1.2　有满足开展工作需要的内部机构，职能覆盖城建档案管理的每个业务环节	2	
	1.3　城建档案工作列入上级建设(规划)行政主管部门年度工作计划和目标管理范围	1	
	1.4　工程档案、地下管线档案的报送要求，纳入上级主管部门的规划管理、工程建设管理程序	3	
2　档案干部队伍建设	2.1　人员规模、结构应满足工作开展需要，其中具有中级以上职称的员工人数占总数的 30%以上；工程、测绘、计算机等技术人员占员工总数的 50%以上	2	5
	2.2　工作人员文化程度全部达到高中以上；其中大专以上人员占全部员工 70%以上	2	
	2.3　工作人员接受城建档案业务培训率达 100%	1	
3　制度建设	3.1　制定了城建档案管理规定或办法；有保证地上工程档案和地下管线档案接收进馆的制度与措施	3	6
	3.2　制定了城建档案接收范围、移交要求以及业务流程	2	
	3.3　建立健全了城建档案接收、整理、借阅、统计、鉴定、销毁等项管理制度及岗位责任制	1	
4　业务指导	4.1　与建设系统各行政管理部门和各专业管理单位保持密切联系，对其进行经常性业务指导	1	6
	4.2　经常深入施工现场，对建设、施工单位的建设工程档案工作进行具体指导和工程档案技术交底；对列入收集范围的工程档案开展了预验收	2	
	4.3　建立以城建档案管理机构为中心，以建设系统各单位档案室和下级建设(规划)主管部门城建档案管理机构为基础的城建档案管理网络；网络活动正常、联系紧密	2	
	4.4　对城建档案工作人员定期组织业务交流和进行经常性的业务培训	1	
5　档案接收	5.1　馆藏档案门类齐全、结构合理。馆藏档案大城市不低于 4 万卷、中等城市不低于 2 万卷、小城市不低于 1 万卷、县不低于 6 千卷	2	10
	5.2　建馆以来大、中型建设项目和重点建设项目工程档案全部接收进馆	2	
	5.3　及时接收新铺设的地下管线档案，档案完整、准确，符合要求	2	
	5.4　按规定及时接收建设系统业务管理档案	2	
	5.5　接收与城市规划、建设和管理工作有关的图书、资料，馆藏资料占全部馆藏 3%以上	1	
	5.6　接收归档的文件资料的制成材料、字迹符合档案保管要求，工程竣工图编制符合国家有关要求	1	

续表 16.1.3

评估项目	评 估 标 准	所占分值	
6 档案整理	6.1 档案整理、立卷符合国家有关标准和规范要求	2	4
	6.2 馆(室)藏各类档案、资料分类排列,整齐有序;无积存零散文件和未整理、编目、上架案卷	2	
7 档案编目	7.1 建有科学合理的目录体系,建有必备目录	2	4
	7.2 对馆藏档案进行了工程项目级和案卷级著录	2	
8 档案统计	8.1 建立了收进、移出、保管、利用等统计台账	1	2
	8.2 能快速统计出馆藏档案情况;按时完成上级下达的年度统计任务	1	
9 档案鉴定	9.1 按照规定制定和准确划分了档案保管期限和密级	2	3
	9.2 建立了档案鉴定销毁小组;对已到保管期限和解密期限档案进行了鉴定,销毁手续齐全,无泄密事件发生	1	
10 档案保管与保护	10.1 有专用档案库房、独立的办公室和阅档室等技术用房;库房建设符合安全保管要求	2	15
	10.2 馆库面积特大城市 13400m² 以上,大城市 10800m² 以上,中等城市 8800m² 以上,小城市 6600m² 以上,县 1200m² 以上	5	
	10.3 有满足工作需要的档案管理设备、保护设备,符合规范第 10 章的规定	3	
	10.4 建立库房温湿度记录制度;库房温湿度控制、库房管理、档案保护符合本规范第 10 章的规定;档案无丢失	3	
	10.5 有充裕的密集架、底图柜等档案装具,各类档案卷皮、卷盒等装具符合规范要求	2	
11 电子档案与声像档案	11.1 开展了建设工程电子档案的接收业务,并按《建设电子文件与档案管理规范》CJJ/T 117 的要求进行管理	2	8
	11.2 有满足工作需要的声像设备,具备摄录、剪辑、制作能力	2	
	11.3 积累了大量有关城乡建设、工程建设等方面的照片和录像等档案资料	2	
	11.4 拍摄制作一定数量的电视专题片	2	
12 信息化与信息安全	12.1 采用计算机管理软件,对城建档案业务工作实行计算机管理	3	12
	12.2 建立了馆藏档案的电子目录,覆盖率大于 80%,实现了计算机检索	3	
	12.3 开展了档案数字化工作	1	
	12.4 采用计算机管理软件,对地下管网档案信息实行动态管理	3	
	12.5 对档案管理软件、档案数据库、硬件设备及档案传送网络有严格的安全保护措施和保密管理制度	2	
13 信息开发	13.1 开发建立了规划审批成果数据库、建设用地规划审批成果数据库、地上建筑信息数据库、市政工程信息数据库、声像档案数据库等专题数据库	6	8
	13.2 根据实际工作需要,开展了编研工作,编有 2 个以上编研成果	2	

续表 16.1.3

评估项目	评 估 标 准		所占分值
14 信息服务	14.1 查阅有登记；调卷快速、准确	3	10
	14.2 建立了档案利用信息反馈制度；汇编了档案利用效果实例	2	
	14.3 有城建档案陈列室、网站等对外宣传、发布信息的窗口和平台	3	
	14.4 开展了档案信息咨询、档案整编、档案数字化和声像档案制作等技术服务工作	2	
合计			100

16.2 综合评估等级划分

16.2.1 综合评估应采用打分制，满分为 100 分。

16.2.2 各评估项目所占分值按本规范表 16.1.3 确定。

16.2.3 综合评估等级宜划分为国家级城建档案管理单位和省级（含自治区、直辖市，下同）城建档案管理单位两个级别。

16.2.4 省级城建档案管理单位可划分为省城建档案管理示范单位、省一级城建档案管理单位、省二级城建档案管理单位、省三级城建档案管理单位 4 个等级。

16.2.5 各等级应达到的评估分数应符合表 16.2.5 的规定。

表 16.2.5 综合评估等级及应达到的分数标准

评 估 等 级	应达到的评估分数
国家级城建档案管理单位	95～100
省城建档案管理示范单位	90～94
省一级城建档案管理单位	85～89
省二级城建档案管理单位	80～84
省三级城建档案管理单位	75～79

16.2.6 综合评估 75 分以下的，应暂不予定级，待整改达到 75 分及以上后，可再行定级。

16.3 综合评估程序

16.3.1 申请评估的城建档案管理单位应按本规范表 16.1.3 进行自检自评。

16.3.2 当自检评分达到相应等级标准时，城建档案管理单位可向国家或地方住房和城乡建设行政主管部门提出评估申请。

16.3.3 住房和城乡建设行政主管部门接到评估申请后，应组织评估小组进行实地测评。

16.3.4 评估小组实地测评应按下列程序进行评估：

1 听取被评估单位自检评分情况汇报；

2 按本规范表 16.1.3，结合实地核查，对被评估单位进行逐项评分；

3 评估小组进行综合评议，提出评估意见或结论。

16.3.5 评估小组应于评估结束后 10 日内将评估意见或结论报住房和城乡建设行政主管

部门。住房和城乡建设行政主管部门应对被评估对象进行审核和认定。

附录 A　建设工程档案报送责任书

报送档案单位：＿＿＿＿＿＿＿＿＿＿＿＿＿＿＿＿＿＿＿＿＿＿＿＿＿＿（以下简称甲方）

责任人：＿＿＿＿＿＿＿＿＿＿＿＿＿＿＿＿＿　电话：＿＿＿＿＿＿＿＿＿＿＿＿＿＿＿

接收档案单位：＿＿＿＿＿＿＿＿＿＿＿＿＿市、县城建档案馆（室）（以下简称乙方）

联系人：＿＿＿＿＿＿＿＿＿＿＿＿＿＿＿　电话：＿＿＿＿＿＿＿＿＿＿＿＿＿＿＿

　　根据《中华人民共和国档案法》、《中华人民共和国城乡规划法》、《建设工程质量管理条例》、《科学技术档案工作条例》、《城市建设档案管理规定》、《城市地下管线工程档案管理办法》等法律、法规的规定，结合实际情况，为确保建设单位（甲方）在工程项目竣工验收合格后三个月内及时向乙方报送一套符合要求的建设工程档案，经甲乙双方协商一致，签订本责任书：

　　一、工程项目名称：

　　二、开、竣工日期：

　　＿＿＿＿＿＿年＿＿月＿＿日至＿＿＿＿＿＿年＿＿月＿＿日

　　三、甲方责任：

　　1. 领取建设工程规划许可证或建设工程施工许可证前，向工程项目所在地城建档案机构登记，并签订责任书；

　　2. 配备专（兼）职工作人员，及时收集积累、整理工程各环节的文件资料，并在工程竣工前及时通知乙方进行工程档案预验收；

　　3. 在工程项目竣工验收合格后三个月内，向乙方报送一套完整的工程档案；地下管线工程应在竣工验收后 15 个工作日内，向乙方报送一套完整的工程档案；如遇特殊情况，应向乙方提出延期报送申请，经乙方批准后在延期内报送；

　　4. 向城建档案管理机构报送的工程档案内容按＿＿＿＿＿＿＿＿＿＿＿＿＿＿＿＿＿文件规定执行；报送的工程档案应是原件，内容应当真实、准确，文字整洁，图表清晰，签章手续完备，制作和书写材料利于长期保存；案卷归档质量符合《建设工程文件归档整理规范》GB/T 50328 的规定。

　　四、乙方责任：

　　1. 按国家有关规定，对该项建设工程文件材料的形成、积累、整理、归档及其城建档案报送、移交工作进行不定期的现场业务指导；

　　2. 向甲方提供建设工程档案的专业培训、技术咨询及其相关的服务性工作；

　　3. 收到甲方档案预验收申请后 5 个工作日内，对该项工程的档案进行预验收；

　　4. 工程档案预验收合格后 2 个工作日内，出具档案预验收意见书；

　　5. 接收该项建设工程档案后，确保档案安全保管和向甲方提供利用。

　　五、违约责任：

　　根据《中华人民共和国城乡规划法》、《建设工程质量管理条例》等法律法规规定，甲方未按规定向乙方报送建设工程档案的，由＿＿＿＿＿＿＿＿＿＿责令改正，并处 1 万元以上10 万元以下的罚款；对单位直接负责的主管人员和其他直接责任人员处单位罚款数额 5%

以上 10% 以下的罚款。

本责任书一式两份，双方各执一份，自签字之日起生效。

甲方单位（盖章）：　　　　　　　　　　乙方单位（盖章）：

单位负责人（签字）：　　　　　　　　　单位负责人（签字）：

　　年　月　日　　　　　　　　　　　年　月　日

附录 B　建设工程档案预验收意见书

监督注册号：

验收编号：

工程名称		工程地点	
开工日期		竣工日期	
建设单位			
勘察单位		设计单位	
施工单位		监理单位	
建设工程规划许可证号		建设工程施工许可证号	
建筑面积		层数		结构类型	
基建负责人		电话	
档案员姓名		电话	

预验收意见：

　　经查验，该项建设工程档案基本符合《建设工程文件归档整理规范》GB/T 50328、《建设电子文件与电子档案管理规范》CJJ/T 117 以及＿＿＿＿＿＿等标准、文件规定，验收合格，特此证明。

　　请按规定抓紧向城建档案管理机构报送工程档案。

城建档案管理机构（盖章）

专项验收责任人签字：　　　　　　　　　　　　　年　月　日

表格说明：

1　本意见书未经城建档案管理机构盖章无效；

2　本意见书不得涂改；

3　本意见书一式三份（市城市建设档案馆、建设单位、建设工程竣工备案部门各一份）；

4　本意见书为组织单位建设工程竣工验收、办理建设工程竣工备案手续的必要认可文件，不作为其他用途凭证。

附录 C 建设工程档案接收和移交证明书

编号

报送建设工程档案单位	
建设工程项目名称	
建设工程规划许可证号	
工程地点	

工程总投资 （万元）		工程建筑面积 （长度）	
开工日期		竣工日期	

报送建设工程档案情况	建设工程档案总数_____卷（盒），其中： 文字材料_____卷；图　纸_____卷； 照　片_____张；录像带_____盒； 其他材料_____。 附：移交档案目录_____份，共_____页。

报送单位（单位印章）： 报送单位法定代表人： 报送人（签字）：	接收单位（单位印章）： 接收人（签字）： 接收时间：

说明：本证明书为城建档案管理机构接收城建档案的凭证，房产权属登记管理机构验证此证明书后办理产权证。

附录 D 移 交 档 案 目 录

序号	案 卷 题 名	编制日期	数　量					备注
			文字材料（页）	图纸（张）	声像（盘）	电子文件	其他	

移交单位：　　　　　　　　　　　　　　　接收单位：

移交人：　　　　　　移交日期：　　　　　接收人：　　　　　　　　接收日期：

附录 E　建设系统业务管理档案接收和移交书

编号：

_____向_____移交

_____档案共计____卷（盒），

其中：文字材料____卷（盒），图纸____卷（盒），照片____张，录像带____盒，其他材料_____。

　　附：移交档案目录_____份，共_____页。

移交单位（单位印章）：　　　　　　　接收单位（单位印章或
　　　　　　　　　　　　　　　　　　　"城建档案接收专用章"）：

法定代表人（签字）：　　　　　　　　法定代表人（签字）：

移交人（签字）：　　　　　　　　　　接收人（签字）：

　　年　月　日　　　　　　　　　　　　　年　月　日

　　说明：本移交书一式两份。一份由报送或移交单位保存，一份由接收单位保存。

附录 F　城建档案工程（项目）级总目录

第___页

年		总登记号	档号	工程(项目)名称	档案数量			移交单位	移交日期	存放地址	备注
月	日				纸质(卷)	电子(M)	声像(盒)				

附录 G 城建档案案卷总目录

第___页

年		总登记号	档号	案卷名称	卷内数量			编制单位	编制日期	保管期限	密级	备注
月	日				文字（页）	图纸（张）	声像（张）					

附录 H 城建档案工程(项目)级分类目录

类别：_____   第___页

序号	档号	工程(项目)题名	档案数量			移交单位	移交日期	存放地址	备注
			纸质（卷）	电子（M）	声像（盒）				

附录 J 城建档案案卷分类目录

类别：_____   第___页

序号	档号	案卷题名	卷内数量			编制单位	编制日期	保管期限	密级
			文字（页）	图纸（张）	声像（张）				

附录 K 城建档案工作基本情况统计报表（一）

_____年度

机构名称	机构行政类别									机构规模类别					机构性质	
	副省级以上城建档案馆	地级市城建档案馆	地级市城建档案室	县级市城建档案馆	县级市城建档案室	县城建档案馆	县城建档案室	区城建档案馆	区城建档案室	大城市城建档案馆	中等城市城建档案馆	中等城市城建档案室	小城市城建档案馆	小城市城建档案室	独立法人单位	非独立法人单位

附录 K 城建档案工作基本情况统计报表（二）

续表

机构名称	机构情况						定编	现有人数	现有人员情况																经费来源		
	机构总数	城档办（处）（室）合一机构	有建设信息中心机构	直接归口情况					女性	年龄			文化程度					专业结构			专业技术职务			全额拨款	差额拨款	自收自支
				建设局	规划局（委）	其他				50岁以上	35岁至50岁	35岁以下	本科以上	大专	中专	高中	初中及以下	档案专业	工程专业	其他	高级	中级	初级			

附录 K 城建档案工作基本情况统计报表（三）

续表

机构名称	达标升级情况		举办培训情况		馆房面积		库藏档案与资料情况												
	国家级馆	省级馆（室）	期数	人数	库房	办公及技术用房	案卷总数	案卷排架长度	年增卷数	历史档案	底图	照片	录像带	录音带	电子文件	光盘	缩微胶片	城建资料	其他
	个	个	次	人	m²	m²	卷	m	卷	卷	张	张	盘	盘		盘	张	册	

附录K 城建档案工作基本情况统计报表（四）

续表

机构名称	现代化管理情况			本年度利用档案情况					本年度编研成果			
	已实现计算机目录检索的机构	已实现档案数字化管理的机构	已实现地下管线档案信息化管理的机构	利用档案	利用资料		产生经济效益		公开出版		内部参考	
	个	个	个	卷次	人次	册次	人次	万元	种	万字	种	万字

附录L 城建档案馆馆藏档案分类统计表

年度 \ 分类 数量	A（卷）	B（卷）	C（卷）	D（卷）	E（卷）	F（卷）	G（卷）	H（卷）	I（卷）	J（卷）	K（卷）	L（卷）	M（卷）	N（卷）	O（卷）	P（卷）	Q（卷）	R					图书资料（册）	模型（个）	其他
																		照片（张）	缩微片（卷）	录音带（盒）	录像带（盒）	光盘（张）			

附录 M　城建档案接收、移出、销毁、现存情况统计表

＿＿＿＿＿＿＿＿＿城建档案管理机构

时间	经办人	接收				移出				销毁				现存				备注
		案卷（卷）	电子文件	声像（盒）	其他	案卷（卷）	电子文件	声像（盒）	其他	案卷（卷）	电子文件	声像（盒）	其他	案卷（卷）	电子文件	声像（盒）	其他	

附录 N　城建档案鉴定情况统计表

类别 ＼ 数量 ＼ 项目	总计						永久						长期						短期						备注
	案卷（卷）	底图（张）	照片（张）	录像片（盘）	电子文件	其他	案卷（卷）	底图（张）	照片（张）	录像片（盘）	电子文件	其他	案卷（卷）	底图（张）	照片（张）	录像片（盘）	电子文件	其他	案卷（卷）	底图（张）	照片（张）	录像片（盘）	电子文件	其他	

附录 P 城建档案整理情况统计表

_____年度

分类 数量 状况	A (卷)	B (卷)	C (卷)	D (卷)	E (卷)	F (卷)	G (卷)	H (卷)	I (卷)	J (卷)	K (卷)	L (卷)	M (卷)	N (卷)	O (卷)	P (卷)	Q (卷)	R 照片 (张)	R 缩微片 (卷)	R 录音带 (盒)	R 录像带 (盒)	R 光盘 (张)	电子文件	图书资料 (册)	模型 (个)	其他
总数																										
已整理数																										
未整理数																										

附录 Q 城建档案馆档案利用情况统计表

_____年度

季度	查档数量 查档人次	查档数量 查档卷次	查档单位分类（个）规划部门	设计部门	科研部门	建设部门	施工部门	管理部门	其他	查档人员分类 工程人员	设计人员	科研人员	编史人员	管理人员	其他
一季度															
二季度															
三季度															
四季度															
总计															

季度	查档用途分类（卷）办理产权	规划设计	工程设计	施工	科研	编史修志	解决纠纷	工作查考	其他	出具证明 份数	其中 建筑面积（m²）	其中 土地面积（m²）	其中 管线长度（m）	复制 合计（页）	图纸	文字材料	备注
一季度																	
二季度																	
三季度																	
四季度																	
总 计																	

审核人：   统计人：   统计日期：

附录R 城建档案鉴定表

编号：_____

案卷名称			档　号	
项目名称			归档时间	
原保管期限		原密级	张　数	

鉴定意见	
	鉴定人：_____　鉴定时间：_____
鉴定小组意见	
	鉴定小组负责人：_____　鉴定时间：_____
备注	

附录 S 档案库房温湿度记录表

_____号库房_____ 　　　　　　　　　　　　　　　　　　　　_____年_____月

日期	天气情况	上午		下午		措施	效果	备注
		温度	湿度	温度	湿度			

附录 T 城建档案资料查阅登记表

日期：_____   编号：_____

查阅单位				查阅人	
证件编号		电 话		职　务	
查档目的					
查档内容					

调阅档案情况	档号	密级	批准人	复印（摘抄）内容与页数

利用效果	

调档时间		接待人		批准人	
归卷时间		清点人		清点结果	

备　注	

城市建设档案分类大纲（修订稿）

（1984 年城乡建设环境保护部办公厅制定印发，1993 年 8 月建设部办公厅修订印发）

《城市建设档案分类大纲》（修订稿）编制说明

一、《城市建设档案分类大纲》（修订稿）依据城乡建设环境保护部办公厅一九八四年颁布的《城市建设档案分类大纲》修改而成。

二、修订后的《分类大纲》设十八个大类，102 个属类，适用于各大、中、小、城市。小类由各省、自治区、直辖市及各市、县根据实际情况设置。未含内容可另增设新类。

三、大类用英文字母表示，属类、小类、案卷号用阿拉伯数字表示。属类超过十个同位类目时，采用八分制，即同一级类目的号码由 1 用到 8，以后用"91"、"92"、"93"直到"98"。

四、档案编号举例

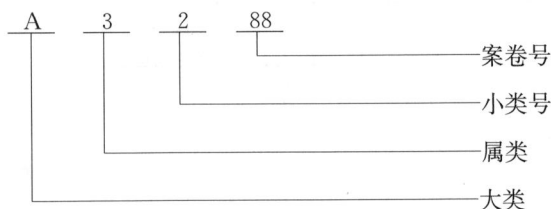

```
A    3    2    88
                        案卷号
                        小类号
                        属类
                        大类
```

A. 综合类

1 政策、法规

2 会议

3 计划、统计

4 外事

5 城建档案工作

B. 城市勘测类

1 工程地质

2 水文地质

3 控制测量

4 地形测量

5 摄影测量

6 地图

C. 城市规划类

1 国土规划

2 总体规划

3 分区规划

4 详细规划

5 县镇规划

6 规划基础材料

D. 城市建设管理类

1 土地管理

2 建设用地规划管理

3 建设工程管理

4 房地产管理

5 地名管理

E. 市政工程类

1 道路、广场

2 桥梁

3 涵洞

4 隧道

5 排水

6 环境卫生

F. 公用设施类

1 给水

2 供气

3 供热

4 公共交通（含地铁）

5 供电

6 电信

G. 交通运输工程类

1 铁路

2 公路

3 水运

4 航运

H. 工业建筑类

1 动力

2 矿业

3 冶金

4 机械

5 电子

6 石油

7 化工

8 轻工

9 纺织

10 建材

11 医药

I. 民用建筑类

1 住宅

2 办公用房

3 文化

4 教育

5 卫生

6 体育

7 商业、金融、保险

8 其它

J. 名胜古迹、园林绿化类

1 公园

2 绿地、苗圃

3 名木古树

4 纪念性建筑

5 名人故居

6 名胜古迹、古建筑

7 城市雕塑

K. 环境保护类

1 环境管理

2 环境监测

3 环境治理

4 自然保护

L. 城市建设科学研究类

1 城市规划设计

2 城市建设

3 城市建筑科学技术

4 城市现代化管理

M. 县（村）镇建设类

1 县区

2 乡镇

3 村庄

N. 人防、军事工程类

1 人防工程

2 军事工程

O. 水利、防灾类

1 水利工程

2 防洪、防汛工程

3 防灾、抗震

P. 工程设计类

1 工业建筑设计

2 民用建筑设计

3 市政工程设计

4 军事工程设计

5 交通运输工程设计

6 环保环卫工程设计

7 园林工程设计

8 其它

Q. 地下管线类

1 地下管线综合

2 给水管线

3 排水管线

4 供气管线

5 供热管线

6 供电管线

7 电信管线

8 军事管线

9 工业输送管线

R. 声像类

1 照片

2 缩微片（卷）

3 录像带

4 录音带

5 光盘与磁盘

后　记

　　城建档案法规既是我国城乡建设法规体系的重要组成部分，又是档案法规体系的重要构成，它直接体现国家组织、管理、协调城建档案各项管理工作的方针、政策和基本原则。我国城建档案工作法规的制定实施和不断完善，维护了城建档案的完整与安全，保证了城建档案服务社会经济和城市发展的方向，促进了城建档案信息资源的开放利用，增强了全社会档案意识，保障了城建档案事业健康持续发展。

　　城建档案标准是统一城建档案管理和业务工作的技术规范，是开展城建档案工作的业务指南和技术依据。

　　按照城建档案从业人员岗位培训教材编写大纲，教材编委会组织专业人员收集、选编了城建档案工作法规标准。本书遴选法规标准充分考虑到现行使用和业务需要，尽量使得所选城建档案法规标准能够适合业务培训和管理工作。

　　本书主要选编国家、住房和城乡建设部、国家档案局，江苏省人民政府等发布的城建档案法律、法规和业务标准，分为法律、法规、规章、规范性文件和业务规范标准等五个部分，涵盖了城建档案工作涉及的重要法律、法规和业务标准。

　　本书由江苏省住建厅党组成员、厅办公室主任杨洪海任主编，江苏省住建厅建设档案办公室副主任陈文志和科长袁玉恒、江苏省建设档案研究会会长尹子山、扬州市城建档案馆馆长冯汉国研究馆员、无锡市城建档案馆馆长张振强研究馆员、南京市城建档案馆副馆长周健民研究馆员等参加选编工作，无锡市城建档案馆协助收录。

　　由于参加选编的同志受档案业务和法律知识水平所限，书中不妥之处在所难免，诚请广大读者提出宝贵意见。